高等院校市场营销类精品系列教材

客户关系管理

（第三版）

谷再秋　刘　刚　主编

刘　岩　韩　颂　李　娜　副主编

科学出版社

北　京

内 容 简 介

本书主要从基本理论、应用技术、软件系统 3 个层面对客户关系管理的基本理论与实践方法进行了系统的介绍。本书的创新性在于将创新创业思想与客户关系管理实践有机结合，并将创新创业能力训练贯穿于每个章节。第一～四章是客户关系管理概述，相关理论，相关阶段，客户满意、抱怨与忠诚管理等基本理论知识；第五～七章介绍了客户体验管理、客户数据管理、客户服务创新等客户关系管理应用技术；第八～十章介绍了客户关系管理系统概述，市场、销售、服务管理子系统，客户关系管理系统的实施等软件系统知识。本书内容翔实，利用大量案例、知识拓展和阅读资料等线上资源帮助读者深入理解所学内容。

本书高度契合高校双创人才培养的需要，既可作为本科院校市场营销、工商管理类专业的平台课教材，也可作为经济类及其他相关专业学生的选修课教材和参考书，还可供实际管理工作者参考。

图书在版编目（CIP）数据

客户关系管理/谷再秋，刘刚主编．—3 版．—北京：科学出版社，2020.9
（高等院校市场营销类精品系列教材）
ISBN 978-7-03-065963-7

Ⅰ．①客…　Ⅱ．①谷…　②刘…　Ⅲ．①企业管理－供销管理－高等学校－教材　Ⅳ．①F274

中国版本图书馆 CIP 数据核字（2020）第 162613 号

责任编辑：任锋娟　纪晓芬 / 责任校对：王　颖
责任印制：吕春珉 / 封面设计：东方人华平面设计部

科学出版社 出版
北京东黄城根北街 16 号
邮政编码：100717
http://www.sciencep.com
新科印刷有限公司 印刷
科学出版社发行　各地新华书店经销
*
2009 年 8 月第 一 版　2020 年 9 月第十六次印刷
2013 年 8 月第 二 版　开本：787×1092 1/16
2020 年 9 月第 三 版　印张：14 3/4
字数：338 000

定价：45.00 元

（如有印装质量问题，我社负责调换〈新科〉）
销售部电话 010-62136230　编辑部电话 010-62135120-2015（HF02）

第三版前言

客户是企业最重要的资产，对于新创企业来说，更是生存的关键。在当前创新创业的大潮之下，专创融合已经是高校课程建设和教学改革的着力点之一，客户关系管理作为一门和创新创业实践联系非常紧密的课程，必然要不断满足创新创业人才培养的新要求。

本书从2009年出版第一版、2013年出版第二版至今，一直得到了广大读者的认可，根据教学和人才培养的新要求，编者对本书进行了修订。具体变化如下：

1. 体现创新创业能力培养的目标

一是本书内容更多地体现了新创企业的客户关系管理内容，更多从新创企业而不是成熟型企业的视角去讨论客户关系管理的方式、方法；二是增加了创新创业能力训练，这种训练并不是简单地只做创业计划书，而是更希望激发学生的进取心、团队合作意识、对未来改变世界的渴望、创造性地思考和解决问题、不断提升沟通表达能力等；三是本书中双创能力的训练是多方面的，其主体脉络是认识自我—团队建设—实际调研（发现企业客户问题）—模拟组织形式—写计划书、做PPT、做视频（都要侧重于客户问题）—路演—上机用客户关系管理系统实现每个团队的客户管理，注重反思和反馈。

2. 与时俱进，更新内容

本书的框架仍然由客户关系管理基本理论、应用技术、软件系统3个部分构成，但在技术方面，更侧重于客户关系管理应用技术，因此将呼叫中心、数据仓库、数据挖掘3章的内容与时俱进地调整为客户体验管理、客户数据管理、客户服务创新等当下企业尤其是新创企业经常遇到的问题。但考虑到不同教师和学生对数据处理部分的不同要求，数据仓库和数据挖掘以内容拓展的形式放在了第六章后面。同时，更新了一部分知识拓展、案例分析、阅读资料，并增加了思考与练习。

3. 合并和精练内容

本版删除了原第三章相关策略部分，但将“一对一营销”作为市场细分的一种极致状态整合进了第二章。同时，考虑到当前客户关系管理软件的丰富性，将原来的第十～十二章作为通用系统的介绍合并成了一章，更细节的内容可通过不同的上机软件来了解。另外，大部分章节都根据最新信息有所删减或进行语句上的调整。

4. 附属内容在线化

为适应混合式教学等新方式的需要，本次修订将知识拓展、案例分析、阅读资料等拓展学习内容和思考与练习答案制作成线上资源，通过扫描二维码进行查看、阅读。

本书的编写分工如下：长春大学管理学院谷再秋确定整体修订思路，创业学院刘刚确定创新创业的相关内容；刘岩编写第一章，李娜编写第二章和第三章，韩颂编写第四、七章，谷再秋编写第五章和第六章，刘刚编写第八、九、十章。

在修订本书的过程中，编者参考了大量的文献资料，在此向所有作者和提供者表示深深的谢意，同时也感谢科学出版社对本书的大力支持。

对于书中的不足之处，恳请广大读者给予批评指正。

编　者

2020年5月

第一版前言

随着企业竞争的白热化，资金、土地、技术都不再是企业争夺的核心，客户成为企业关注的焦点。可以说，谁掌握了客户，谁就掌握了企业的核心竞争优势。尤其在全球金融危机的背景下，客户更成为企业不可或缺的核心资源，受到空前的重视和维护。对于为企业培养应用型管理人才的工商管理类专业来说，客户关系管理的理论和实践就显得尤为必要。本书就是在这样的理论和实践需求的背景下编写的。

本书理论与实践密切结合，在研究客户关系基本理论的基础上，对通用客户关系管理系统的工作流程进行了分析和探讨，力图使读者了解客户关系管理的最基本的理论框架和最直接的系统全貌，对客户关系管理形成更完整的客观认知。在学术思想上，本书展示了当前客户关系管理研究的基本理论，力求做到知识完备、结构系统、内容充实、通俗易懂。在结构体系上，本书结构清晰、体系完整、内容紧凑，在正常授课内容的基础上增加了案例分析、知识拓展、阅读资料等知识模块，使学生能容易地抓住客户关系管理的基本框架，在学习中达到事半功倍的效果。在写作特点上，本书兼顾学术性与通俗性，叙述时力求深入浅出，简单易懂。

全书共三部分十四章，第一部分包括第一章至第六章，介绍了客户关系管理概述、客户关系管理的相关理论、客户关系管理的相关策略、客户关系管理阶段、核心客户管理、客户满意与忠诚等客户关系管理的基本理论知识；第二部分包括第七章至第九章，介绍了呼叫中心、数据仓库、数据挖掘等与客户关系管理相关的技术；第三部分包括第十章至第十四章，介绍了客户关系管理系统概述、市场管理子系统、销售管理子系统、服务管理子系统、客户关系管理系统实施等方面的知识。

由于时间仓促和水平有限，书中疏漏和不妥之处在所难免，欢迎广大读者批评指正。

编　者

2009 年 5 月

目　　录

第一章　客户关系管理概述

教学目标

在了解客户关系管理（customer relationship management，CRM）产生和发展的基础上，理解客户关系管理的内涵并能区分与之相关的概念，掌握客户关系管理的思想、分类及能为企业带来的竞争优势，从而形成对客户关系管理的基本认识。

教学要点

客户关系管理的产生和发展；
客户关系管理的定义和分类；
相关概念的区分；
客户关系管理的核心思想；
企业实行客户关系管理的意义。

关键词

客户关系管理　企业资源计划　市场需求　信息技术　核心竞争力

导入案例

甜李子 酸李子

一条街上有三家水果店。一天，有位老太太来到第一家店，问："有李子卖吗？" 店主马上迎上前说："老太太，您看我这李子又大又甜，还是刚进的货，非常新鲜！"没想到老太太一听，竟扭头走了。老太太接着来到第二家水果店，同样问："有李子卖吗？"第二位店主马上迎上前说："老太太，我这里李子有酸的，也有甜的，您是想买酸的还是想买甜的？"老太太说："我想买一斤酸李子。"于是，老太太买了一斤酸李子就回去了。第二天，老太太来到第三家水果店，同样问："有李子卖吗？"第三位店主马上迎上前同样说："老太太，我这里李子有酸的，也有甜的，您是想买酸的还是想买甜的？"老太太说："我想买一斤酸李子。"第三位店主一边给老太太称酸李子，一边聊道："在我这里买李子的人大多喜欢甜的，可您为什么要买酸的呢？""哦，最近我儿媳妇怀孕啦，特别喜欢吃酸李子。""哎呀！那要特别恭喜您老人家快要抱孙子了！有您这样会照顾人的婆婆可真是您儿媳妇的福气啊！""哪里哪里，怀孕期间当然最要紧的是吃好，胃口好才能营养好啊！""是啊，怀孕期间的营养是非常关键的，听说多吃些维生素丰富的水果，生下的宝宝会更聪明些！""是啊！哪种水果含的维生素更丰富呢？""很多书上说猕猴桃含维生素最丰富！""那你这里有猕猴桃卖吗？""当然有，您看我这进口的猕猴桃个大、汁多、含维生素多，您要不先买一斤回去给您儿媳妇尝尝？""好啊！"就这样，老太太不仅买了一斤李子，还买了一斤进口的猕猴桃，并且以后几乎每隔一两天就要来这家店里买各种水果。

（资料来源：徐曙光，2007. 老太太买李子的启示[J]. 今日财富（5）：49.）

从这个故事可以看出，客户（老太太的儿媳妇）需求是市场的主导力量，第一个店主没有了解客户的真实需求（怀孕想吃酸李子），从而失去了交易机会。第二个店主了解并满足了客户需求，但没有挖掘和引导客户需求（孕妇需要补充维生素），从而只完成了一次交易。第三个店主不仅有效地满足了客户的当前需求，还发掘了客户的潜在需求，从而获得了客户的认可和信任，获得了长期合作的机会。

第一节　客户关系管理的产生与发展

一、客户关系管理产生的背景

世界经济正朝着全球市场一体化、企业生存数字化、商业竞争国际化的方向发展，在这样的大背景下，以互联网、大数据、人工智能为代表，以满足客户的需求为核心的新经济迅速发展起来。企业的产品不再是竞争的核心，客户成为决定企业胜败的关键，因此，客户关系管理变得愈发重要。

客户关系管理是以信息技术为媒介，以客户及其价值为中心，通过管理保持企业与客户之间的良好关系，持续实现企业价值和客户价值最大化的一种新型双赢的营销理念和一整套应用策略。这个名词是在互联网应用普及达到一定水平之后产生的，但客户关系管理并不是一个全新的概念，它源于西方的市场营销理论，在美国最早产生并得以迅速发展。社会生产力的不断发展，逐步改变了全社会生产能力不足和商品短缺的状况，并逐渐发展到全社会生产能力的过剩。商品开始极大丰富并出现过剩，客户的选择空间及选择余地显著增大，客户的需要开始呈现出个性化特征。为了使客户满意，企业必须完整掌握客户信息，准确把握客户需求，快速响应客户的个性化需要，提供便捷的购买渠道、良好的售后服务与经常性的客户关怀等。企业尝试着去进行市场细分并衡量每个客户可能带来的盈利能力，努力为客户送去他们需要的产品或服务，而不是让客户自己去寻找。就是在这样的时代背景下，客户关系管理理论不断地被深化和提升，并逐渐得到完善。

二、客户关系管理产生的原因

（一）管理理念的更新

市场的供求关系先后经历了供不应求阶段、供过于求阶段和个性化需求阶段。在供不应求的卖方市场阶段，面对不断增长的物质需求，整个社会的物资处于短缺状态，企业的产品只要生产出来就可以毫不费力地销售出去。在这样的卖方市场下，各种营销理念和营销方式根本没有用武之地，产品的开发与革新也显得没有太大的必要。随着科学技术的不断进步，整个市场经过短暂的供求平衡之后很快进入了供过于求的买方市场，这时候企业的重心开始由大规模的生产转向销售，各种推销方式和技巧被企业大量采用，以期改善产品积压的现状。企业不断加大研究开发的力度，推出各种新产品以应对激烈的市场竞争。在技术革新发展到一定阶段，爆炸式的突破变得越来越困难的时候，激烈的市场竞争使产品和服务越来越趋于同质化，如何满足客户的个性化需求成为竞争的焦点，这时候以客户为中心的整合营销理念开始深入人心。质量上乘的产品和程序化的良好服务是企业存在的基础而不再是竞争优势，企业只有把握客户的需求，拥有长期稳定的客户关系，才能立于不败之地并取得长足的发展，这时的市场供求关系进入个性化需求阶段。

企业管理观念随着市场环境的演化经历了 5 个阶段，如图 1.1 所示。

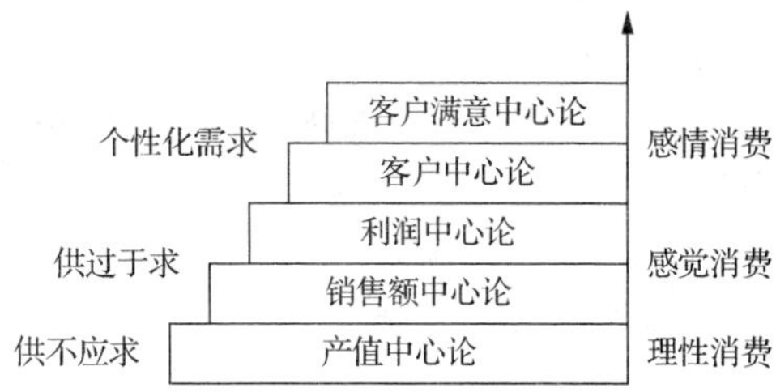

图 1.1　企业管理理念的变迁

1. 产值中心论

这时候的市场状况是产品供不应求，制造业处于鼎盛时期，客户购买商品经常面临困难，甚至要凭借与企业的特殊关系来实现购买需要，所以这一阶段企业管理的中心理念就是产值管理。企业的市场观念往往以私人关系为中心，既不关注产品也不关注客户，在这种情况下，客户的价值选择必然是一种理性消费。他们不但重视产品价格，更看重产品质量，追求物美价廉和经久耐用，以此应对较低的物质生活水平。此时，客户价值选择的标准是“好”与“差”。

2. 销售额中心论

现代化大生产的发展使生产能力不断扩大，供过于求的买方市场逐渐形成。企业为了生存开始摒弃以产值为中心的理念，逐渐重视销售，强化推销，集中对销售额进行管理，并为提高销售额而开始重视对产品质量的控制。

3. 利润中心论

激烈的市场竞争带来的严格的质量控制，使企业的生产成本不断提高，频繁的促销活动使销售成本居高不下，这时企业不断增加的销售额的背后是利润的不断下降，这种状况促使企业把管理的重点由销售额转向利润，企业为此加大了成本控制的力度。

在以销售额和利润为中心的这两个阶段，由于市场所呈现的普遍性的供过于求，企业的市场观念开始向产品转移。提高质量、降低成本成为企业实现管理思想的重要手段。这时候进入客户感觉消费时代，客户拥有了很大的选择空间，价值选择也出现了一定的变化，物美价廉和经久耐用不再是选择的唯一标准，客户开始注重产品的形象、品牌、设计和使用方便性等，选择的标准变成了“喜欢”和“不喜欢”。

4. 客户中心论

随着竞争的进一步加剧，企业已经无法或很难再通过削减成本来获得更大的利润，从而将目光转向客户。同时，产品同质化现象越来越严重，企业发现客户是产品生产、渠道选择、售后服务等企业活动的决定力量，企业经营观念的核心开始从产品和生产导向转移到客户导向，于是客户的地位被提高到了一个新的高度。企业日趋成为客户需求中心，因此客户中心论被确立。

5. 客户满意中心论

随着经济全球化的深入发展，企业对客户的争夺日趋白热化。谁拥有长期优质的客户资源，谁就拥有不可复制的竞争优势。这意味着更多的销售机会、更小的营销风险、更稳定的利润来源，因此客户作为最重要的一项资源得到了众多企业空前的重视，客户满意成为企业追求的中心目标。

在以客户为中心的这两个阶段，供过于求的市场呈现出总量过剩和结构失调的特征，即此时的客户需求是一种个性化的需求，面对日益扩大的选择范围和空间，客户进入了感情消费时代。客户越来越重视心灵上的充实和满足，更加注重追求在商品购买和消费过程中心灵的满足感，这使选择标准变成了"满意"和"不满意"。

正因为客户满意和企业获利潜力紧密相连，企业的管理重心自然随之更新，客户关系管理理念通过软件系统这一载体迅速走进企业科学管理的实践领域就成为一种必然。

（二）市场需求的拉动

在世界经济飞速发展、企业信息化水平不断提高的情况下，企业的运营难度与日俱增，无论是企业与客户之间，还是企业各管理层次和各部门之间都面临着从未有过的困惑和挑战，很多企业无法在内部实现有效的协调来完成与外部客户之间的市场化对接。企业与客户所面临的问题包括以下几个方面。

1. 企业营销部门的市场活动具有盲目性，营销费用失控

企业营销部门的市场活动具有盲目性，主要表现在以下3个方面。

1）烦琐的重复性工作。面对大量的不加区分的客户，营销部门员工每天重复性地打电话、寄资料、发传真及发E-mail，占用大量的时间。

2）无序的工作状况。营销部门员工不了解本部门和其他部门的同事与客户的联系情况，经常会出现重复地给同一客户发放相同资料的情况。

3）客户营销进程的盲目。营销部门员工不了解营销对象的反馈状况，无法识别潜在客户。

这种盲目性带来了大量的无效劳动，增加了销售成本，甚至造成了营销费用的失控。

2. 企业销售部门的销售能力下降，新客户开拓不力

这主要表现在以下4个方面。

1）业务人员冲突。不同的销售员都和同一客户联系过，销售经理无法确定客户订单的业绩归属。

2）市场部门反馈的信息价值低。销售部门无法从市场部门提供的客户线索中找到真正的客户来实现销售。

3）销售业务失控。一直追踪某个销售线索的销售员的突然离职会使销售经理不知所措，无法继续追踪销售。

4）决策盲目。企业在产品定价、销售业绩提成的决策上不尽合理。

在这种情况下，销售部门的业绩很难持续提升，甚至会有下降的危险，新客户的开发也将出现不利的局面。

3. 企业服务部门的工作烦琐，协同困难，客户抱怨增多

这主要表现在以下3个方面。

1）价值难以体现。服务部门经常被企业内部认为是只会花钱而没有效益的部门。

2）协同困难。服务中，客服人员发现客户有潜在的购买意向，却无法和市场、销售等部门实现协同，以继续追踪实现销售。

3）工作烦琐。客服人员的大量时间用来回答客户因其自身对产品缺乏了解所引起的使

用问题，使工作简单、重复，因此会抱怨工作过于机械、枯燥等。

在这种情况下，直接面对客户的服务部门无法令客户满意，导致客户抱怨不断增多。

4. 客户对其与企业互动的过程不满意

这主要表现在以下 3 个方面。

1）服务差。售前服务、售中服务、售后服务都不到位，客户在售前得不到有效的咨询，在售中得不到高效的服务，售后商品出现问题后没有规范的解决程序。

2）沟通不畅。不希望营销部门骚扰的客户无法实现信息退订，有购买兴趣并对企业进行相关咨询的客户却迟迟得不到回应。

3）可信度差。客户从企业的不同销售人员那里得到了同一产品的不同报价单，从而怀疑企业的可靠性。

客户对企业互动过程中的任何一个环节不满，都会阻碍其获得良好的客户体验，进而影响其满意度。

5. 企业管理层对信息了解不完整，无法做到事前控制和事中控制，决策困难大

这主要表现在以下 3 个方面。

1）过程控制差。对销售或服务中出现的很多问题，企业管理层事后才能知道，无法实现过程控制。

2）信息不完整。管理层不完全清楚企业的销售状况、客户资源等重要信息，要得到准确的数据总是很难。

3）决策困难。对企业员工贡献值如何评价、如何制定销售政策等问题经常困扰着管理层，单纯用经验很难解决这些问题。

正是企业在当前市场状况下面临以上问题，才会产生对科学规范的客户关系管理系统的迫切要求。强大的市场需求，催生了客户关系管理系统的广泛应用。企业要求在市场、销售与服务的日常业务上实现自动化和科学化，并需要在这样一个内部完全整合的平台上与客户进行广泛的双向的信息交流，为客户提供必需的乃至额外的服务。这样，在那些拥有庞大而且接触频繁的客户群的企业，积极地实施客户关系管理显得尤为必要。

（三）信息技术的推动

科学技术是第一生产力，每一次经济乃至社会的变革都与科技的进步息息相关。地球上任何两点的时空距离都不遥远，而互联网技术的普及把地球变成一个可以实时沟通的“村落”。经济全球化就是在这种技术进步的大潮中应运而生的，它使竞争突破地域的限制，延伸到世界的每一个角落，也使企业依靠原有的本土优势和垄断地位获得的超额利润急剧削减。在这个由网络技术导引的信息化时代，企业由于市场竞争的压力必然要重视客户关系管理，而技术又使企业面对客户的个性化服务成为可能。

随着信息技术的发展，企业的核心竞争力对于企业信息化和管理水平的依赖程度越来越高，这就需要企业主动开展组织架构、工作流程的重组，同时对面向客户的各项信息进行集成，组建以客户为中心的企业，实现对客户活动的全面管理。计算机技术、通信技术和网络技术的飞速发展使以客户为中心的管理理念不再停留在理论阶段，可以实实在在地落实到管理实践中，正是信息技术的发展使围绕客户展开的各种信息应用成为可能。

1. 企业可以全方位地接触客户

客户千差万别，他们喜欢用不同的方式与企业互动。例如，有的客户喜欢打电话，有的客户喜欢网上冲浪，有的客户更希望有人来上门服务，等等。企业若想真正赢得客户的青睐，就要支持客户喜欢的各种接触方式。现代通信技术使客户与企业的沟通越来越紧密，企业可以通过多种渠道与客户亲密接触，提供实时的无缝隙的完美服务体验。这种全方位的接触，有两种作用：一方面使客户可以随时随地和企业沟通，在第一时间把他们的想法和要求传递给企业，使企业能够了解客户的真实感受，不断地改进和完善自己的产品和服务；另一方面企业可以通过这种接触以统一的形象和内涵有效地开展市场营销、现场销售、售后服务活动，提高企业的整体运营效率。

2. 企业可以全面地分析评估客户

通过与客户全方位的接触，企业可以获得比较全面的客户资料，并可以依靠计算机技术对客户进行全面的分析和评估。在客户开发阶段，企业会根据所掌握的客户初级信息，利用多种信息渠道对客户开展广泛的营销活动，从中找到潜在客户并实施进一步的有目的的营销；在获得有购买意向的销售线索后，会对其进行针对性更强的销售活动；在成功地对客户实施初次销售之后，就要进行不断地维护，以其喜欢的信息沟通方式与其保持一定频次的联系，以促进日后的重复销售、交叉销售和向上销售。在这种不间断的与客户互动的过程中，企业要依靠计算机技术根据每次收集到的信息和接触经验，对客户的购买量、购买频率、满意程度、信用等级等作出全面的分析和评估，以实现客户的分级。

3. 企业可以筛选保留有价值的客户

随着数据仓库技术和数据挖掘技术的不断运用，有效地把有价值的客户筛选出来进行更加个性化的服务成为可能。由于客户对于企业来说价值是不同的，甚至差异巨大，如何把企业有限的资源恰到好处地集中用到那些有价值的客户身上，以使利润最大化，一直是企业试图解决的课题。数据挖掘技术可以对数据仓库中的客户信息进行科学有效的分析，从中找到企业一直不断搜寻的具体答案，给企业提供完整的有关客户价值的视图。有了这样的信息技术，企业就可以有更多的精力为这些核心客户提供超值的服务和更完美的客户体验，使其在对企业满意的基础上达到忠诚。亚马逊就是用信息技术不断创新企业客户关系管理的佼佼者。

亚马逊在1995年创建之初只是一家小型的网上书店，当时公司的年收入只有50万美元，在2002年才开始真正盈利，如今，亚马逊已成为美国发展较快的大公司之一，俨然已经发展成为“网络帝国”。除了书籍，网站目前所经营的产品还包括电影、音乐、软件、手提包、精美小食品、家具、美容产品等。目前，亚马逊的利润有一半是来自第三方的交易提成。以售书为例，信息技术带给亚马逊的优势有以下几点。

1）速度快。在亚马逊网上购书，一般3秒钟之内即可得到回应。这对顾客购书来说，是非常必要的。速度也同样表现在库存货物的更新上，亚马逊更新的频率达到让人吃惊的地步，每年更换库存150次之多，而著名的传统巴诺书店则不过3～4次。书籍供应也是如此，巴诺书店最多只能提供25万种书籍，而在网络上，亚马逊却可以提供多达250万种书籍。

2）使用方便。亚马逊可以为客户创造愉快的体验过程，客户在轻松地选择产品之后，亚马逊就会向其发出E-mail，告诉客户什么时候处理他的订单、什么时候发货。在货品运到之前，客户不用多费口舌就可以取消订货。

3）创新的服务方式。在亚马逊，客户可以自由查看其他人对欲选购书籍的评论，以利于选择；可以在页面上看到其他购买此书者的相关购买情况；可以看到欲选购书籍的作者的其他作品和与之相类似的或相关的书籍；可以看到自己曾经购买、曾经打算购买及待选择的产品等。

此外，在收集更长时间的客户资料及更有效地使用这些资料方面，亚马逊具有自己专有的一套技术，通过复杂的系统软件跟踪消费者的购物习惯和意见，甚至还获得了一项信息跟踪技术的专利。通过这项技术，亚马逊甚至能够知道自己的客户是在为谁买礼物，并以此与客户进行更好的沟通。在每次的接触过程中，亚马逊都会详细记载客户的购买细节，并进行分析和评估，对不同的客户分别制定积分、优惠、打折等可行的客户忠诚计划，使其满意进而忠诚。这些在传统书店无法想象的创新服务在信息技术的运用中变得简单而容易，亚马逊的客户关系管理就是在这样的技术支持下脱颖而出，使其成为世界瞩目的网络公司。

三、客户关系管理的发展历程

以客户为中心的理念是随着经济发展变化日渐形成的，但原始朴素的客户思想由来已久，只是近年来才出现比较完备的客户关系管理系统。在客户关系管理真正系统化之前，已经出现过很多倾向于方便客户、服务客户的软件系统，它们虽然不是真正的客户关系管理系统，但正是由于对这些系统的不断探索，才逐渐演变成今天的客户关系管理系统。

1. 客户信息系统

客户信息系统（customer information system，CIS）早期一般由一些大型的服务业机构自行开发使用，如零售连锁企业、银行等。由于这些企业客户众多，需要对客户信息进行记录和管理，实际上这种系统执行的是类似于电子档案的功能。

2. 接触管理

接触管理（contact management，也称联系人管理）在 20 世纪 80 年代初出现于美国，这是专门收集客户与公司联系的所有信息的一类系统，到 90 年代演变成电话服务中心支持资料分析的客户关怀（customer care）。这种系统的应用很广泛，现在仍在一些中小企业中大量采用，但因为其数据不能有效共享，加之一般只有客户地址、电话、邮件等简单的信息，因而无法满足企业的更高要求。

3. 销售力量自动化

销售力量自动化（sales force automation，SFA），也可译成销售队伍自动化，其主要功能在于协助业务人员进行销售管理，以提升业务人员的销售力。通过 SFA 系统，销售人员可以及时汇报销售问题，销售主管可以随时掌握销售活动的状况，有效降低管理成本并节省时间。虽然早期的客户关系管理更多地集中在销售点上，但是 SFA 系统毕竟只是一个销售部门的解决方案，无法与市场系统、服务系统整合起来，因而不能成为完整意义上的客户关系管理系统。

4. 客户服务和支持

以前具备客户服务和支持（customer service and support，CSS）功能的部门也被称作投诉处理部，一旦客户购买了产品或服务，CSS 部门就负责保持和发展客户关系。它和 SFA 系统一样，也是一种面对点的解决方案，无法实现与市场系统、销售系统的有效衔接。

5. 呼叫中心

20 世纪 90 年代后期，一些公司开始把 SFA 和 CSS 合并起来，再结合计算机电话集成技术（computer telephony integration，CTI），形成了集销售和服务于一体的呼叫中心（call center）。但是，早期的呼叫中心无论在技术上还是管理功能上都与现在的客户关系管理系统有很大的差距。

6. 客户关系管理系统

现在的客户关系管理系统已经离不开完善的呼叫中心，在此基础上，它将市场、销售、服务三大模块及客户管理有机地组合起来，以全方位的接触方式为客户提供无缝隙的完美体验。

在当今这个 e 时代，客户关系管理也发展到基于网络功能的 e-CRM。例如，客户登录当当网，看其是否已将订购的新书寄出来，这就属于 e-CRM 的范畴。

7. 移动客户关系管理和社交客户关系管理

随着互联网技术和通信技术的日新月异，移动客户关系管理和社交客户关系管理的概念开始出现。

移动客户关系管理利用现代移动终端技术、移动通信技术、计算机技术等，实现在移动中也能够完成通常要在办公室里才能完成的客户关系管理任务。移动客户关系管理系统具有传统客户关系管理系统无法比拟的优越性，它可以使员工摆脱时间和场所局限，随时随地与企业业务平台沟通，有效提高管理效率。

社交客户关系管理是社交网络与企业管理完美融合的一种新型管理策略。相对于传统客户关系管理而言，社交客户关系管理让企业与客户之间、员工与员工之间的沟通更加透明化。客户关系管理与社交网站的融合，有效地推动了企业变革。2010 年年底，国内软件厂商八百客正式推出社交客户关系管理新产品“KK 通”，将企业社交网络概念引入企业管理中，建立了企业社交网络平台，以快速实现企业内外部的综合管理。它支持企业员工共享各类信息，实现企业内部员工间高效、透明、便捷的沟通与协作。

这些都为客户关系管理的纵深发展提供了广阔的空间。

四、客户关系管理系统在中国的发展

朴素的客户理念在中国的经济文化发展史上由来已久，而现代客户关系管理理论最早由美国产生，传到中国不过短短几十年的时间。众多企业对客户关系管理的认识一直通过其载体客户关系管理系统来得以实现，尤其在 2002 年左右，客户关系管理系统产品在中国曾经空前地蓬勃发展，软件系统已超越其理论层面作为一种具体实践管理工具活跃在整个企业的信息化进程当中。

（一）客户关系管理系统在中国的发展现状

随着经济全球化的深入发展，中国企业的信息化进程也在不断地推进。客户关系管理系统作为企业信息化的重要组成部分，短短数年间在中国迅猛地发展起来。客户关系管理系统的应用涉及大部分行业，系统趋于多样化。但是，在此期间，中国的客户关系管理系统市场却缺乏实质性的成长，这表现为客户关系管理的用户和产品都很不成熟。滞后的客户关系管理系统市场需求、不规范的企业业务流程和管理，以及企业对客户关系管理系统效果的疑惑，都成为客户关系管理推广的巨大障碍。随着应用过程的不断深入，客户关系管理作为一种新的系统化管理理论在企业实施应用中更显现出存在的诸多问题。统计表明，国外客户关系管理系统实施失败率曾一度高达75%。这说明虽然客户关系管理系统在中国已经进入一定程度的发展阶段，但远未成熟。

1. 供应商无法提供完全符合企业需求的客户关系管理系统产品

客户关系管理系统的供应商很多，欧洲和北美洲的一些厂商，如SAP、Oracle等，具有很强的技术优势，产品的功能相对完善。但由于对中国市场缺乏充分的了解，也很难逾越文化差异，因此他们无法开发出符合中国市场实际需求的客户关系管理产品。与此同时，本土厂商如雨后春笋般成长起来，如金蝶、用友等。这些公司有的是从原有的开发业务基础上扩展出来客户关系管理系统产品，如金蝶和用友都曾以财务软件见长，之后才进行客户关系管理等企业管理软件的研发，另外，也有许多新兴的专业客户关系管理软件开发商。本土厂商虽然熟悉国内企业的现状和需求，但在技术上又常常存在瓶颈，无法将需求和可能有机地统一起来。这就造成了面对企业对客户关系管理不断增长的需求，供应商无法提供符合企业要求的客户关系管理产品，或提供的客户关系管理系统产品没有发挥客户关系管理应有的潜力和功能，反而成为企业的财务负担。

2. 企业自身的管理水平无法与客户关系管理系统的要求相匹配

客户关系管理系统是包含一定技术含量的信息产品，但它不是一项孤立的技术发明，通过技术人员的操作使用就可以获利。客户关系管理系统是管理手段和技术水平都发展到一定阶段的产物，它的使用需要有一个规范、现代和科学的管理平台。离开了现代企业的管理环境，客户关系管理系统就失去了依托的基础。对中国企业来说，客户关系管理系统的瓶颈并非完全的技术问题，而是人的问题、管理的问题。中国企业在机器设备等技术装备上与西方发达国家企业的差距日益缩小，但二者在管理上的差距还很大。毋庸置疑，中国有高速发展的市场，但也存在大量管理混乱的企业，在这样的企业中照搬西方发达国家的客户关系管理系统，自然有“橘生淮南则为橘，生于淮北则为枳”的现象发生。试想，在一个部门责任划分不清、各自为政的企业里要实现信息的共享和效率的整合是何等困难。

（二）客户关系管理系统在中国的发展机遇

尽管客户关系管理系统在中国的现状不容乐观，但并不是所有的企业在实施客户关系管理中都惨遭失败，有很多企业，由于实行客户关系管理比较早，在一定程度上克服了管理和技术上的不和谐，通过不断地应用和改进，供应商逐渐研发和升级出适应这些企业的个性化的客户关系管理系统产品。所以，客户关系管理系统在中国有着良好的发展机遇和光明的发展前景，这主要是由以下几个因素决定的。

1. 客户关系管理系统的市场容量在日渐扩大

凡是需要与客户打交道的企业就存在对客户关系管理系统的需求，而中国企业的这种需求更为迫切。一方面，由于中国企业数量众多，在这个以客户为中心的时代，客户关系管理系统的市场空间必将不断增加；另一方面，除了一些垄断行业和龙头企业，中国的大部分企业习惯依靠价格竞争策略，造成利润率偏低，而客户关系管理系统正是要解决企业与客户之间存在的问题，发现最有价值的客户，以达到为企业开源和创造更大利润的目的。从这一点来看，中国企业对客户关系管理系统的需要更为迫切，从而扩大了市场需求。

2. 客户关系管理系统的理念传播日益广泛

早期客户关系管理系统的应用仅局限于金融、电信、航空等传统服务业领域，后来逐渐发展到房地产、制造、流通、医药等行业。越来越多的企业开始接受客户关系管理的理念，正在或准备实施客户关系管理。对客户关系管理系统的需求由原来的大型企业逐渐向中小企业扩散，而我国中小企业的发展正处在前所未有的黄金时期。这都给客户关系管理系统在中国的发展带来了很大的机遇。

3. 企业的管理水平不断进步

中国企业的管理水平一直与发达国家的企业有很大的差距，主要表现为管理不规范、随意性强、企业缺乏长远的战略目标、注重短期利益、经营者权威不受约束和企业文化不深厚等。随着改革开放的不断深入，中国企业正在各个方面与国际接轨，管理手段不断成熟，管理方式日臻完善。客户关系管理作为建立在一定管理水平上的、以客户为中心的系统，对科学管理有着很高的要求，中国企业管理水平的不断进步为客户关系管理的成功应用提供了更多的可能。

4. 客户关系管理系统产品的多样化

随着外埠厂商对中国企业了解程度的加深，产品的本土化特征会日益明显，客户关系管理系统对中国企业的适应性正在不断提高。众多外埠厂商把中国企业作为利润的增长点，不断开发出适应中国企业现状的客户关系管理系统产品。本土厂商在基于本土优势的前提下也会力争在研发中跨越技术的瓶颈，更好地服务于国内企业对客户关系管理系统的应用。这两大供应商群体在满足国内企业需要的过程中形成自己的特色和竞争优势，开发出多样的、具有个性化行业色彩的客户关系管理系统产品。

（三）中国发展客户关系管理系统的制约及应用误区

由于历史原因，中国发展客户关系管理系统受到很多因素的制约。这些因素阻碍了客户关系管理系统在中国的发展，使中国企业实施客户关系管理系统遇到的阻力比其他国家更大，失败的可能性也更高。具体在客户关系管理系统的实践应用上，又存在很多误区，这些误区也在一定程度上制约了客户关系管理系统在中国的普遍应用。

1. 客户关系管理软件论

客户关系管理软件论把客户关系管理仅仅当成一个软件。客户关系管理系统从技术上说是一种软件，但它绝不仅仅局限于一个单独的软件，也不仅仅是一个客户管理技术的解决方案。仅以软件的观点来看待和使用客户关系管理系统，很难使客户真正满意。实施客户关系管理是一个非常复杂的系统工程，是将企业的资源经过充分整合以更好地满足客户的需要，最终达到企业整体效益最大化，因而需要在理念上、管理上乃至企业文化上都要与客户关系管理有相当程度的契合。

2. 客户关系管理技术论

客户关系管理技术论把客户关系管理完全当成是技术人员的事情。很多基层部门的人员经常觉得客户关系管理和自己的关系不大，只要技术人员来操作即可。实际上客户关系管理系统的运作要求所有的部门和人员紧密配合实施，才能真正发挥客户关系管理的优势。这里面包括领导层对客户关系管理的鼎力支持和全心参与，所有员工具有客户至上的工作理念，企业各个方面对流程变革的理解和支持等，所以绝非仅凭技术部门一己之力所能完成。

3. 客户关系管理效益论

很多企业的管理者持客户关系管理效益论，建成客户关系管理系统就能立即实现盈利。既然“客户是上帝”，有了客户关系管理，客户就会满意，销售就会增加，就能马上盈利。实际上无论企业使用任何有力的工具，要达到预期的目标都需要有个过程，在这个过程中也会出现各种问题，片面地要求客户关系管理在短时间内实现快速超额的利润都是不现实的。

4. 客户关系管理万能论

客户关系管理万能论认为客户关系管理可以改变一切。20 世纪 90 年代末期，业界曾对客户关系管理进行了铺天盖地的宣传，这种舆论使很多中国企业将客户关系管理看成了无所不能的法宝，以为有了客户关系管理就有了一切。客户关系管理简直就像神话一样，能让企业扭亏为盈，能为企业带来源源不断的客户和利润。这使软件供应商及各类企业都对客户关系管理倾注了无限的热情，众多客户关系管理产品被投入企业的客户关系管理当中。但客户关系管理不是万能的，不能包治百病，有些企业的问题属于管理层面的，需要改变自身的管理方式和方法。例如，对客户主动服务的意识，如果在企业文化中根本没有以客户为中心的内容，员工也没有客户至上的服务理念，即便采用了客户关系管理系统，效果也不会好。

5. 客户关系管理价格论

部分企业要么认为无法负担客户关系管理系统不菲的价格，要么喜欢大而全的系统。一些中小企业虽然认识到客户关系管理的重要性，但认为自己不可能实施这样昂贵的项目，而错过了提升企业客户管理水平的机会。实际上，客户关系管理的多样化和个性化为规模偏小的企业实施物美价廉的客户关系管理系统提供了机会。还有一些企业认为，既然要实施客户关系管理系统，就要又大又好又全的。实际上适合企业自身的才是最好的，否则会导致许多功能闲置或者利用率不高，而且额外增加人力和财力的负担，甚至会降低工作效率。

五、客户关系管理的发展趋势

1. 基于云计算的客户关系管理

随着客户关系管理由员工在公司内部讨论客户的相关信息的方式向外拓展，慢慢地客户关系管理系统中最重要的信息开始来自公司外部，来自在社交网络中的交谈等。基于云（关于“云计算”，本章末“知识拓展”将做详细介绍）的应用程序非常适合收集这些信息，并且能够方便地将它们转化为具有可操作性的实用情报。因此，现在的趋势是企业不必再花大价钱打造基础设施以连接云平台并挖掘客户资料，基于云的客户关系管理软件能够更加高效地完成这一工作，因而具备更好的费效比。

2. 更具易用性的客户关系管理

应用程序的易用性已经成为企业关注的一个重大问题，客户关系管理也不例外。使用者的工作环境可以在传统的台式机和笔记本电脑之外，如平板电脑和智能手机都可以成为他们的工作设备，因此使用者希望所有的数据只需要通过一个用户界面就可获得。这就要求客户关系管理软件应当拥有量身定制的、友好的界面，并且在传统平台和移动平台上均具有可访问性和易用性。

3. 汇聚更多信息的客户关系管理

随着企业与客户之间互动方式的增多，客户关系管理系统将在构建坚实合作关系方面发挥更大的作用。高效的客户关系管理体系应该能够将各个原本松散的环节贯穿起来，聚于一处，并与每位客户建立起紧密的合作关系，客户关系管理将成为蕴涵所有信息的数据集散地。通过将客户数据集中化，企业才能够为客户提供更好的服务和更具针对性的解决方案。

4. 整合性更好的客户关系管理

企业一直希望客户关系管理能够与 ERP（enterprise resource planning，企业资源计划）、电子商务和专业服务自动化等应用完美结合，以获得集成度更强、运作效率更高的业务流程体系。它希望将整个业务处理过程加以整合，再以这种宏观视角与客户互动，同时更希望报告能够更加全面而不再被详细的职能划分切割得支离破碎。这里的整合，是指从头到尾被设计为一个单一解决方案的系统，而不是那种初期各自独立发展、后期却被硬性整合在一起的应用。

5. 更具灵活性的客户关系管理

由于客户关系管理用户在交付模式、接口、数据实践及其他客户关系管理技术的选择上越来越熟练，因此他们在作出购买决定时会综合考虑上述因素。这将促使客户关系管理应用在设计上更易于实现集成化，用户也可以方便地通过定制进行有针对性的升级。同时，这也将促使那些产品只支持 SaaS（software as a service，软件即服务）的厂商扩充其客户可选择项。由于开源软件允许用户方便地进行调整和定制，因此开源软件在今后将继续对传统的客户关系管理模式造成冲击。

6. 社交化发展的客户关系管理

在获得重大发展之后，社交网络在决策过程中对客户的影响力越来越大。因此，客户关系管理软件厂商将会继续在其产品中整合社交网络，以使企业能够更好地了解细微的市场发展趋势，从而让他们的宣传和营销活动更具针对性。在社交网络的辅助下，客户关系管理将在自身平台上为业务团队带来更好的营销及技术支持渠道。

7. 更具移动应用的客户关系管理

移动性已经成为企业关键性的竞争优势，尤其在销售领域直接面向客户并进行客户服务活动的行业，允许现场员工使用手持移动设备将是提高服务水平的理想方式，目前这已经成为发展的主流。今后，移动组件的功能将影响到客户关系管理系统产品的销售。与缺乏移动组件的厂商相比，那些拥有功能强大的移动组件的厂商将获得显著的竞争优势。许多厂商将围绕本地客户端与安全性展开竞争。

8. 更关注客户反馈的客户关系管理

未来的客户关系管理将使客户的声音更多地融入产品，企业将逐渐尝试根据客户的反馈调整流程和应用，协助员工更好地了解现场客户的需求。如果能够以调查结果、客户访问、社交情感数据等形式向企业中的员工提供更多的客户反馈，那么这将更好地帮助员工理解他们的决策对客户所产生的影响。

第二节　客户关系管理的内涵

一、客户关系管理的定义

CRM（customer relationship management）一般译作“客户关系管理”，也可译作“顾客关系管理”。通常，customer 译作“客户”比“顾客”所表示的意义更为广泛，它包括了过去购买或正在购买的现实客户以及还没有购买但今后可能产生购买行为的潜在客户，所指更为准确。

客户关系管理的定义有很多，不同的人从不同的角度会有不同的理解。下面给出几个具有代表性的定义，从不同侧面反映客户关系管理的特点。

（1）策略说

策略说认为，客户关系管理是一种商业策略，它按照客户的分类情况有效地组织企业资源，培养以客户为中心的经营行为及实施以客户为中心的业务流程，并以此为手段来提高企业的盈利能力、利润及客户满意度。持这种观点的代表是全球权威的 IT 研究与顾问咨询公司 Gartner Group，它认为客户关系管理是一种基于企业发展战略上的经营策略。

（2）技术说

技术说认为，客户关系管理是在营销、销售和服务业务范围内，对现实的和潜在的客户关系及业务伙伴关系进行多渠道管理的一系列过程和技术。该定义更强调客户关系管理作为软件载体的技术性，比较适合于客户关系管理开发系统。

（3）过程说

过程说认为，客户关系管理通过提高产品性能，增强顾客服务，提高顾客交付价值和顾客满意度，与客户建立起长期、稳定、相互信任的密切关系，从而为企业吸引新客户、维系老客户，提高效益和竞争优势。这是 IBM 公司给出的客户关系管理定义。IBM 公司把客户关系管理分为 3 类，即关系管理、流程管理和接入管理，涉及企业识别、挑选、获取、发展和保持客户的整个商业过程。

（4）焦点说

焦点说认为，客户关系管理系统的核心是对客户数据的管理，焦点是改善市场营销、销售、客户服务等与客户关系有关的商业流程并实现自动化。持这种观点的代表是全球较大的企业管理和协同化商务解决方案供应商 SAP 和美国著名的研究机构 Hurwitz Group，它们认为客户关系管理系统主要具备了市场管理、销售管理、销售支持与服务等功能。

（5）工具说

工具说认为，客户关系管理也是一套软件和技术，客户关系管理应用软件简化和协调了销售、市场营销、服务和支持等各类业务功能的过程，并将注意力集中于满足客户的需求上，同时还将多种与客户交流的渠道，如面对面、电话接洽及 Web 访问等融为一体，以方便企业按客户的喜好使用适当的渠道与之进行交流。从本质上说，客户关系管理不过是一个聚焦客户的工具。

提出上述定义的有 IT 厂商、商业机构及管理咨询专家和学者等。由于他们所从事的领域不同，侧重点也有所不同，但总的来说是一致的，即都认为客户关系是公司与客户之间建立的一种相互有益的、互动的关系，并由此把客户关系管理上升到战略高度，同时都认为技术在客户关系管理中起到了很重要的驱动作用。

本书采用的定义是：客户关系管理是将以客户为中心的理念集成在软件上，是现代信息技术、经营理念和管理思想相结合的，旨在改善企业与客户之间关系的新型管理机制，它以信息技术为手段，实施于企业的市场营销、销售、服务与技术支持等与客户相关的领域，通过提供更快速和更加周到的优质服务吸引和保持更多的客户，通过对业务流程的全面管理来降低企业的成本，从而提高客户的忠诚度，最终实现业务操作效益的提高和利润的增长。

二、客户关系管理的内在含义

客户关系管理的内在含义应该包括 3 个方面，即客户、关系和管理。

（一）客户的概念

客户是企业最重要的资源，是企业的衣食父母，是企业的利润之源，没有客户就没有企业的生存和发展。客户是企业的焦点，尤其是服务性行业，它的产品就是服务，产品的生产过程就是为客户服务的过程，一旦客户不存在了，产品和企业也就不存在了，所以以客户为中心的理念是客户关系管理的基础。那么什么是客户呢？

客户，在通俗意义中的解释是顾客，而顾客是指商店或服务行业对来买东西或要求服务的人的称呼，这种解释在现代管理中显然已经不能满足需要了。现代客户关系管理中的客户，其内涵已经扩大化，企业外部的合作伙伴、企业内部上流程与下流程的工作人员皆可称为客户，形成广义的客户概念。尤其在供应链的环境下，客户概念更是突破了消费者、用户这样传统的狭义的客户范畴。

1）客户可能是普通消费者。这是客户的传统覆盖对象，是购买最终产品或服务的零售客户，包括个人、家庭或者集体。

2）客户可能是其他企业。这部分客户将购买的产品或服务附加在自己的产品或服务上出售给另外的客户。

3）客户可能是企业的合作者。处于供应链下游的企业是上游企业的客户，他们可能是批发商、零售商和物流商。只有当他们消费这些产品和服务时，他们才是用户，是产品和服务的最终接受者。

4）客户可能是内部客户。人们习惯于为企业之外的客户服务，而把企业内上下流程的工作人员看作同事或合作伙伴，从而淡化了服务意识，造成服务的内外脱节和不能落实。现在内部客户正日益引起企业的重视，这使企业的对内和对外服务无缝地连接起来。由于背景、地位、文化的差异，内部客户对不能预期达到的保质保值的服务通常不予正面抗议，而将责任或不便转嫁给企业之外的客户。例如，客户服务部门在前台竭尽全力实施客户忠诚计划，说服客户办理积分卡或会员卡，但却由于后方财务不能协调，出现办卡困难的情况，抵消了前台部门的努力，导致客户服务质量的低下。

因此，在供应链环境下，个体的客户和组织的客户都统称为客户，因为无论是个体或是组织都是接受企业产品或服务的对象，而且从最终的结果来看，客户的下游还是客户。因此，客户是相对于产品或服务提供者而言的，他们是所有接受产品或服务的组织和个人的统称。当然，在企业一般的生产销售过程中，客户也经常被狭义地定义为产品或服务的一般购买者，所以客户所指的实际范围的大小会因境况不同而有所不同。

（二）关系的概念

所谓关系是指两个人或两组人中的一方对另一方的行为方式及感觉状态。企业之间的竞争已经历了产品的竞争、服务的竞争，发展到了客户关系的竞争。在客户关系中，企业要力求与客户建立和保持一种长期、良好、和谐的合作关系，这是一种互动的、相互了解和影响的关系。在互惠互利的基础上，长期满足客户要求和需要并使其满意的同时实现企业的利润，因而这种关系的结果应该是双赢的。企业与客户的关系有以下特征。

1. 关系的时间性

任何关系都有一个生命周期，即从关系建立、关系发展、关系维持到关系破坏、关系结束，企业与客户的关系也有从建立到终止的时段，即客户关系生命周期。好的客户关系需要慢慢积累，企业要有足够的耐心进行培养。

2. 关系的脆弱性

企业与客户建立、发展与维持关系需要投入大量的人力、物力、财力与时间。在客户关系建立阶段，企业是要求建立关系的一方，付出会比较多。关系稳固以后，企业才开始逐渐获得回报，不过越是这个阶段，企业越容易懈怠，越容易忽视维持关系的必要性。在如今这个供过于求的时代，作为占有主动地位的客户一般是比较挑剔的，只要有一次让他们感觉不好，就有可能导致企业的所有努力前功尽弃。

3. 关系的双重性

企业和客户的关系可以分为外在关系和内在关系。外在关系具有一定的行为特征，如重复购买；而内在关系则具有感情特征，如偏爱和向外推荐等。显然，外在关系可以带来企业明显的利润增加，但外在关系却具有明显的脆弱性，企业往往只重视外在关系而忽视内在关系，结果造成关系的破坏。例如，对重复购买的客户拼命进行电话营销，干扰了客户的正常生活，破坏了与之刚刚建立的情感关系，使客户愤然离去。实践证明，企业一旦与其客户建立了情感关系，就有可能使客户忠诚。忠诚客户乐于与企业交往，乐此不疲地购买企业的产品，会对企业更加宽容，对产品价格也相对不敏感，这样的客户关系就变成了企业的核心竞争力，使竞争对手不易模仿。

（三）管理的概念

客户关系管理是一个面向客户的管理系统，它整合了企业资源和业务流程，实现了客户和企业之间交互式的无缝连接，达到客户对企业产品和服务的完美体验，从而利用客户关系来提升销售利润。这种管理具有以下几个特征。

1. 管理的主动性

管理的主动性是指对客户关系的生命周期进行积极介入和控制，使这种关系能最大限度地帮助企业实现它所确定的经营目标。企业不能消极地管理这种关系，在没有关系时要想方设法建立关系，有了浅层次的关系之后，要努力培养和加深这种关系。总之，要通过主动的管理使客户关系向纵深发展并趋于永久化。

2. 管理的区别化

企业的资源是有限的，企业实行区别化管理的目的就是要把有限的资源投入最有价值的客户身上。不同的客户对企业的贡献是不同的，企业也无须让所有的客户满意。所以，企业对客户是区别对待的，资源会集中于能给企业带来丰厚利润的核心客户，对于一般客户则不作为管理的重点，而那些管理成本过高，使企业获利为零，甚至可能是负利润的客户，将用一定方式将其排除在关系管理的范围之外。

3. 管理的技术性

无论是主动性管理还是区别化管理，对于客户数量众多的各类企业来说，都离不开客户数据。企业依靠所掌握的客户信息来对客户进行主动接触和跟踪管理，并依据详细准确的数据对客户进行差异化的管理。这就决定了这种管理是建立在现代信息技术基础之上的，离不开大量的客户数据。例如，呼叫中心的客户信息收集、接触技术及数据仓库、数据挖掘技术为科学化的客户关系管理提供了技术保障。

三、客户关系管理与其他相关概念的关系

（一）客户关系管理与客户服务

1. 客户服务的定义

客户服务的传统定义是“以长期满足客户的需要为目标，从客户递上订单到收讫订货，

在此期间提供一种连续不断的双方联系的机制”。

随着近年来服务范围的扩大，客户服务更侧重于准确、及时地发送客户所订购的产品、及时答复客户的询问、完善的后续措施及出现失误后的补救等。客户服务成为在合适的时间、合适的场合，以合适的价格、合适的方式向合适的客户提供合适的产品和服务，使客户合适的需求得到满足，价值得到提升的活动过程。客户服务管理则是了解与创造客户需求，以实现客户满意为目的，企业全员、全过程参与的一种经营行为和管理方式。它包括营销服务、部门服务和产品服务等大部分的服务内容。

2. 客户关系管理与传统客户服务的区别

尽管人们经常会把客户关系管理和客户服务放在一起讨论，但二者之间是有区别的，尤其是客户关系管理和传统客户服务之间更是有很大的区别。这主要表现在以下 3 个方面。

1）服务的主动性不同。传统的客户服务是针对客户的问题来进行的，是一种被动的反应和客户管理；而客户关系管理则是主动的，不但要时刻询问、跟踪客户对于企业产品的使用情况，积极解决客户关于产品的种种问题，还要主动与客户联络，促使客户重复购买。客户关系管理认为，主动与被动的差别，就是客户忠诚与游离的差别。

2）认知的态度不同。传统的客户服务视客户的需求为麻烦，希望客户要求越少越好，持消极的服务态度，对客户的抱怨以息事宁人为主。但在客户关系管理观念下，客户如果没反应、不联络、不响应比抱怨还可怕。无论是接受客户咨询还是处理客户不满，都可能产生新的营销机会或者挽回工作失误，从而缔造忠诚的客户。

3）所处的地位不同。传统的客户服务一般只是为了配合销售所做的咨询和维修等，本身并不产生效益，属于纯粹的成本中心；而客户关系管理则是将营销与客户服务合为一体，将客户服务视为另一种营销渠道，自身也变成了一种营销工具，从而成为创造利润的重要窗口，把单纯的成本中心变成了不可或缺的利润中心。

3. 客户关系管理与现代客户服务的联系

随着客户中心论管理思想的逐渐普及，现代客户服务正以其全新的内涵与客户关系管理紧密结合在一起。两者之间的联系主要表现在以下 3 个方面。

1）客户服务是客户关系管理系统的重要组成部分。客户关系管理在企业中的实际运用是通过软件的形式来实现的，通用的软件系统至少包含 3 个基本模块，即市场、销售和服务。服务管理系统本身就是整个客户关系管理系统不可或缺的组成部分，这部分会对具体的客户服务规定严格的流程，客户的需求都将被记录和反馈。客户服务与市场营销和销售在客户关系管理的有机系统中相辅相成，共同实现企业的管理目标。

2）客户关系管理离不开卓越的客户服务。客户关系管理依据其科学的管理来实现以客户为中心的理念，所以客户服务不但是客户关系管理系统的重要组成部分，而且在企业的市场营销和销售中也处处体现着卓越的客户服务。可以说，客户服务贯穿整个客户关系管理的始终，覆盖客户关系管理的整个生命周期。对客户来说，所能体验到的企业形象都是通过各种服务来感知的，无论是营销阶段还是销售阶段及服务支持阶段，卓越的客户服务都会让客户产生完美的接触体验，从而提高其满意度和忠诚度。

3）服务创新是提高客户关系管理水平的重要手段。随着企业间竞争的白热化，企业的产品意识已经提到了一定高度，因此出现了企业产品同质化现象，服务进而成为各类企业提高竞争力的重要手段。随着企业服务意识的不断增强，又出现了服务范围、服务项目和服务方式趋同的状况，如礼貌待客、服务规范、准确及时等服务要求已经成为大多数企业的服务标准。在这种形势下，服务创新就成为企业必须面对的课题。如何为客户提供满意之外的惊喜，如何让客户产生超值的消费体验，是衡量企业客户关系管理水平的重要标尺。只有在大众化的服务中推陈出新，赋予客户完美的接触体验，才能带给客户深刻的印象，才能使其具有相当的满意程度，才有可能缔造客户忠诚。

（二）客户关系管理与企业资源计划

1. 企业资源计划的含义

企业资源计划是在现代企业管理思想的基础上，应用信息技术实现对整个企业资源的一体化管理。它是一种可以提供跨地区、跨部门甚至跨公司整合实时信息的企业管理信息系统。

2. 客户关系管理与企业资源计划的关系

客户关系管理和企业资源计划之间的区别和联系，可以从不同角度进行理解。总体来说，二者之间是相互依存、相互补充又有区别的关系。从企业用户的角度而言，客户关系管理和企业资源计划都是围绕企业管理的范畴开展的，所涉及的功能基本都是销售、市场、营销、产品、渠道等方面。但企业资源计划主要围绕内部资源，通过控制成本使内部流程更加高效；而客户关系管理是围绕外部资源，提升销售和利润，更加快速地适应市场和客户的变化，更加关注有价值的细分客户。

1）客户关系管理是企业资源计划的延伸。客户关系管理侧重于管理企业的客户，同时企业的客户也是企业最重要的资源，企业资源计划作为管理企业资源的系统，也要就企业的客户做比较全面的管理，这点在企业资源计划的分销系统和财务系统中都有一些体现。客户关系管理系统的核心部分是企业资源计划系统中销售管理部分的延伸，是对企业资源计划的补充与增强。因为客户关系管理不仅对现有客户资源进行管理，还对潜在客户资源进行管理，客户关系管理中有原本不在企业资源计划之内的呼叫中心、B2B（business to business，企业对企业）、B2C（business to customer，企业对消费者）等。既然是延伸，企业资源计划自然就是客户关系管理的基础，是培养客户关系管理的土壤，所以企业资源计划与客户关系管理是有些交叉的，这也是经常会提到企业资源计划与客户关系管理整合的一个原因。

2）二者的关注对象不同。如果从系统的角度讲，客户关系管理和企业资源计划是不同的系统，而且关注的企业问题不同。客户关系管理更偏重于外部问题，如营销、服务等与市场和客户相关的外部资源，强调合理利用优质服务来开拓和保持客户，优化面对客户的流程以减少获取和保留客户的成本。企业资源计划偏重于内部问题，关注点是企业资源，如生产、库存、质量、成本等，主要是优化内部管理流程和管理内部资源。

3）二者的管理理念不同。企业资源计划的管理理念是提高企业内部资源的计划和控制能力，追求的是在满足客户、及时交货的同时最大限度地降低各种成本，通过提高内部运转效率来提高对客户的服务质量，可以说是以效率为中心。客户关系管理的理念是以客户关系的建立、发展和维持为主要目的，更关注市场与客户。企业资源计划更注重企业内部的管理，目标是规范管理，而客户关系管理的目标是为客户提供更加全面的服务。如果说企业资源计划是企业级的全面管理应用的话，客户关系管理就是企业资源计划的最前端，它的作用延伸到了以前企业资源计划力所不能及的范围。

4）二者应用系统的设计不同。大部分客户关系管理的业务流程相对比较灵活，而企业资源计划的主要业务流程则相对固定。企业资源计划是一个事务处理系统，强调准确记录企业中人、财、物各项资源的轨迹，无缝集成企业生产、库存、仓库、财务等管理模块，提高企业的自动化能力，从而极大地降低人力需求及差错，提高效率。客户关系管理的体系设计以客户关系发展和维系为目标，系统以统一的客户数据库为中心，为系统用户提供客户的统一视图和对客户的分析、预测等工具，同时强调与其他企业应用的集成。

基于客户关系管理与企业资源计划之间的区别和联系，企业在并行两个系统时，二者的整合就在所难免。二者可以整合的部分包括：①客户管理，企业资源计划和客户关系管理都要用到客户的一些基本信息，客户关系管理更全面；②客户服务和支持，企业资源计划只提供了一些简单功能，而客户关系管理则对这方面进行了全面管理；③工作人员管理，企业资源计划和客户关系管理都涉及企业员工的基本情况和工作安排情况，但企业资源计划对人力资源的管理更强；④产品管理，企业资源计划和客户关系管理都要用到产品的基本信息、BOM（bill of material，物料清单）表、客户化配置和报价等；⑤订单管理，企业资源计划和客户关系管理都有订单管理，二者是重叠的；⑥销售/营销管理，企业资源计划的销售和营销相对来讲比较简单，而客户关系管理则比较完善，功能也更强大；⑦决策支持，企业资源计划和客户关系管理都使用了数据仓库和联机分析处理功能，从而实现商业智能和决策支持。两者所使用的技术相差不大，只是数据对象有所不同而已。

（三）客户关系管理与供应链管理

1. 供应链管理的含义

企业从原材料和零部件的采购、运输、加工制造、分销直至最终送到客户手中的这一过程被看成是一个环环相扣的链条，这就是供应链。所谓 SCM（supply chain management，供应链管理），是对由供应商、制造商、分销商、零售商到客户所构成的网络中的物资流、信息流、资金流进行管理，计划和协调与上述 3 种流相关的所有活动，使其成为一个完整的过程。供应链中的活动包括订单处理、原材料或在制品存储、生产计划、作业排序、货物运输、产品库存、顾客服务。有效的供应链管理是指在不降低质量、不降低顾客满意度而使成本不断下降的前提下尽快协调各环节的活动，信息网络（人工、计算机）是协调上述所有活动的必要条件。

2. 客户关系管理与供应链管理的关系

客户关系管理与供应链管理的区别主要有以下两点。

1）二者的侧重范围不同。客户关系管理侧重于单个企业的前台客户管理，而供应链管理已经超越了单个企业的范畴，强调业务伙伴之间的紧密集成。即使把客户的内涵扩大化，二者侧重面对的仍然是不同的客户范畴。

2）二者的管理目标不同。供应链管理强调同供应商、分销商等企业伙伴之间的无间断或即时通信，降低伙伴之间的时空距离，使供应链上的各个企业之间能够进行有效的协调。客户关系管理强调的是同企业的有价值客户之间的无缝隙连接和完美的客户体验，从而达到与客户之间的和谐共赢。

由于二者都是当前企业最基本和重要的信息系统，两个系统当中又都有重合交叉的内容，所以也需要在一定程度上进行整合。这些可以整合的部分包括：①价格管理，这一部分客户关系管理的功能较强，但仅适用于下游厂商，而供应链管理包含的范围是整个供应链，因此可将客户关系管理覆盖供应链管理中的下游厂商部分；②客户服务和支持，客户关系管理与供应链管理的物流系统的配送管理模块和运输管理模块整合，将极大提高客户满意度；③需求分析，这部分在客户关系管理与供应链管理中均占有重要的地位，因为这些是一切决策的根本点，而客户关系管理的客户信息分析能力较强，因此可将其中的分析模块整合到供应链管理中来；④财务和订单管理，一部分供应链管理可覆盖客户关系管理的相应部分。

由于企业资源计划、客户关系管理、供应链管理都对其中某个领域更加侧重，如果企业并行这 3 个系统，就需要系统间实现信息共享，因此三者的整合或集成就非常必要。整合的方法包括：

1）采用中间件技术。利用与需要整合的系统相兼容的标准中间件来构建系统间交流的桥梁，从而保持系统之间数据的同步更新。

2）利用数据同步复制技术。在需要整合的系统的服务器之间建立起数据复制的功能，使两者的数据保持同步。这种技术实现起来比较容易，技术也比较成熟。

3）进行二次开发。对需要整合的系统进行修改，或在原有基础上增设模块，或对相同、相近的模块进行统一。

4）信息资源规划。信息资源规划是指对企事业单位或政府部门管理所需要的信息，从采集、处理、传输到利用的全面规划。信息资源规划方案可以从根本上改变企业资源计划、客户关系管理、供应链管理分散开发设计形成的企业“信息孤岛”，从而全面实现信息共享。

第三节　客户关系管理的内容和意义

客户关系管理是伴随着互联网和电子商务的大潮进入中国的，作为企业日益重视的管理系统，它的特性可以从不同角度来理解。

一、客户关系管理的特点

1. 客户关系管理是一种管理理念

在工业时代，企业是以土地、资本这些“物”为中心的，而在这个以客户为中心的新经济时代，管理软件是管理思想和管理理念的载体，客户关系管理就代表着这个时代最核心的管理理念，激励有价值的客户保持忠诚。

2. 客户关系管理是一种技术手段

要把以客户为中心的理念付诸实施，需要相应的技术支持，客户关系管理正是充分把握客户资源的重要手段，通过现代化的信息手段不断改善客户关系、互动方式、资源调配、业务流程和自动化程度，真正实现客户满意的最大化。

3. 客户关系管理是一种商业策略

企业的根本目的还是要追求盈利，所以转变管理思想、改进管理方式、更新管理工具等，都是企业达成根本目标的途径。其中，客户关系管理就是一种通过技术与理念的结合选择和管理有价值的客户及其关系的商业策略。它可以有效地支持和整合市场、销售和服务的流程，以达到企业经营的目标。

4. 客户关系管理是一种企业文化

只有领导者具有客户思维是不够的，以客户为中心的运作模式要得到全体员工的真心认同，要成为企业文化的一部分。只有所有部门和级别的员工都能够认识到客户和企业及个人的长远利益的紧密关系，他们才能更好地配合客户关系管理对资源和流程的整合，以更高的效率利用这个系统，以更敏感的思维感知客户，以更大的责任感修正客户对企业的不良体验。

5. 客户关系管理是一种经营哲学

有了客户关系管理，企业可以通过提高客户满意度来减少客户的流失。通过客户关系管理，企业可以更大程度地进行差异化服务，对新老客户进行个性化的交流。更重要的是，企业甚至可以在客户明确自己的需求之前理解、发掘和满足他们的需求。这种经营哲学影响着整个企业的运转方向和经营方式。

二、客户关系管理的分类

从不同的角度，客户关系管理可做不同的分类，这有助于从不同层面来理解客户关系管理。

1. 按目标客户规模分类

（1）企业级客户关系管理

企业级客户关系管理的目标客户以跨国公司或者大型企业为主。这些客户具有庞大而复杂的组织体系，不同业务、不同部门、不同地区间实现信息的交流与共享极其困难，在业务方面有明确的分工，因而信息量大，流程管理严格，所以他们需要的客户关系管理系统非常复杂和庞大。能提供这类客户关系管理系统的企业包括 SAP、Oracle、微软 CRM 等。

（2）中端客户关系管理

中端客户关系管理的目标客户主要是 200 人以上、跨地区经营的企业。这类客户的业务管理和组织结构相对于企业级客户关系管理的目标客户，复杂程度已经大大降低。金蝶、用友等软件公司一直致力于满足这类中型应用市场的需要。

（3）中小企业客户关系管理

中小企业客户关系管理的目标客户是 200 人以下的企业。这类企业组织机构简单，业务分工不一定非常明确，运作上也更具有弹性。XToolsCRM 等公司瞄准的就是这些中小企业，其提供的软件功能丰富实用。

2. 按应用集成度分类

（1）客户关系管理专项应用

专项应用是指客户关系管理集中于某个点的应用，如 SFA、呼叫中心都属于客户关系管理专项应用的范畴，现代意义上的客户关系管理也就是由这些早期的专项应用逐渐发展起来的。实际上，即使是现代社会，客户关系管理专项应用仍有广阔的市场，它更适应企业有某些目的明确的专项需要，以及在企业发展初期规模较小时采用。管家婆 CRM 等都有针对企业专项应用的系统模块。

（2）客户关系管理整合应用

整合应用是指客户关系管理能够进行多部门和多业务的整合以实现信息的同步和共享，如实现市场、销售、服务 3 个部分有效的协同共享。代表厂商有金蝶 CRM、用友 TurboCRM 等。

（3）客户关系管理集成应用

集成应用是指客户关系管理能够与财务、企业资源计划、供应链管理等管理系统实现集成应用，它更适用于大型的对信息化程度要求较高的企业。代表厂商有 Oracle、SAP 等。

3. 按功能分类

美国调研机构 Meta Group 将客户关系管理分为 3 类，如图 1.2 所示。

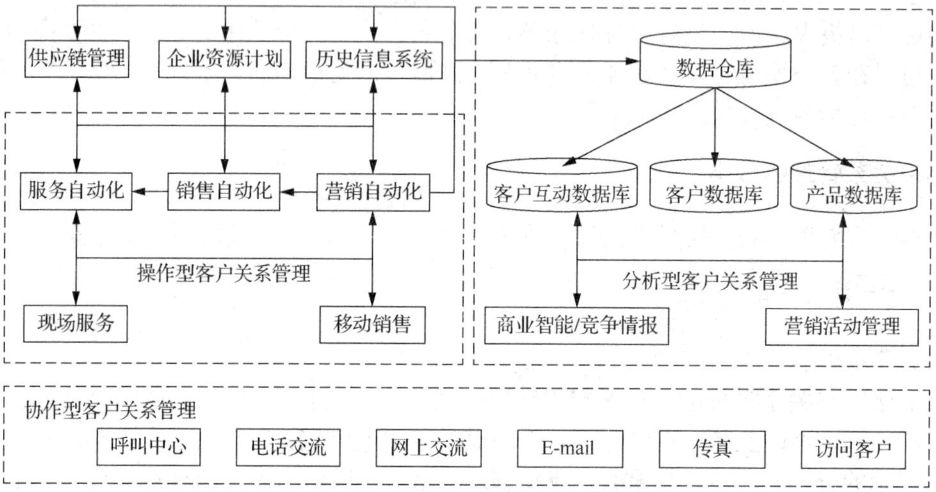

图 1.2 客户关系管理的分类

（1）操作型客户关系管理

操作型（operational）客户关系管理又称前台客户关系管理，通过为客户服务的自动化来改善与客户接触的流程，进而提高工作效率，使客户满意。例如，营销、销售和服务等前台服务的高效有序运行就属于操作型客户关系管理的范畴。操作型客户关系管理可以确保与客户的持续交流，并使其合理化，也就是按照规章制度的要求和流程标准高效率地工作，以方便与客户的交流。

（2）分析型客户关系管理

分析型（analytical）客户关系管理又称后台客户关系管理，是指理解和总结前台发生的客户活动。分析型客户关系管理把由操作型客户关系管理收集到的大量数据及其他各种与客户相关的资料，经过数据仓库技术和数据挖掘技术等进行分析，找出规律，然后用这些规律对客户需求进行预测或指导商业实践。

（3）协作型客户关系管理

协作型（collaborative）客户关系管理是指与客户之间互动的客户关系管理。互动涉及各种渠道，如互联网、E-mail或电话自动应答系统。它大致可以等同于自我服务。这是企业在增加与客户沟通时强化服务时效与质量的做法。同操作型客户关系管理和分析型客户关系管理相比，协作型客户关系管理主要体现对客户的协助，协作中的客户也更具有主动性和参与性。

三、客户关系管理的构成

客户关系管理到底由哪些部分组成，与客户关系管理的定义一样，至今并没有一个通用和权威的说法。不同领域的专家学者从不同的角度提出自己的想法和见解，给出论述不同却都具合理成分的观点。从本书的理论体系来看，客户关系管理应该由以下3个部分组成，如图1.3所示。

图1.3 客户关系管理的构成

1. 客户关系管理理论

三角形的底边是客户关系管理理论，这是客户关系管理系统的基础。客户关系管理理论源于很多市场营销的基础理论，如关系营销、客户细分、客户价值、客户关系生命周期等。所有的客户关系管理实践都应该遵循客户关系管理理论，从客户关系管理理论中升华出的客户理念将贯穿于所有客户关系管理系统实施的始终，背离了这样一个基础，过于强调技术和软件的作用，将会走向管理客户的误区和极端，将会与和谐的客户关系渐行渐远。

2. 客户关系管理技术

要把客户关系管理理论更好地付诸实践，客户关系管理技术必不可少。这里的客户关系管理技术其实也是在不断发展变化的，如早期企业会更重视呼叫中心、数据仓库、数据挖掘技术，当这些技术已经为第三方供应商解决的时候，企业尤其是新创企业会将目光更多地集中在客户体验、客户数据、客户服务创新的管理技术和手段上。在这些技术的支持下，企业才能真正了解客户、感知客户，在与客户的和谐共存中实现企业盈利。

3. 客户关系管理软件

客户关系管理软件的出现使客户关系管理理论成为企业真正可操作的客户关系管理工具，它整合了企业营销、销售和服务的流程，一方面为客户提供连续高效的优质服务，另一方面为企业提供准确充足的客户信息，经过整理分析和挖掘后的信息规律将有效地指导企业的销售实践和营销创新。

近年来，客户关系的理论正在日渐完善，可用于客户关系管理的技术正在向纵深发展，而客户关系管理软件系统的研发也如火如荼，正因为这3个部分的发展日新月异，才使客户关系管理的影响越来越广泛，越来越多的企业愿意投入资金去进行客户关系管理的实施，以期获得全球化市场运行中的竞争优势。

四、客户关系管理的核心思想

1. 全面提高客户满意度

市场激烈竞争的结果，使许多商品或服务在品质方面的区别越来越小，这种同质化的结果，使商品品质不再是客户消费选择的唯一标准，客户越来越注重企业能否满足其个性化的需求和能否提供及时的高质量服务。在企业越来越感觉到客户将是市场竞争至关重要的资源时，客户满意度和客户忠诚度就显得越来越重要。

客户满意度是指客户通过对一个产品或服务的可感知效果与其期望值相比较后，所形成的愉悦或失望的感觉状态。客户满意度取决于可感知效果和期望值之间的比较，如果可感知效果低于期望值，客户就表现出不满意；如果可感知效果与期望值相匹配，客户就表现出满意；如果可感知效果大于期望值，客户就会表现出非常满意。较高的客户满意度能使客户在心理上对产品品牌产生稳定的依赖和喜爱，也正是这种高满意度创造了客户对该产品品牌的高度忠诚。对于企业来说，仅仅知道和了解客户对企业已经或正在提供的产品和服务是否满意是不够的，一般只具有借鉴和参考作用，只是意味着企业获得了进入市场的通行证。只有通过对客户满意度的研究，掌握了客户对企业产品的信任和满意程度，全面提高有价值客户的满意度，才能对企业发掘潜在的客户需求、扩大未来市场销售具有重要的指导意义。

2. 努力增加客户忠诚度

客户满意是企业一直追求的目标，追求客户满意的目的从长远来看在于缔造客户的忠诚。因为只有忠诚客户才是企业持续不断的利润来源，这不仅由于忠诚客户直接的重复消费，更由于其口碑和推介效应，忠诚客户给企业带来的间接收益无法估量。要想提高客户的忠诚度，企业首先就要完整地认识整个客户关系生命周期，从技术上提供与客户沟通的统一平台，提高员工与客户接触的效率和客户反馈率，建立多样化的沟通渠道和灵活高效的激励机制，形成一个完整的反馈流，从而既能为客户提供完全一致的高品质服务，使客户在意想不到的时刻感受来自企业点到点、面对面的关怀，又可以使企业实时掌握市场动态，迅速开发出新的市场。其次，提高客户忠诚度的重要手段是提供个性化的产品和服务，或根据客户的不同需求提供不同内容的产品，客户再次光顾的可能性才会大大提高。此外，在保证客户服务，让客户满意和建立良好信誉的基础上，通过适当的方法实施客户忠诚度计划将为企业带来巨大的价值。

3. 开拓新客户，保持老客户

从企业的经营过程来看，无论企业多么努力，客户仍然是不断流失的，只是不同阶段速度不同而已，所以不断开发新客户以补充流失的客户及扩大客户群，一直是企业终身要做的工作。保持老客户的意义更是不言而喻，老客户的再次营销成本会显著降低，老客户也能通过示范和推荐给企业带来新客户。因此，开拓新客户并保持老客户一直是客户关系管理的核心思想。一方面，企业通过客户关系管理对客户信息资源整合，帮助企业捕捉、跟踪、利用所有的客户信息，在全企业内部实现资源共享，从而使企业更好地管理销售、服务和客户资源，为客户提供快速周到的优质服务；另一方面，客户可以选择自己喜欢的方式同企业进行交流，方便地获取信息并得到更好的服务。客户满意度得到提高，就能帮助企业保留更多的老客户，并有效地吸引新客户。

4. 鉴别把握核心客户

客户之间并不是生来就平等的，二八效应一直存在。无数市场实践都表明，并非所有的客户都代表着相同的价值。经常是20%甚至更少的客户可以给企业带来80%的利润，而绝大多数客户却只作出极小贡献，有的甚至是负利润，但对他们的服务却没有太大的差别。这就需要企业进行合理的区分，作出科学的判断。客户是分等级和层次的，这在各个行业都不例外。在这种情况下，实施客户分级，有效地识别和维护核心客户，将对企业的利润产生至关重要的影响。企业是个以利润为核心的经济体，在不违背社会道德规范的前提下，企业不需要使所有的客户都百分之百满意。正如果农会摘去一些羸弱的果实，以获得更好的收成，企业也要学会鉴别客户，从中甄选出交易频率高、金额大的核心客户来。但这种鉴别需要科学测算而不是主观臆断，需要建立在准确的数据分析基础之上，而不是凭印象和经验判断。客户关系管理系统会准确记录企业与客户在市场、销售和服务环节中的每一次接触，并提供科学分析遴选的工具和方法，从接触的历史中帮助企业鉴别出核心客户来。同时，由于客户关系管理贯穿企业销售服务的整个过程，可以为核心客户提供定制化的个性服务，自然可以有效地把握核心客户，使其满意并忠诚。

五、实施客户关系管理的意义

1. 提高工作效率

客户关系管理系统通过整合企业的全部业务环节和资源体系，使企业的运营效率大大提高。资源体系的整合，实现了企业范围的信息共享，使业务处理流程的自动化程度和员工的工作能力大大提高，使企业的运作能够更为顺畅，资源配置更为有效。

客户关系管理系统可以提高与客户的外部沟通效率。系统具有多种与客户外部沟通的渠道，包括电话、E-mail、QQ、微信等，这种多样化的沟通方式可以最大限度地覆盖企业的客户群，提高与客户的外部沟通效率。客户无论以何种方式、何种频率与企业联系，企业都会以统一形象来面对客户，而不会因为客户选择的渠道不同或不同的客户代表而带来差异化的消费体验。而且，前端办公自动化程度的提高使很多重复性的工作（如批量发传真、E-mail）都由计算机系统完成，工作的效率和质量都是人工无可比拟的。

客户关系管理系统可以提高与客户直接接触的效率。由于客户关系管理建立了客户与企业交流的统一平台，整合了市场、销售、服务环节的流程，使客户与企业的一点接触可以完成多项任务，因此办事效率大大提高。例如，在市场营销环节的客户信息会在销售环节和服务环节直接采用，客户与企业在任何环节直接接触都能避免反复提供原始信息，进行无障碍的交流和互动，从而提高企业与客户接触时的工作效率。

2. 降低运营成本

客户关系管理是通过管理和保持企业与客户之间的良好关系，持续实现企业价值和客户价值最大化的一种新型、双赢的营销理念，同时也是为了实现这一理念的软件支持系统。在客户关系管理理念下，软件系统的预见性、和谐性、高效性，使企业能够全面调节与客户的关系，保持并发展与客户的长期关系。从企业主体来说，客户关系管理基于工作流引擎实现市场、销售和服务等业务流程的闭环运作和统一，提高整体效率，降低运营成本；从客户角度来说，客户关系管理为客户节约采购成本，满足潜在需求，提供无微不至的服务，客户方也可以从客户关系管理系统中有所获益。双方越是相互了解和信任，交易越是容易实现，并可节约交易成本和时间，由过去逐次逐项的谈判交易发展成为例行的程序化交易。通过管理与客户之间的互动，企业改变了管理方式和业务流程，减少销售环节，降低销售成本。此外，客户关系管理的运用使团队销售的效率和准确率大大提高，服务质量的提高也使服务时间和工作量大大降低，这些都无形中降低了企业的运作成本。同时，精确的过程管理和绩效考核，将有效地降低市场营销成本、销售成本和服务成本，从而从整体上降低企业的运营成本。

3. 提升核心竞争能力

从卖方市场转向买方市场，经历了以数量取胜、质量取胜、品牌取胜，进而发展到以客户满意度、客户忠诚度取胜的阶段。以往代表企业竞争优势的企业规模、固定资产、销售渠道和人员队伍已不再是企业在竞争中处于领先地位的决定因素。土地、人力、资本、信息等，可以很快被竞争对手复制。然而，详细而灵活的客户信息，即有关客户及其爱好的信息和良好的客户关系本身，却很难复制。客户关系管理将成为一种核心的竞争能力，通过正确的工具、技术和应用，可以为所有企业提供“看得见的优势”。

有效实施客户关系管理战略，不仅可以从营销智能化、销售自动化、客户服务管理高效性这三个方面来提高企业的实力。同时，企业还可以对客户数据充分利用，设计出更能满足客户需求的产品和服务，并以客户喜爱的方式提供给他们。企业可以通过呼叫中心、数据挖掘、数据仓库等多种途径完成客户数据收集和整理，更好地了解客户的类型和趋势，并持续提供卓越的客户服务，从而为企业建立起战略性竞争优势。

个性化服务是增强竞争力的有力武器，客户关系管理系统可以提高为客户创新服务的效率，以客户为中心并为客户提供最合适的服务，并因此为实施企业带来了在同行业中的竞争优势，即客户关系管理的竞争壁垒优势。此外，客户关系管理并不仅仅针对第一次接触或优质服务，它针对的是整个接触生命周期及如何处理这些接触，它可以使企业从价格、服务和客户知识等方面展开全面的竞争而不是单纯的价格竞争。总之，企业采取这种客户关系管理方式可以使其从竞争中脱颖而出，甚至从某种意义上说，有效地利用客户关系管理可以改变企业面临的整个竞争格局。

4. 增加企业利润

只要有市场经济的天然约束，只要存在供需双方的交换行为，企业就必须要从客户身上发掘价值、获取利润，这是一切生产、经营和交易的根本。是否拥有客户取决于企业与客户的关系状况，它决定着客户对企业的信任程度，客户信任程度越高，企业竞争力越强，市场占有率就越大，企业盈利也就越丰厚。利用客户关系管理，企业一方面通过提供更快速和更周到的优质服务吸引和保持更多的客户，另一方面通过对业务流程的全面管理降低企业成本，这都将极大地增加企业的利润。通过客户数据管理，强化与客户的关系，以提升客户购买频率和购买数量。经过确认顾客、吸引顾客和保留顾客，实现重复销售、交叉销售和向上销售来提高获利率。客户关系管理向客户提供主动的客户关怀，根据销售和服务历史提供个性化的服务，通过系统支持向客户提供更专业化的服务，加上严密的客户投诉跟踪，这些都成为企业改善服务的有力保证。对销售线索的跟进能力提升、对合作伙伴的管理更加透明、对客户关怀和对客户投诉的处理促进的客户满意度的提升等都会协助企业扩大销售。销售成功率增加和客户满意度提高，使销售的扩大成为必然。此外，客户关系管理可以重新整合企业的用户信息资源，使以往各自为战的销售人员、市场推广人员、电话服务人员、售后维修人员等开始真正的协调合作，成为围绕着“满足客户需求”这一核心宗旨的强大团队，这些都为增加企业利润提供了坚实的基础和可靠的保证。

小 结

管理理念的更新、市场需求的拉动和信息技术的推动催生了客户关系管理，客户关系管理的发展经历了一个过程。如今客户关系管理在我国的发展方兴未艾，存在着一定的机遇，也面临着挑战，客户关系管理的应用也存在着一定的误区。本章在阐述了客户关系管理的定义和内涵之后，界定了客户关系管理和客户服务、企业资源计划及供应链之间的区别与联系。在此基础上阐述了客户关系管理的特点、构成和核心思想。企业实施客户关系管理具有提高工作效率、降低运营成本、提高核心竞争能力、增加企业利润的重要意义。

拓展学习

知识拓展：云计算

案例分析：东方饭店的客户关系管理

思考与练习

一、填空题

1．客户关系管理按功能分为________、________、________3 种类型。

2．根据应用集成度可将客户关系管理划分为________、________、________。

3．IBM 把客户关系管理分为________、流程管理和________，涉及企业识别、挑选、获取、保持和发展客户的整个商业过程。

4．感觉消费时代，消费者开始注重产品的形象、品牌、设计和使用方便性，选择的标准变成了________和________。

二、单项选择题

1．“好”和“差”的价值选择标准是客户价值选择的（　　）。

A．理性消费时代　　B．感觉消费时代

C．感情消费时代　　D．感性消费时代

2．客户关系管理在企业中的实际运用是通过软件的形式来实现的，通用的软件系统至少包含 3 个基本模块，即市场、销售和（　　）。

A．财务管理　　B．人力资源管理
C．服务　　D．生产管理

3．感情消费时代，消费者价值的选择标准是（　　）。
A．“喜欢”与“不喜欢”　　B．“满意”与“不满意”
C．“好”与“差”　　D．“充实”与“不充实”

4．（　　）客户关系管理又称前台客户关系管理，通过为客户服务的自动化来改善与客户接触的流程。
A．操作型　　B．分析型　　C．协作型　　D．自动型

5．（　　）客户关系管理又称后台客户关系管理，是指理解和总结前台发生的客户活动。
A．操作型　　B．分析型　　C．协作型　　D．应用型

6．（　　）客户关系管理是指与客户之间互动的客户关系管理。
A．操作型　　B．分析型　　C．协作型　　D．应用型

7．（　　），是对由供应商、制造商、分销商、零售商到客户所构成的网络中的物资流、信息流、资金流进行管理，计划和协调与上述 3 种流相关的所有活动，使其成为一个完整的过程。
A．供应链管理　　B．客户关系管理
C．企业资源计划　　D．销售力量自动化

8．（　　）是指客户关系管理能够进行多部门和多业务的整合以实现信息的同步和共享。
A．专项应用　　B．整合应用　　C．集成应用　　D．同步应用

三、多项选择题

1．客户关系管理中的关系具有（　　）。
A．时间性　　B．脆弱性　　C．双重性　　D．主动性

2．客户关系管理中的管理具有（　　）。
A．时间性　　B．主动性　　C．区别化　　D．技术性

3．客户关系管理与传统客户服务的区别在于（　　）。
A．主动性不同　　B．认知的态度不同
C．所处的地位不同　　D．操作方式的不同

4．客户关系管理的构成包括（　　）。
A．客户关系管理理论　　B．客户关系管理技术
C．客户关系管理软件　　D．客户关系管理服务

四、判断题

1．客户关系管理就是一个软件。（　　）
2．客户关系管理就是一个系统。（　　）
3．客户关系管理是一种现代经营管理理念。（　　）
4．客户关系管理是一个系统或是一项技术。（　　）
5．客户关系管理是一个系统、一项技术，企业只要安装它就行了。（　　）
6．客户不一定是用户。（　　）
7．客户不一定是外部客户。（　　）
8．客户指的是公司外部的客户。（　　）

9. 技术进步是客户关系管理的加速器。（　）
10. 客户指的是产品或服务的最终接收者。（　）
11. 企业只要实施客户关系管理，就能解决企业所面临的一切问题。（　）
12. 实现客户关系管理必须先实行企业资源计划。（　）
13. 企业资源计划并不是企业实现客户关系管理的前提条件。（　）
14. 客户关系管理包含的是一整套解决方案。（　）
15. 企业中只有市场营销、销售和服务部门需要与客户进行沟通。（　）

五、思考题

1. 如何理解客户关系管理？
2. 客户关系管理按照功能如何分类？
3. 实施客户关系管理的意义何在？
4. 说说你身边最应该实施客户关系管理的企业（或行业），并说明理由。

第一章　思考与练习参考答案

创新创业能力训练

1．分组。将同学分成3～5人的小组，分组依据实际情况确定（如同学集中住校，可按寝室分组等），总之以利于日后经常讨论为分组标准。

2．竞选组长，撰写竞选纲领。有热情、表达能力强、有团队和领导意识的同学适合担任，自愿争取比指派更有利于日后分组任务的完成。

我的竞选纲领：

3．制作组牌。每组给自己起个名字，制作个性化组牌（表 1.1），以后每次课都置于各组讨论区内，以利于老师和同学相互区分。

表 1.1　个性化组牌

第　组：		团队名称：	
组长：		性格特点：	
序号	特点	序号	特点
1.		4.	
2.		5.	
3.			

4．用你了解的当下的产品或服务改写开篇的案例。

第二章 客户关系管理的相关理论

教学目标

在掌握关系营销、客户细分、客户价值和客户关系生命周期的内涵和基本理论内容的基础上，理解现代客户关系管理和这些理论之间的密切联系。这些相关理论既是客户关系管理的理论基础，又是实现客户关系管理的重要工具。

教学要点

关系营销的内涵、特征及策略；
客户细分的方式；
一对一营销的过程；
客户价值的管理；
客户关系生命周期阶段的组成及特点。

关键词

传统营销　关系营销　客户细分　一对一营销　客户价值　客户关系生命周期

导入案例

蔡明华的关系营销

古代江西有一个集镇，共有 6 家米商。这 6 家米商通常的做法是在店铺等待客户上门购买。有一年生意非常清淡，一个名叫蔡明华的年轻米商意识到必须对客户进行详细了解，于是就进行了一番走访调查。通过调查，蔡明华认识到必须让自己的客户感到买他的米是物有所值的，而且要比在其他米店购买划算。

于是，蔡明华决定对销售过程进行记录，记下客户的饮食习惯、订货周期和供货的最佳时机。同时，他在镇子里进行了市场调查，调查的内容包括家庭的人口数量、每天大米的消费量、家中粮缸的容量。

针对这次市场调查的结果，蔡明华决定采取免费送货上门和定期将客户家中的米缸添满两个措施。例如，一个五口之家（3 个大人、2 个小孩），每天每个大人要吃 2 碗大米，每个小孩吃 1 碗，这个家庭一天的大米消耗量为 8 碗；该家庭的米缸容量是 120 碗，接近一袋大米，一缸米可以消费 15 天，于是他决定每 15 天为这个家庭送一袋大米。

通过做这样极有价值的记录和推出的新服务（送货上门、定期补货），蔡明华的米店与客户建立起了广泛、深入的关系，他的米店不断扩大，以至于后来不得不雇人来帮忙。这样，蔡家米店的生意蒸蒸日上，蔡明华后来也成了江西有名的富商。

（资料来源：佚名，2008．中国古代米商蔡明华的关系营销案例 [EB/OL]．(2008-06-15)[2019-10-10]. http://blog.sina.com.cn/s/blog_53208d1001009sob.html.）

第一节 关系营销

关系营销（relationship marketing）是客户关系管理的雏形，客户关系管理中的客户观念、关系概念都和关系营销息息相关。关系营销的概念是美国营销学者巴巴拉·本德·杰克逊于1985年首先提出的，在20世纪80年代末～90年代得到迅速发展，掀起了西方市场营销理论界的一场革命，对市场营销持“关系”观点的学者对交易营销进行了批判，被称为“营销学研究范式的转变”。

关系营销的核心就是保持客户。关系营销通过加强与客户的联系，与客户长期保持关系，并在此基础上开展营销活动，为客户提供高度满意的产品和服务，实现企业的营销目标。企业通过建立关系营销网络，使成员之间建立稳固、相互依赖的商业关系，关系营销的目的在于减少每次交易的成本和时间，把客户的购买行为转变为习惯性的动作，建立客户的忠诚度，从而使企业取得长期稳定的发展。此时，企业和客户都得到了满足，也就达到了双赢的效果。

一、关系营销的内涵

1. 关系营销的定义

关系营销特别关注“关系”，通过与客户建立良好的关系，无论是销售关系还是服务关系，来实现扩大市场份额的发展目标。所谓关系营销，是指企业为实现盈利目标，建立、维持和促进与顾客及其他伙伴之间的关系，以实现参与各方的目标，从而形成一种兼顾各方长期利益关系的营销方式。关系营销以系统论为基本思想，将企业置身于社会经济大环境中来考察企业的市场营销活动，认为营销是一个与顾客、员工、竞争者、供应商、分销商、政府机构和社会组织等发生互动作用的过程，其核心是建立和发展与这些公众的良好关系。

关系营销是在长期交往而产生信任的基础上，使企业能够长远地保持客户的忠诚度，维持有盈利的业务和在竞争激烈的市场上取得成功。营销大师菲利普·科特勒说：“在这个新的、变化的世界里，企业唯一可以持续的竞争优势是它与消费者、商业伙伴及公司员工的良好关系。”要做到这一点，企业通常需要向这些个人和组织承诺并提供优惠的产品、良好的服务及适当的价格，从而与这些个人和组织建立并保持一种长期的经济和社会关系。由于关系营销的核心是建立与发展同相关个人和组织的兼顾双方利益的长期联系，企业作为一个开放的系统从事活动，不仅要关注顾客，还应注意大环境的各种关系，这就包括企业与顾客的关系、企业与上游企业的关系、企业内部关系及企业与竞争者、社会组织和政府之间的关系。

2. 关系营销与传统营销的区别

关系营销与传统营销观念相比，最根本的区别在于传统营销观念是一种短期的概念，其核心是商品交换；关系营销的核心是“关系”，指在双方之间建立一种联系，这是一个长期的概念。关系营销的主要内容是对顾客及其他利益相关者进行科学的管理，方法灵活多样。数据库使企业准确了解顾客的有关信息，使产品能得以准确定位，同时使企业的促销工作更具针对性，从而提高营销效率。运用数据库与客户保持紧密联系，无须借助大众传媒，比较隐秘，不易引起竞争对手的注意。此外，还可通过建立客户俱乐部、客户信用卡、会员卡制度，对关键客户专门设立关系经理等方式，进行客户管理。

作为传统营销的主要形式，交易营销是着眼于产品或服务实际交易过程的营销理念，而关系营销更加注重与客户建立并保持长期的联系。德国汉诺威大学的索斯顿·亨尼格-梭罗和尤苏拉·汉森认为，关系营销是对传统营销方式的重新看待，实质是通过建立与维持与现有客户及利益相关者的关系获利。它与传统的只注重与客户单次交易的交易营销有很大的不同。在交易营销中，销售完成后互动关系即告终止，而关系营销则认为销售是长期商务关系的开始。两者具体区别有以下几个方面。

（1）理论基础不同

传统营销以 4P 理论为基础，而关系营销则以 4C 理论为基础。4P 是美国营销学学者杰罗姆·麦卡锡于 20 世纪 60 年代提出的，包括产品（product）、价格（price）、渠道（place）和促销（promotion）。他认为一次成功和完整的市场营销活动，意味着以适当的产品、适当的价格、适当的渠道和适当的传播促销推广手段，将适当的产品和服务投放到特定的市场。4C 理论是由美国营销专家罗伯特·劳特朋在 1990 年提出的，是以消费者需求为导向，重新设定了市场营销组合的 4 个基本要素，即顾客（customer）、成本（cost）、便利（convenience）和沟通（communication）。它强调企业首先应该把追求顾客满意放在第一位，产品必须满足顾客需求，同时降低顾客的购买成本，在研发产品和服务时就要充分考虑客户的购买力，然后要充分注意到顾客购买过程中的便利性，最后还应以消费者为中心实施有效的营销沟通。

（2）营销重心的转移

传统市场营销的核心是交易，看重的都是实现每一次交易的利润最大化，强调企业利益的最大满足，并且把交易看作营销的基础，而没有把与顾客建立和保持广泛密切的关系摆在重要位置。关系营销则不同，它把营销视为企业建立市场关系的活动，重视市场营销过程中与企业利益相关者的相互关系和相互作用，认为企业与顾客、供应商、分销商等建立起牢固的互相依赖的关系是营销的重心，通过建立关系形成营销网络，并从良好的合作关系中获利。在这个网络中，企业的营销目标不是追求每次交易的利润最大化，而是追求网络成员利益关系的最大化，最后形成互利互惠、共同发展的局面。在这里，关系取代交易成为营销的基础，交易是在关系基础上自然而然发生的行为。营销的方向是努力把顾客的购买行为转变为惯例性行为，建立起顾客对企业的忠诚。这也表现为传统市场营销经常围绕着如何获得新顾客而展开，着眼于短期利益，经常发展了新顾客却流失了老顾客。关系营销更多是强调保持老顾客，老顾客比新顾客更重要，着眼于长期利益。可以说，营销重心的转移是关系营销与传统营销观念最本质的区别。

（3）市场范围的扩大

传统市场营销把视野局限于目标市场上，也就是通过市场细分确定顾客群。关系营销的范围广得多，不仅包括顾客市场，还包括供应商市场、中间商市场、劳动力市场、影响者市场和内部市场，会涉及顾客、供应商、分销商、竞争对手、银行、政府及内部员工等。

顾客是企业生存和发展的基础，建立和维持与顾客的良好关系是企业营销成功的保证。因此，关系营销仍然把顾客作为关注的焦点，并把它放在建立各种关系的首要位置。供应商和中间商与企业的关系是最为直接和密切的，与他们建立起牢固、稳定的关系，对保证企业营销关系的正常运转、实现营销目标意义重大。企业与供应商在产品开发、产品质量、制造和物流等方面的全面沟通和合作，能保证企业生产经营的顺利进行，同时通过双方对产品质量的共同监督、控制，有助于提高产品质量，降低成本，节省开支，更好地满足顾客需求。关系营销主张用各种激励手段鼓励中间商更好地工作，与他们建立互利互惠、长期稳定的关系。优秀的企业离不开优秀的人才，面对激烈的市场竞争，关系营销理论认为企业应密切关注劳动力市场上各种人力资源的变化，为企业的经营和发展准备良好的人才基础。金融机构，如银行、证券公司、投资基金等对于企业的经营和发展也会产生重要影响，企业必须把这些部门作为一个市场影响者进行考虑。例如，金融资本渗透经济领域，通过参与制控制企业的部分股份已经成为普遍的经济现象，企业必须采取相应对策，运用公共关系等手段，处理好与他们的关系。政府部门作为市场影响者的一员，对企业营销活动的影响也越来越受到重视。因为许多企业的营销实践表明，不协调与政府的关系，营销活动无法进行，特别是国际市场营销。因此，熟悉并遵循国家的法规，协调和改善与政府部门的关系，是关系营销倡导的经营观念。它与美国营销学家科特勒提出的“大市场营销”的思想完全一致。

此外，内部市场也被关系营销列入了营销范畴。关系营销认为内部营销在树立企业员工责任心、建立企业内部人员和外部顾客对企业的认同感、消除经营活动的功能性障碍等方面起着重要作用。

关系营销扩大了市场范围，使企业的营销活动进一步扩展和深化，企业与周围环境因素的关系也变得更积极主动，营销活动更加具有进攻性和挑战性。

（4）服务观念的强化

传统意义上的产品和服务是截然分开的，企业仅仅满足于如何把产品卖出去，拥有更多的市场份额，获取更大的商业利润，不太强调为顾客服务，是有限的顾客参与和适度的顾客联系。在关系营销理论下，产品和服务之间的界限变得模糊起来，这两个如同两极的事物正在被统一，产品服务化和服务产品化已成为明显的发展趋势，服务的地位越来越重要。关系营销强调高度的顾客参与和紧密、长期、稳定的顾客联系，特别重视为顾客服务和与顾客进行双向的沟通，并借助为顾客服务来了解顾客的需求，从而满足顾客需求。服务观念的强化是关系营销的内在要求，企业只有通过提供良好的服务才能同顾客建立起一种亲密无间的伙伴关系，并使顾客接受企业提供的更多的产品或服务，进而实现关系营销的最终目标。

此外，关系营销与庸俗营销和服务营销也是不同的。庸俗营销主要表现为“拉关系，走后门”，把关系营销等同为吃喝玩乐、高额回扣的行销策略，显然是错误的。关系营销里的关系并不是那种庸俗的人际关系，而是建立在正常商务往来基础上的互惠互利、实现双赢的业务关系，是先进的关系网和科学的关系学，但它并不排斥在双方合作的基础上建立起的个人友谊。服务营销是 20 世纪 80 年代发展的主流营销思想之一，它与关系营销的共同之处在于强调关系在企业营销活动中的重要性。然而，服务营销和关系营销对于服务和关系在营销中的地位的理解和侧重程度是有本质区别的。

二、关系营销的特征

1. 双向沟通

在关系营销中，交流应该是双向的，而非单向的。只有双向的信息沟通，彼此才能进行广泛的信息交流和信息共享，才能使企业赢得各利益相关者的支持、信任和合作，才能实现真正意义上的关系营销。因此，信息沟通的双向性是关系营销的基础。

2. 合作互利

关系营销理论认为，企业与各个利益者之间是一种分工协作关系，他们共同构成一个大的营销系统。系统的各成员之间相互联系、相互影响，只有战略过程的协同才能促使各方进行合作；只有通过合作才能实现协同，因此合作是双赢的基础，战略过程的协同性是关系营销的保证。在关系营销的大系统中，每个成员都是独立的经济实体，都有着各自相对独立的经济利益，单纯追求一方的利益是不可能实现关系营销的。关系营销就是要通过各方的合作增加关系各方的利益，不能通过损害其中一方或多方的利益而使某一方的利益增加。因此，营销活动的互利性是关系营销的关键。

3. 长期可控

随着合作关系的长久与稳定，企业的营销成本将越来越小，在其他条件不变的情况下，获得的利益就会增大。因此，追求合作的长期稳定才能实现关系营销的利益最大化。同时在长期合作中，关系营销也要求建立专门的部门，用以跟踪顾客、分销商、供应商及营销系统中其他参与者的态度，由此了解关系的动态变化，及时采取措施消除关系中的不稳定因素和不利于关系各方利益共同增长的因素，使这种关系一直处于可控的状态。

三、关系营销的策略

企业的关系营销策略涉及企业的所有利益相关者，以企业与其利益相关者的关系为核心展开，主要有顾客关系营销策略、员工关系营销策略、合作者关系营销策略、竞争者关系营销策略和影响者关系营销策略等。

1. 顾客关系营销策略

顾客是企业生存与发展的基础，是市场竞争的根本所在，顾客关系营销是关系营销的核心和归宿，客户关系管理的很多理念都来源于此。顾客关系营销策略的实施包括以下内容。

（1）树立以顾客为中心的观念

首先要树立顾客至上的经营理念，企业的一切政策和行为都必须以顾客的利益和要求为导向，并贯穿企业生产经营的全过程。企业要把顾客放在经营管理体系中的第一位，根据顾客需求开发产品，为顾客提供完善周到的服务，使顾客在心里对企业产生认同和归属感，进而达到顾客满意。

（2）了解顾客的需要，提高顾客的满意度

了解顾客的需要是企业提高顾客满意度的前提，顾客导向型观念的企业必须从顾客的观点出发来定义顾客的需要。企业应该加强与顾客之间的双向沟通，了解顾客需求。企业要提高顾客的满意度，主要是在产品销售过程中扩大服务范围，提高服务质量，通过向顾客提供超过服务本身价值和超越顾客期望值的超值服务，从而树立良好的企业形象，以满足顾客感性和理性的消费需求。事实上，企业的产品从进入市场到赢得市场，从令顾客满意到令顾客愉快，是一个较高和较深的探求，也是企业未来利润的最好指示器。

（3）管理顾客关系，培养顾客的忠诚度

在关系营销模式下，企业的目标不仅是要赢得顾客，更重要的是维系顾客。保持顾客比吸引顾客更容易使企业增利，因此培养顾客的忠诚度成为企业顾客关系营销的重要内容。一般情况下，企业会建立管理顾客关系的数据库系统，内部能共享一个客户资料数据库，这是关系营销的数据基础。此外，企业经常会通过提高关系的有效性和关系的退出成本来实现忠诚度的提高。

2. 员工关系营销策略

员工关系是指在企业内部管理过程中形成的人事关系，其具体对象是全体员工，包括工人和管理干部。员工关系营销是一种把员工当成顾客的哲学，是一种从营销角度进行人力资源管理的哲学。员工是企业赖以生存的活细胞，是企业产品的生产者、服务的承担者，对外又是企业形象的代表者，与企业利益和目标的关系最密切，他们直接影响着社会公众对企业的整体印象和评价。实施员工关系营销的最终目的是更好地满足外部顾客的需求，因此，企业实施员工关系营销策略应从以下几个方面着手。

（1）了解员工的情感和需求

企业员工作为为顾客服务的主体，他们的情感和需要应被充分认知。企业要在了解员工的情感和需求的基础上，尽量让员工对企业满意。例如，改善工作环境和工作条件，提高工作待遇，改进工作作风等。只有员工感到满意，他们才会心情舒畅，积极工作，服务才会周到，才能令顾客满意。要准确了解员工的需求，就要进行科学的员工满意度调查，通过一对一的访谈、问卷调查、行为观察等方法去获悉员工的动机、情绪和价值观等，然后针对不同的群体采取有针对性的措施以提高员工的满意度。

（2）创造积极向上的企业文化

创造乐观进取的工作氛围，培养企业主人翁的责任感，缔造积极向上的企业文化，是实施员工关系营销策略的重要一环。积极向上的企业文化是一种无形的管理方式，它可以改变人们原来只从个人的角度思考建立的思想准则、观念意识，而建立一种以企业为核心的共同价值观念。具有这种优秀企业文化的企业，会表现出良好的管理机制、经营素质和企业风貌，树立起企业整体的良好形象和市场信誉。同时，也能够使员工在潜意识的状态下对企业产生强烈的向心力，形成良好的团队意识，对企业的目标及社会责任都会有极为深刻的理解，从而自觉约束个人的行为，使个人言行与企业整体相联系。

（3）匹配科学的激励机制

科学的激励机制是对员工的个人努力和工作成就的承认，是对员工群体行为方式的正确导向，要针对员工的不同特点、不同贡献、不同的需求层次进行激励。对员工进行工作安排时要人尽其才，以激发员工内在的工作热情；要赏罚分明，客观评价员工的工作，激发员工的工作积极性；要通过教育培训，提高员工素质，增强员工自我激励能力和进取精神。使员工产生奋发向上的进取精神、努力工作的积极性和满足感，自觉地将自己的利益与企业的利益融为一体，自觉地与企业同呼吸、共命运，并在与外界交往时自觉地以企业一员的角色维护企业的形象。

3. 合作者关系营销策略

当今市场的竞争不是单独的企业之间的竞争，而是整条供应链之间的竞争。企业与供应商、分销商之间有着共同的利益。企业与供应商、分销商之间建立起长期的、彼此信任的互利关系对企业的生存与发展起着至关重要的作用。企业应从以下几个方面着手实施合作者关系营销策略。

（1）市场开发

市场开发最典型的是市场调查合作和市场进入合作。其中，市场调查是整个营销活动的起点，是获取决策信息和决策依据的途径。但是，由于工作量太大、专业性太强、费用太高，往往令中小型企业望而却步，企业间的合作就可以避免以上的各种不足。

（2）产品和促销合作

产品和促销合作是指在相同的市场上推出精心组合的产品，并进行促销合作，最常见的是功能型促销组合和品牌型促销组合。例如，某品牌剃须刀配上另一品牌的电池同时销售，是典型的功能型促销组合。品牌型促销组合的形式多种多样，如著名制造商与著名销售商联用品牌、普通制造商与著名销售商同用品牌、普通制造商借用著名制造商的品牌等。

（3）分销合作

分销合作主要是通过渠道建设合作，以强化渠道管理，决胜终端。实体流通合作，可以使产品安全、及时、高效、经济地从生产者手中转移到消费者手中。这样，既保证了社会经济效益，又提高了企业经济效益。通过顾客服务合作，最大限度地满足顾客的需求，更好地赢得顾客的认可。

4. 竞争者关系营销策略

竞争者包括现有竞争者、潜在竞争者和替代品生产者。企业竞争者关系营销是指与这些竞争者保持良好的竞争合作关系，摆脱恶性竞争，协调利益，优势互补，共同开发市场机会，最终取得多赢的结果。竞争对手的确给企业带来了威胁，但合适的对手能够加强而不是削弱企业的竞争地位。合适的竞争对手可以带来增加竞争优势、改善当前的产业结构、协助市场开发、遏止其他企业的进入等好处。所以，竞争者也存在着合作的可能。企业应从以下几个方面着手实施竞争者关系营销策略。

（1）企业间加强沟通了解，及时通报信息

竞争企业可以通过行业会议协调同行业各企业的关系，争取有利于行业发展的外部环境，指引本行业健康发展；竞争企业的员工也可以通过联谊会等形式建立个人之间的紧密联系，增强成员间的友谊，建立良好的人际关系；此外，竞争企业之间也可以采取一些短暂的联合行动，如联合打假、联合技术攻关、联合推出新产品等。

（2）建立企业联盟

在经济领域内，两个或两个以上的竞争企业可以通过兼并收购组成企业联盟，从而达到合作开发、价格同盟和优势互补的目的。联盟企业为了形成协同的力量，应努力打造共同的文化氛围，形成共同的价值观、工作作风和文化观念，使双方在思想上有共同的认识，使企业联盟在求同存异、共同发展的基础上更加牢固。企业联盟可以保持必要的弹性，随着市场的剧烈变化与时俱进，可以在必要时加深联盟的层次，也可以在联盟失去意义时灵活撤资。

5. 影响者关系营销策略

企业的影响者包括本国和东道国政府、股东、企业所在的社区及其他一些公众团体等。企业作为一个开放的系统从事活动，必须拓宽视野，注意企业与股东的关系，企业与政府的关系，企业与媒介、社区、公众、名流、金融机构、学校、慈善团体、宗教团体等的关系。影响者关系营销策略通常可借助公共关系模式来实施，主要有以下几种公共关系活动模式。

（1）宣传型公共关系活动

宣传型公共关系活动是指企业运用大众媒介和内部沟通的方法，开展宣传工作，树立良好的企业形象。宣传型公共关系活动的基本形式包括举办展览会、经验和技术交流会、座谈会，发表新闻报道、专题通信，进行记者专访，召开记者招待会等。必要时可以制造新闻或利用名人发挥名人效应。

（2）服务型公共关系活动

服务型公共关系活动是指企业通过向公众提供各种形式的实惠服务，强化企业信誉和形象，设身处地为顾客着想，为顾客当参谋，通过热情、周到的售前、售中、售后服务，为顾客提供全方位的服务，使其得到最大限度的满足。

（3）社会型公共关系活动

社会型公共关系活动是指企业通过举办各种社会性、公益性、赞助性活动，塑造企业形象，扩大企业的社会影响，提高企业的社会声誉，赢得公众的支持的手段。

（4）交际型公共关系活动

交际型公共关系活动是指企业在人际交往中开展公共关系工作，目的是通过人与人的直接接触，进行感情上的联络，为企业广结良缘，建立广泛的社会关系网络，形成有利于企业发展的人际环境。

（5）征询型公共关系活动

征询型公共关系活动以采集信息为主，目的是了解民情、民意，了解社会舆论，为企业的决策者提供咨询，保持企业与社会环境之间的动态平衡。

第二节 客户细分

任何高效的客户关系管理都将以扎实的客户细分为基础，客户关系管理的一切个性化和差异化都来源于客户细分，没有客户细分，客户管理做得再好也不是真正的客户关系管理。全世界的供应商、服务提供商都在千方百计地取悦自己的客户，尽他们最大的能力满足客户的需求，为此了解自己的客户，利用适当的细分策略和目标战术变得日益重要。客户细分的目的就是通过更好地了解客户并满足客户需求来提高公司的盈利能力，推动收入的增长。对于那些竞争十分激烈且企业必须通过积极竞争才能争取和维持客户的行业，客户细分被更广泛地使用，成为吸引和锁定客户，进而提高顾客满意度、忠诚度的重要手段。

一、客户细分的含义

客户细分（customer segmentation）是 20 世纪 50 年代中期由美国学者温德尔·史密斯提出的，其理论依据在于顾客需求的异质性和企业需要在有限资源的基础上进行有效的市场竞争。它是第二次世界大战结束后，美国众多产品市场由卖方市场转化为买方市场的形势下企业营销思想和营销战略的新发展，更是企业贯彻以消费者为中心的现代市场营销观念的必然产物。

由于并不是所有顾客的需求都是相同的，只要存在两个以上的顾客，需求就会不同。由于顾客需求、欲望及购买行为是多元的，所以顾客需求的满足会呈现差异。任何一个企业都不能单凭自己的人力、财力和物力来满足整个市场的所有需求，这不仅缘于企业自身条件的限制，而且从经济效应方面来看也是不足取的。因此，企业应该分辨出它能有效为之服务的最具有吸引力的细分市场，集中企业资源，制定出科学的竞争策略，以取得和增强竞争优势，获得效益最大化。

客户细分就是指企业在明确的战略、业务模式和特定的市场中，根据客户的属性、行为、需求、偏好及价值等因素对客户进行分类，并提供有针对性的产品、服务和营销模式。这里所说的客户更多的是狭义上的客户，即产品服务的最终接受者，而不包括供应链上的合作伙伴和企业内部的客户。

二、客户细分的目的

从客户需求的角度来看，不同类型的客户需求是不同的，要想让不同的客户对同一企业都感到满意，就要求企业提供有针对性的符合客户需求的产品和服务，而为了满足这种多样化的异质性需求，就需要对客户群体按照不同的标准进行客户细分。

从客户价值的方面来看，不同的客户能够为企业提供的价值是不同的，企业要想知道哪些是企业最有价值的客户、哪些是企业的忠诚客户、哪些是企业的潜在客户、哪些客户的成长性最好、哪些客户最容易流失，企业就必须对自己的客户进行细分。

从企业的资源和能力的角度来看，如何对不同的客户进行有限资源的优化应用是每个企业都必须考虑的，所以在进行客户管理时非常有必要对客户进行统计、分析和细分。只有这样，企业才能根据客户的不同特点进行有针对性的营销，赢得、扩大和保持高价值的客户群，吸引和培养潜力较大的客户群。客户细分能使企业拥有的高价值客户资源显性化，并能够就相应的客户关系对企业未来盈利的影响进行量化分析，为企业决策提供依据。

三、客户细分的基础

1. 客户需求的差异性是客观基础

客户需求的差异性是指不同的顾客之间的需求是不一样的。在市场上，消费者总是希望根据自己的独特需求去购买产品，根据这种需求的差异性可以把市场分为同质性需求和异质性需求两大类。同质性需求是指由于消费者的需求的差异性很小，甚至可以忽略不计，因此没有必要进行市场细分。异质性需求是指由于消费者所处的地理位置不同、社会环境不同、自身的心理和购买动机不同，造成他们对产品的价格、质量款式上需求的差异性。这种需求的差异性就是客户细分的基础。

2. 客户需求的相似性是理论基础

在同一地理条件、社会环境和文化背景下的人们会形成相对类似的人生观、价值观的亚文化群，他们的需求特点和消费习惯大致相同。正是因为客户需求在某些方面的相对同质，市场上绝对差异的消费者才能按一定标准聚合成不同的群体。所以，客户需求的绝对差异造成了客户细分的必要性，客户需求的相对同质性则使客户细分有了实现的可能性。

3. 企业有限的资源是外在基础

现代企业由于受到自身实力的限制，不可能向市场提供能够满足一切需求的产品和服务。为了有效地进行竞争，企业必须进行客户细分，选择最有利可图的目标，集中企业的资源，制定有效的竞争策略，以取得和增加竞争优势。

四、客户细分的依据

进行客户细分的标准有很多，一般而言，企业可以参照以下一些因素进行客户细分。

1. 外在属性

按照客户的外在属性分层，如客户的地域分布、客户的产品拥有、客户的组织归属等。通常，这种分层最简单、最直观，数据也很容易得到，但这种分类比较粗放，企业依然不知道在每一个客户层面，谁是“好”客户，谁是“差”客户。例如，把客户分成企业用户、个人用户、政府用户，企业能知道的只是某一类客户（如大企业客户）较之另一类客户（如政府客户），消费能力可能更强，但更多的细节却不得而知。

2. 内在属性

内在属性是指由客户内在因素决定的属性，如性别、年龄、信仰、爱好、收入、家庭成员数、信用度、性格、价值取向等。这些属性经常用来作为分层的依据。

3. 消费行为

许多企业从以下 3 个方面对消费行为进行分析，即最近购买情况、购买频率和购买金额，这些指标都需要在账务系统中得到。但并不是每个行业都适用，如在通信行业，对客户分类主要依据以下一些变量，如话费量、使用行为特征、付款记录、信用记录、维护行为、注册行为等。

五、客户细分的方式

根据实践中客户分类的习惯，可以形成依据客户的个性化资料、客户的消费行为、客户的购买方式、客户的地理位置、客户的职业、客户的关系网、客户的知识层次、客户的规模、客户对企业的贡献、客户忠诚度、客户的信誉度、客户是否流失、客户是否是新顾客等比较传统的细分标准。下面就介绍几种更适合于客户关系管理的客户细分方式。

1. 根据客户的价值进行分类

客户对企业的价值是不尽相同的，很多企业 80%的盈利只来自 20%的客户，或者说 80%的客户让企业赚不到多少钱，有的甚至让企业赔钱，这就是所谓帕累托 80/20 法则。因此，企业要能够找出对自己最有价值的客户资源，发现最为珍贵的客户，以便有的放矢地开展营销，有针对性地实施客户关系管理。根据这种分类方式，可以将客户分为 3 类或 4 类。

ABC 分类法是指根据企业利润额的构成区分客户，运用帕累托曲线表示企业利润额的构成情况，客户被直观地分成 A、B、C 三类，如图 2.1 所示。这三类客户对于企业的价值不同，A 类客户只占客户数量的 20%，却能给企业带来 80%的利润；占客户数量 10%的 C 类客户却无法给企业带来利润；中间 70%的客户只能给企业带来 20%的利润。无疑根据这种方式细分客户，企业客户关系管理的要点是优先发展 A 类客户，保持或缩减 B 类客户，抛弃 C 类客户。

根据这种细分方式也可以把客户分成 4 类，形成一个金字塔式，如图 2.2 所示。

（1）VIP 客户

VIP（very important person，高级客户）数量不多，但购买金额在企业销售额中占的比例很大，对企业贡献的价值最大，他们位于金字塔的顶层，一般情况下约占企业客户总量的 1%。

（2）主要客户

主要客户指的是除 VIP 客户外，购买金额所占的比例较多，能够为企业提供较高利润的客户。这种类型的客户约占企业客户总量的 4%。

（3）普通客户

普通客户一般能够为企业提供一定的利润，其约占企业客户总量的 15%。

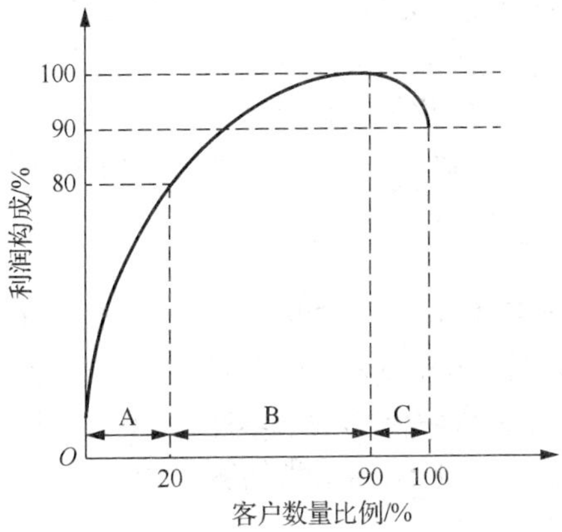

图 2.1　客户 ABC 分类

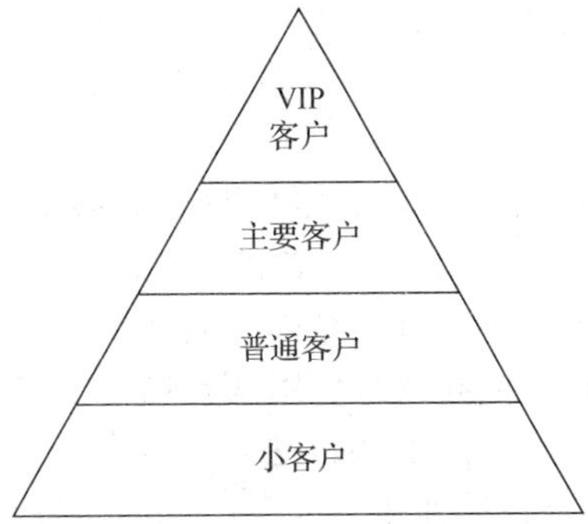

图 2.2　客户金字塔分类

（4）小客户

小客户人数众多，但是能为企业提供的盈利却不多，企业甚至不盈利或亏损，他们位于金字塔的底层。

2. RFM 基本分析模型

（1）RFM 的构成

这是根据客户的消费行为进行细分的方式，它通过检查客户最近一次购买的时间有多远、客户在最近一段时间内购买的次数以及客户在最近一段时间内购买的金额来从数量上决定哪些客户是最好的，需要企业持续关注以及哪些用户需要淘汰等不同的营销策略。在 RFM 模式中，R（recency）表示客户最近一次购买的时间有多远，F（frequency）表示客户在最近一段时间内购买的次数，M（monetary）表示客户在最近一段时间内购买的金额。RFM 强调以客户的行为来区分客户。

最近一次消费是指上一次购买的时间和相关细节，如客户上一次是什么时候来店里的、上一次根据哪本产品目录购买东西、最近一次在超市买早餐是什么时候等。理论上，上一次消费时间距今越近的客户应该是比较好的客户，对提供即时的商品或是服务也最有可能作出反应。如果要密切注意客户的购买行为，那么最近的一次消费就是营销人员首先要利用的工具。历史经验证明，如果能让客户最近购买，他们就会持续购买。这也就是为什么最近一次消费是 0～6 个月前的客户收到的营销人员的沟通信息多于 31～36 个月前的客户的原因。最近一次消费的功能不仅在于提供促销信息，还可以监督事业的健全度。

优秀的营销人员会定期查看最近一次消费分析，以掌握趋势。月报告如果显示上一次购买很近的客户，如最近一次消费为 1 个月的人数增加的话，表示该公司是个稳健成长的公司；反之，如果上一次消费为 1 个月的客户越来越少，则是该公司迈向不健全之路的征兆。最近一次消费报告是维系客户的一个重要指标。最近才购买商品或服务的客户，是最有可能再向企业购买的客户。要吸引一个几个月前才上门的客户购买，比吸引一个 1 年多以前来过的客户要容易得多。营销人员如果能与客户建立长期的关系而不仅是卖东西，会让客户持续保持往来。

消费频率是客户在限定的期间内所购买的次数。一般而言，最常购买的客户，也是满意度最高的客户。如果相信品牌及忠诚度的话，最常购买的客户，忠诚度最高。增加客户购买的次数意味着从竞争对手处赢得市场占有率。

消费金额是所有数据库报告的支柱，它能显示出排名前10%的客户所花费的金额及占企业营业额的比例。通过数据库，经常会发现40%的客户贡献企业总营业额的80%以上，表现最好的客户的平均花费常常是表现最差的客户的10倍。如果企业的预算不多，企业就会将信息邮寄给贡献40%收入的客户，而不是那些贡献还不到1%的客户。这样的营销所节省下来的成本会很可观。

（2）RFM基本分析模型的应用领域

作为一种对客户分类的方法，RFM基本分析模型起初主要用于直效营销（direct marketing）领域，目的是提高老客户交易的次数。例如，一家办公设备及耗材零售企业，业务发展迅速，但向老客户用邮政信函发送商品目录、开展直效营销的成本越来越高。该公司希望找到一种更有效的方法来区分客户，以便在“更恰当的时间向恰当的客户传递恰当的商品信息”，从而刺激重复交易，同时也适当地降低邮寄费用。

假设企业把客户最近一次购买日期到当天的天数（即最近一次消费的间隔天数）设为参数R，然后可以依据参数R的大小对客户进行分组。例如，可以把客户分成数量基本相等的5个等级，$R5$级表示最近一次购买时间最接近统计当日，$R1$级表示最近一次购买时间最远离统计当日。此外，企业还可以依据停止交易的绝对天数、不考虑每级的客户数量是否近似而进行划分，如表2.1所示。

表2.1　依据最近一次消费的间隔天数的客户分组

R（停止交易天数）	客户分级
$R<7$天	$R5$级
7天$\leqslant R<30$天	$R4$级
30天$\leqslant R<60$天	$R3$级
60天$\leqslant R<120$天	$R2$级
$R\geqslant 120$天	$R1$级

同样，采用F作为参数，代表交易频率，将客户分为$F5$～$F1$五组；利用参数M（代表采购金额），可以把客户分为$M5$～$M1$五组。将客户分别按照R、F、M参数分组后，假设某个客户同时属于$R5$、$F4$、$M3$三个组，则可以得到该客户的RFM代码543。同理，企业可以推测，有一些客户最近刚刚成功交易，且交易频率高、总采购金额大，其RFM代码是555，还有一些客户的RFM代码是554、545、… 每一个RFM代码都对应着一小组客户，一共是125组（5×5×5），如表2.2所示。企业在开展市场营销活动时可以从中挑选出若干组进行，对这125组进行数据分析，就可以制定出有针对性的营销策略。

表2.2　利用RFM代码对客户进行更细致的分组

555	554	553	552	551	545	544	543	542	541	535	534	533	532	531
525	524	523	522	521	515	514	513	512	511	455	454	453	452	451
445	444	443	442	441	435	434	433	432	431	425	424	423	422	421
415	414	413	412	411	355	354	353	352	351	345	344	343	342	341
335	334	333	332	331	325	324	323	322	321	315	314	313	312	311
255	254	253	252	251	245	244	243	242	241	235	234	233	232	231
225	224	223	222	221	215	214	213	212	211	155	154	153	152	151
145	144	143	142	141	135	134	133	132	131	125	124	123	122	121
115	114	113	112	111										

RFM 基本分析模型不断发展，已经不局限于直效营销领域了。如今它更常用于监测客户消费行为异动、防范重要客户流失方面，其计算过程也变得更加复杂。

（3）RFM 基本分析模型的应用意义

RFM 基本分析模型是被广泛使用的客户细分方法，是衡量客户价值和客户创利能力的重要工具和手段。该模型较为动态地展示了一个客户的全部轮廓，这为个性化的沟通和服务提供了依据，同时，如果与该客户打交道的时间足够长，也能够较为精确地判断该客户的长期价值（甚至是终身价值），通过改善 3 项指标的状况，从而为更多的营销决策提供支持。

RFM 基本分析非常适用于生产多种商品的企业，而且这些商品的单价相对不高，如化妆品、小家电等；它也适合于只生产少数耐久商品的企业，该商品中有一部分属于消耗品，如复印机、打印机等。RFM 基本分析模型对于加油站、运输公司、快递公司、快餐店、KTV、证券公司等也很适用。

RFM 基本分析模型可以用来提高客户的交易次数。很多企业常用的 DM（direct mail，直接邮寄），常常一次寄发成千上万封邮购清单，造成了很大的资源浪费。根据统计（以一般邮购日用品而言），如果将所有的客户分为 5 级，第五级的回函率是第四级的 3 倍。

企业还可以利用 *R*、*F* 的变化推测客户消费的异动状况，预测客户流失的状况。根据客户流失的可能性，列出客户名单，再从 *M* 的角度来分析，就可以把重点放在贡献度高且流失率也高的客户上，重点拜访或联系他们，以最有效的方式挽回更多的商机，以此来达到客户预警和客户挽留的目的。

3. 因素组合分类法

影响企业盈利能力的因素很多，根据相关因素的组合结果对客户进行分类，便是因素组合分类法。这些相关因素包括客户的规模、忠诚度、资信状况、市场占有率、经营状况等。每个因素一般都要通过具体的标准量化考核，如客户忠诚度就与客户重复购买率、对本企业和竞争对手品牌的关注程度、对商品价格的敏感度、对产品事故的承受力等密切相关。从一般企业的实践来看，客户的因素组合分类法更有实际意义。

（1）按信用等级与忠诚度相结合进行分类

客户按信用等级与忠诚度相结合进行分类，可分为 4 种类型，如图 2.3 所示。

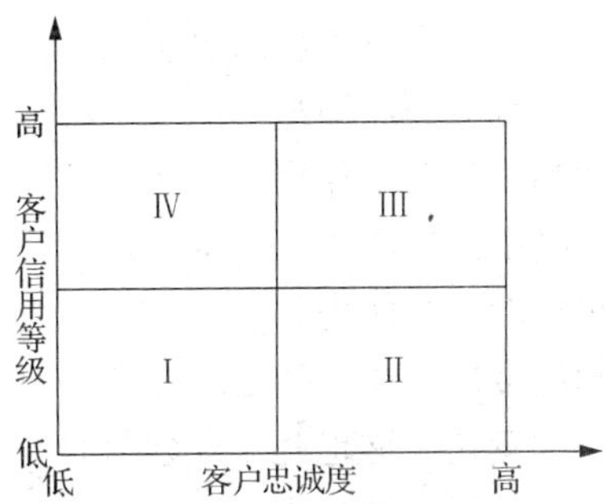

图 2.3 客户信用等级和忠诚度矩阵

1）Ⅰ类客户的信用等级和忠诚度都较低，是没有开发潜力或者是开发成本过高的客户。即使不考虑这类客户的开发难度和开发成本，若能够成功开发这类客户，由于没有良好的信用保障，企业也可能无法取得利润甚至无法收回成本。这无疑是不值得考虑的垃圾客户。

2）Ⅱ类客户的信用等级较低但是忠诚度较高。这类客户喜欢企业提供的产品和服务，但是却不愿意为自己取得的产品和服务付出相应的费用，其后期维护成本很高，属于风险客户。因此，企业应根据实际情况在产品和服务的推广阶段再考虑对这类客户的开发，以降低风险。

3）Ⅲ类客户的信用等级和忠诚度都很高，是企业的黄金客户，因此这类客户应是企业开发客户时的首选对象。如果对这类客户采取了有效的措施，将为企业的发展注入新的动力，也会稳定地保持企业的收益，并可使企业和客户获得双赢的综合效果。

4）Ⅳ类客户的信用等级较高但是忠诚度很低，属于未来的黄金客户，所以也是企业的主攻方向，如果能有效地开发这种类型的客户，培养他们的忠诚度，无疑会为企业带来更多的收益。

（2）按规模与忠诚度相结合进行分类

客户按规模与忠诚度相结合进行分类，可分为4种类型，如图2.4所示。

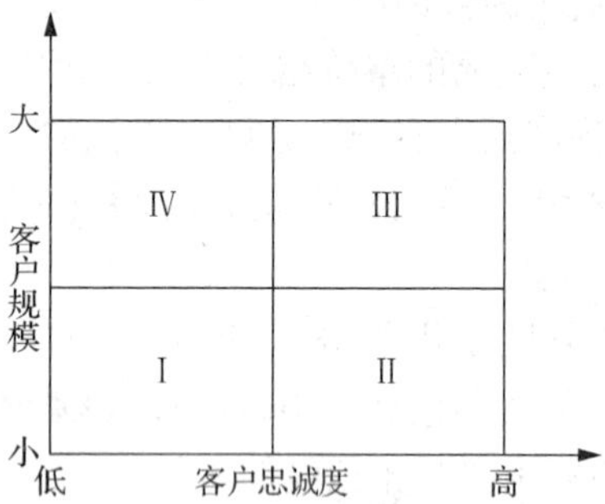

图2.4 客户规模和忠诚度矩阵

1）Ⅰ类客户的规模小，忠诚度也低，对这类客户的开发需要耗费大量的人力、物力和时间，且不能保证取得令人满意的开发结果，所以，企业对此类客户的开发顺序仍然是排在其他类型的客户或其他容易开发的客户之后，只有在进入全面占领市场阶段时才可实行。

2）Ⅱ类客户是规模很小但是忠诚度很高的客户。这类客户对于企业有一定的价值，但由于这些客户相对分散，需要比较长的开发时间，投入的开发成本可能也比较高。所以企业需要根据自身情况选择恰当的时间和建设高素质的开发队伍，才能完成对此类客户的开发和服务。

3）Ⅲ类客户的规模大，忠诚度也高，在企业自身实力能满足需要的前提下，这类客户是企业进行客户开发时的首选对象。这类客户具有很好的规模效应和经济实力，是企业的主要利润来源；同时，这类客户具有很强的示范效果，对其他类型客户的辐射能力强，可以帮助公司进行免费推广；此外，由于服务集中，所需要的平均客户支持小于其他类型的客户，能够节省人力资源。

4）Ⅳ类客户的规模很大但是忠诚度很低，具有不稳定的性质，其未来方向要视企业的开发手段和服务质量而定。如果企业能够很好地开发并与其保持良好的客户关系，此类客户极有可能转化为忠诚客户并给企业带来巨大收益，但也可能由于企业的失误或与客户的沟通和协作出现问题而使其转向竞争对手。

（3）按忠诚度、规模与信用等级三者相结合进行分类

虽然通过“信用等级-忠诚度”和“规模-忠诚度”两种分类方法分析，可以建立一定的客户细分顺序模型。但是，对于企业来讲，客户的信用等级、规模和忠诚度是同时存在于一体和同时发生作用的，因此可以建立起一个以信用等级、规模和忠诚度为三维变量的客户顺序模型。在这3个变量中，高信用度是第一位的，因为它是客户各种综合指标的整合，反映客户的综合能力和发展前景；第二位是客户规模，这一变量在短期内变化较小，却与企业获利程度成正比；第三位是客户忠诚度，这一变量可以随着企业对客户关系管理的重视而发生巨大变化，这也是企业建立良好客户关系的工作重点。

按照这种分类方法，可以得到8种类型的客户，这8种类型的客户对于企业的重要程度是逐级降低的，企业的工作是使客户逐步升级，如图2.5所示。

总之，客户细分既是客户关系管理理论的重要组成部分，又是重要的客户关系管理工具。它是分门别类研究客户、进行有效的客户评估、合理分配服务资源、成功实施客户策略的基本原则之一，能为企业充分获取客户价值提供理论和方法指导。

六、一对一营销

如果将客户细分做到极致，将每一个客户作为一个细分市场，就会形成一对一营销。

一对一营销的概念是唐·佩珀斯与马莎·罗杰斯于 1993 年在《一对一未来》一书中最早提出的。他们的一对一战略受到了全球商界的热烈推崇，影响力遍及汽车、零售、金融保险、医疗保健、电信和网络等各行各业。一对一营销为企业和个人之间的互动沟通提供具有针对性的个性化方案，其目标是提高短期商业推广活动及终身客户关系的投资回报率（return on investment，ROI），并最终提升整体的客户忠诚度，以使客户的终生价值达到最大化。

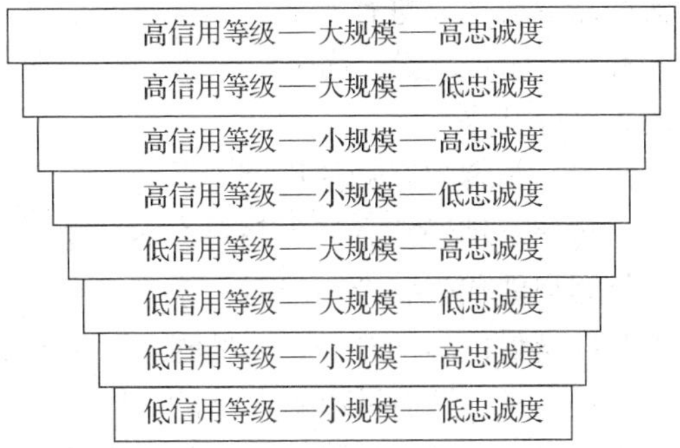

图 2.5　依据客户信用等级、客户规模与客户忠诚度相结合形成的客户等级

1. 一对一营销的含义

一对一营销是指企业根据客户的特殊要求来相应地调整自己的经营策略，针对每位客户创建个性化营销沟通的行为。它要求企业与每位客户建立一种伙伴型的关系，尤其是那些最具有价值的核心客户。企业通过与客户的交往不断加深对客户的了解，不断地改进产品和服务，从而满足客户的需求。

一对一营销的核心是追求客户占有率，包括重视客户份额、重视与客户对话和重视定制化。一对一营销将每位客户都视为一个单独的细分市场，根据个人的特定需求来进行市场营销组合，以满足每位客户的特定需求。即使部分客户总体上倾向于和大众保持同质化的产品或服务消费，但是也期望在送货、付款、功能和售后服务等方面，企业能够满足其特别的需求。正因为每个客户都有着不同的需要，因而，通过市场细分将一群客户划分为有着共同需求的细分市场的传统做法，已不能满足每个客户的特殊需要。现代数据库技术和统计分析方法已能准确地记录并预测每个客户的具体需求，从而为每个客户提供个性化的服务。

一对一营销的基础是企业与客户建立起一种新型的学习关系，即通过与客户的一次次接触而不断增加对客户的了解。利用学习关系，企业可以根据客户提出的要求及对客户的了解，生产和提供完全符合单个客户特定需要的客户化产品或服务，最后即使竞争者也进行“一对一”的关系营销，客户也不会轻易离开，因为他还要再花很多的时间和精力才能使竞争者对他有同样程度的了解。一对一营销与传统营销的区别在于以下方面。

（1）关注的重心不同

传统的营销是从产品的角度经营，一次关注一种产品或服务，满足一种基本的客户需求，然后挖掘市场，尽可能多地找到在当前销售季节中有这种需求的客户。它以某种产品或服务为营销中心，更关注市场占有率。一对一营销不是一次关注一种需求，而是一次关注一位客户，尽可能多地满足这位客户的需求，关注的中心是客户。实行传统营销的企业的成功方向是赢得更多的客户，而实行一对一营销的企业的成功方向是更长久地留住客户。在关注市场占有率的同时，还尽量增加每位客户的购买额，在一对一的基础上提升对每位客户的占有程度。

（2）竞争方式不同

传统营销靠区分产品来进行竞争，而一对一营销靠区分客户来竞争。传统营销通过推出新产品及对产品进行延伸，尽量对产品进行实际意义上的区分，或者利用品牌和广告制造出一种观念上的区分；而一对一营销的企业一次服务一位客户，它所依赖的是将每位客户与其他人区分开来。

（3）与客户互动的程度不同

传统营销经营者认为与单个客户进行互动是不必要的，而来自某位客户的反馈也只有当这位客户能代表整个市场时，才可能有用处。传统营销用同样的方式为特定市场的每位客户生产并交付同样的产品，满足同一种需求。企业的研发人员是通过市场调查与分析来挖掘新的市场需求，继而推出新产品的。但这种方法受研究人员能力的制约，很容易被错误的调查结果误导。一对一营销的企业强调必须与客户互动交流，根据从互动中获得的客户反馈来提供量身定制的产品或服务。在一对一营销中，客户可直接参与产品的设计，企业也根据客户的意见直接改进产品，从而达到产品、技术上的创新，并能始终与客户的需求保持一致，从而促进企业的不断发展。

2. 一对一营销的价值

一对一营销以其自身的优势为企业创造了极大的价值，主要体现在以下几个方面。

（1）满足客户个性化需求，增加销售

随着企业对客户了解的加深，企业越来越能满足客户个性化的需求，由此客户对企业的信任度也会不断增加，因此客户有可能更多地购买企业的商品。不但会继续购买原来的商品，还会尝试购买企业的其他商品，这样企业交叉销售和向上销售的机会就大大增加，因此扩大了企业的销售范围，增加了销售额。

（2）以销定产，减少库存积压

传统的营销模式中，企业通过追求规模经济、努力降低单位产品的成本和扩大产量来实现利润最大化，这在卖方市场中当然是很有竞争力的。但随着买方市场的形成，这样大规模地生产产品，品种的雷同必然导致产品的滞销和积压，造成资源的闲置和浪费，一对一营销则很好地避免了这一点。因为这时企业是根据客户的实际订单来生产的，真正实现了以需定产，因而几乎没有库存积压，大大加快了企业资金的周转速度，同时也减少了社会资源的浪费。

（3）降低交易成本，缩短服务周期

老客户的重复购买可以缩短产品的购买周期，拓宽产品的销售渠道，减少销售费用，从而降低销售成本。同时，老客户的重复购买过程会使企业形成相对固定的工作方式，客户需要重复的信息也会越来越少，这都会提高交易效率，缩短服务周期，降低交易成本。

（4）提高客户满意度，培养客户忠诚

客户个性化需求的满足必然会提高其满意度，在客户满意度得到提高的基础上，一对一营销会逐渐培养客户的忠诚。忠诚客户的最大好处不仅仅在于其会重复消费，而且会带来口碑效应。口碑宣传是零成本的高效宣传方式，这种方式带来的新客户往往比通过高价广告和价格折扣吸引的客户更容易产生价值共鸣，进而成为企业的又一批忠诚客户。

3. 一对一营销的过程

一对一营销的执行和控制是一个相当复杂的过程，它不仅意味着每个面对客户的营销人员要时刻保持态度热情、反应灵敏，更主要也是最根本的是，它要求营销人员能识别、追踪、记录客户的个性化需求，并与其保持长期的互动关系，最终能提供个体化的产品或服务。所以，一对一营销的核心是企业与客户建立起一种新型的服务关系，即通过与客户的一次次接触而不断增加对客户的了解。企业可以根据客户提出的要求及对客户的了解，生产和提供完全符合单个客户特定需要的产品或服务。这样可以保证自己的客户不会轻易离开，因为竞争者需要花费很多的时间和精力才能与自己一样了解客户。

客户对企业的要求日益提高，主要体现在以下两个方面：一是希望企业能提供专门为自己设计的定制商品或服务；二是希望定制的商品或服务能尽快送达自己的手中。企业只有不断提高一对一营销的能力，才能赢得客户，增加利润。企业一般通过下列4个步骤来实现对产品或服务的一对一营销。

（1）识别客户

拥有客户的详细资料对企业来说相当关键，没有完备的客户资料就不可能实现一对一营销。这就意味着，企业对客户资料要有深入细致的调查和了解。对于准备实行一对一营销的企业来讲，关键的一步就是能直接挖掘出一定数量的客户，而且大部分是具有较高服务价值的客户，建立自己的客户数据库，并与客户数据库中的每一位客户建立良好的关系，以最大限度地提高每位客户的服务价值。

1）深入了解客户。仅仅知道客户的名字、住址、电话号码或银行账号是远远不够的，企业必须掌握客户的消费习惯、个人偏好等其他尽可能多的信息资料。企业要将自己与客户发生的每一次联系都记录下来，如客户购买的数量、价格、采购的条件、特定的需要、业余爱好、家庭成员的名字和生日等。

2）长期研究客户。仅仅对客户进行某次调查访问是不够的，一对一营销要求企业必须从每一个接触层面、每一条能利用的沟通渠道、每一个活动场所及企业每一个部门和非竞争性企业收集来的资料中去认识和了解每一位特定的客户。

（2）客户差别化

一对一营销较之传统目标市场营销而言，已由注重产品差别化转向注重客户差别化。从广义上理解客户差别化主要体现在两个方面：一是不同的客户代表不同的价值水平；二是不同的客户有不同的需求。因此，一对一营销理论认为，在充分掌握客户的信息资料并考虑客户价值的前提下，合理区分客户之间的差别是重要的工作。

客户差别化对开展一对一营销的企业来说，首先，可以使企业的一对一工作有的放矢，集中企业有限的资源从最有价值的客户那里获得最大的收益，毕竟企业不可能有同样的精力与不同的客户建立服务关系，也不可能从不同的客户那里获取相同的利润；其次，企业也可以根据现有的客户信息，重新设计生产行为，从而对客户的价值需求作出及时的反应；再次，企业对现有的客户库进行一定程度的差别化，将有助于企业在特定的经营环境下制定适当的经营战略。

在客户差别化的过程中，企业可以选取几家与之有业务往来的客户，将他们的详细资料输入企业的客户资料库；针对不同的客户以不同的访问频率和不同的通信方式来探询目标客户的意见；根据评估客户终身购买本企业的产品和服务使企业获得的经济收益的现值，将企业客户划分为不同等级，以便确定下一步双向沟通的具体内容。

客户差别化可以在很多行业以不同的方式来体现。例如，儿童玩具厂商会根据客户各自的特定需求来划定客户，进行个性化营销。有的孩子喜欢角色扮演，把自己装扮成与玩具有关的身份，而有的孩子则喜欢搭建玩具。鉴于此，玩具厂商会对角色扮演者提供与玩具配套的视频资料和故事书，对建造者提供更多玩具搭建的参考图等。

（3）与客户双向沟通

当企业在对个体客户的规格或需求做进一步了解时，会发生两方面的活动：一是企业在学习，二是客户在教授。要想真正赢得客户忠诚，关键在于这两方面活动的互动。一对一营销的成功之处就在于它能够与客户建立一种互动的学习型关系，并把这种学习型关系保持下去，以发挥最大的客户价值。一对一营销的企业善于创造机会让客户告诉企业他需要什么，并且记住这些需求，把其反馈给客户，由此永远保住该客户的业务。

建立学习型关系有两个必备的要求。

1）企业必须是一个成功的、具有成本效益的量身定制者，具备有效的设计接口和精确的客户消费习惯记忆。这样，可以通过一种既方便又准确的方式使客户能确切地说明他的需求，而且不得要求客户为同一件事重复说明。Barista Brava 咖啡连锁店的一名领班连续招待了 28 位客户，而未曾向其中的任何一位问过他想要什么。因为这位领班知道要把客户招待好，最简单、最直接的方法就是把客户的口味记住，而不必劳烦他们再次说明。这就是 Barista Brava 抢走星巴克客户的最重要因素。

2）客户必须付出努力，才能把这些规格要求提供给企业。如果客户付出努力提供给企业需求信息的回报是更加个性化的、更令人满意的产品或服务，那么这种行为可以促使客户更忠诚；会更加愿意付出努力来提供给企业他更加个性化的需求。客户的主动权越大，对话就会变得更加丰富和有益。

（4）重构适合定制服务的业务流程

一对一营销的最后一步是重新架构适合定制服务的企业业务流程。要实现这一步，企业可以从以下两个方面展开对生产过程的重构：①将生产过程划分为相对独立的子过程，再进行重新组合，设计各种微型组件或微型程序，以较低的成本组装各种各样的产品以满足客户的需求；②采用各种设计工具，根据客户的具体要求，确定如何利用自己的生产能力，满足客户的需要。

一对一营销最终实现的目标是为单个客户定制一件产品，或围绕这件产品提供某些方面的定制服务，如开具发票的方式、产品的包装式样等。一对一营销的实施建立在定制的利润高于定制成本的基础上，这就要求企业的营销部门、研发部门、制造部门、采购部门和财务部门之间通力合作。营销部门要确定满足客户所要求的定制规格，研发部门要对产品进行高效率的重新设计，制造部门与采购部门必须保证原材料的有效供应和生产的顺利进行，财务部门要及时提供生产成本的状况与财务分析。

4. 一对一营销的局限

一对一营销并非十全十美，它也有一些不利的方面。由于一对一营销将每位客户视作一个单独的细分市场，这固然可使每位客户按其不同的需求和特征得到有区别的对待，使企业更好地服务于客户，但也将导致市场营销工作的复杂化、经营成本的增加及经营风险的加大。此外，技术的进步和信息的快速传播，使产品的差异日趋淡化，今日的特殊产品及服务到明天则可能就大众化了，产品、服务独特性的长期维护工作因而变得日益复杂。一对一营销的局限具体体现在以下几个方面。

（1）实施营销的条件要求偏高

按照一对一营销理论，要通过客户数据库中反映出的客户过去的偏好来判断出将来的需求，这就要求企业与客户有较为密切的互动。对于某些老客户，企业可以通过对他们既有购买数据的利用与完善，提供更好的服务和产品而提高他们的满意度，进而巩固这些客户的忠诚度。但是，对那些还没有重复购买行为的客户，特别是一些购买不频繁的耐用品消费者，企业就很难在掌握充足客户数据的情况下再根据不同客户定制决策。例如，一个家庭客户购买的大家电，购买周期可能是十几年，当他们有重复购买的需求时，历史购买数据极少，且随着时间流逝，客户偏好很可能发生变化从而使历史数据失去价值。因此，一对一营销需要足够有价值的客户忠诚行为作为起点，这就使实施条件在实践中经常难以达到。

（2）客户导向难以把握

一对一营销非常侧重于客户导向，因为企业的一切活动都以满足从客户数据库中挖掘出的每位客户的需求为目的。然而，在企业与客户的互动过程中，无论是根据客户的购买历史数据，还是客户的投诉、建议等，反映的都是老客户言明的需求、表现出的偏好和对现存产品与服务的态度。但是，很多时候客户自己也不知道自己究竟想要什么，因此他们的需求只有企业充分发挥创造性才能挖掘出来。企业的未来往往维系在客户没有表达出来的模糊需求上，特别是那些潜在客户的模糊需求上，探求这些客户需求并满足他们才是真正的客户导向，而这些模糊导向在客户数据库中往往是不存在的。因此，如果企业一味在客户数据库中追求客户导向，一旦有竞争对手以非凡的远见，推出超越客户现有期望的产品，企业就可能面临老客户流失的窘境。

（3）受企业现有能力的制约

无论是根据个体客户的定制产品和服务，还是交叉销售，并不是任何个性化的客户需求企业都能够满足，这要受到企业现有能力的限制。企业无法根据一些老客户要求，自由延伸到其他领域。如果企业要满足超出企业现有经营范围的客户需求，必须扩展自己在现有价值链上的能力，甚至需要打造全新的价值链，而这在很多时候是不可能的。因为企业受到有限资源的限制，又面对着各种技术壁垒与资金壁垒。尽管大规模定制的出现，能够保证企业以一定的成本针对每个个体客户设计生产，但这种把最终产品分解为不同模块，通过模块组合而增加可供选择的最终产品的生产方式，还是受到有限模块的限制。超出这种界限的客户个性化需求，企业还是不可能满足的。同时，按一对一营销的要求，企业难免分散资源于价值链的多个环节，这样就难以培育核心竞争力。

（4）数据库应用的有限性

尽管信息技术的发展，使一对一营销的企业从客户数据中挖掘细致到极点的、准确的客户偏好与需求成为可能，但很多时候顾客的购买行为是冲动的，根本不具备重复性，此时收集历史数据的作用就相当有限。另外，客户都存在求新求变的心理，特别在个性化愈来愈张扬的今天，这种心理将更加明显。根据客户过去的需求特点设计未来的产品和服务，企业可能会陷入失去活力的境地，最终会被客户背弃，这对于时尚类的产品尤其如此。此外，客户由产生购买欲望到发生最终购买行为，影响因素非常之多，可能是心情的一时波动、朋友或导购员的一句话、终端布置的一个细节，抑或是天气的变化。无论信息技术如何发达，把海量数据全部纳入客户数据库，并借以分析客户的消费行为，都是不可能的。由此可见，客户数据库绝非万能的，在准确挖掘客户的购买行为规律，充分把握客户消费行为方面，应用是有一定限制的。

（5）追求客户附加价值的偏颇性

一对一营销认为，企业在充分了解客户的偏好，建立学习型关系之后，可以更好地服务于每位客户，增加他们体验到的价值，降低他们付出的经济、精力等成本，从而增加顾客获得的附加价值。然而，在建立这种学习型关系的漫长过程中，却需要客户与企业共同投入精力，使企业能深入了解客户的习惯与偏好。很多时候客户并不愿意去填写那些枯燥的表格以帮助企业进一步改善产品和服务。一对一营销要求设计个性化的服务，增加客户得到的价值，以把这些客户彼此区分开来。例如，当一位乘客上了航班，空乘服务人员通过数据库的指示，不等这位乘客发话，就端上一杯他爱喝的饮料、送上一本他常看的杂志。这种人性化服务可能很有效，也可能迫使企业必须把大量精力投入那些客户并不一定重视的细枝末节，投入那些并不能明显增加客户价值的方面。如果客户的喜好已经发生变化，那么反而可能降低了客户体验价值。

（6）数据获取难度加大

要透彻地了解客户的购买习惯、偏好，需要大量的数据，但目前世界各国对于个人隐私的保护日益加强限制了企业获得这些信息并把这些信息用于经营的权利。人们出于对自身隐私暴露的担忧，自我保护意识已经逐渐加强。如果企业利用各种信息技术挖掘客户生活习惯的所有细节，客户很可能会产生抵制情绪，这使客户数据获取的难度日益加大。在开展一对一营销的过程中，沟通是双向的。借助于信息技术的发展，传递信息的成本已经大大下降。然而，信息技术也是一柄双刃剑，因为在降低信息传递成本的同时，人们每天要接触的信息量也大大增加。特别是那些“不请自来”的商业电子邮件，已经泛滥到令人难以忍受的程度，使处理这些信息的成本水涨船高，这引起了很多人的抵触。为此，欧洲联盟已经全面禁止向个人发送未事先征得收件人同意的商业广告性质的电子邮件。随着个人信息保护逐渐上升到法律层面，企业获取客户数据的难度将进一步提升。

5. 客户关系管理和一对一营销

尽管一对一营销未必适合所有行业，单一的企业也可能无法全面实施一对一营销，一对一营销在实践过程中有一定的局限性，但这都不妨碍这种营销思想在众多企业的经营实践中不断深化与拓展。一对一营销以客户为中心，不断提高企业的学习能力，为客户提供个性化产品和服务的思想在很多企业的营销策略中充分体现。客户关系管理在实施中就充分融合了一对一营销策略的中心理念，并通过日益发达的信息技术不断提高其实施的效率。在实施客户关系管理之前，企业要实施一对一营销策略是很难的，除了小型企业能做到之外，对于有众多客户的大企业来说是无法做到的。只有在信息技术发展到一定程度，客户关系管理理念深入人心的今天，一对一营销才有可能从理论真正走到企业运营的实践中来。对于小企业来说，一对一营销可以获得细分市场的优势；对于大企业来说，一对一营销可以帮助获得更大的市场份额。只有在以客户为中心的思想指导下，只有在现代信息技术的配合下，通过客户关系管理系统整合企业的市场、销售和服务环节，企业才可能做到与每位客户适时的沟通互动，才可能了解每位客户的需求，也才可能真正为每位客户提供个性化的产品和服务。

第三节 客户价值

客户关系管理注重客户价值。企业在管理与客户的关系中发现并提升客户给企业带来的价值，企业也要通过提高客户认知价值来聚焦客户。客户价值理论为客户关系管理提供了管理方向和实施手段。

一、客户价值的内涵

一般而言，客户价值应该包括两个方面的内容：一是客户对于企业的价值，二是企业为客户所提供的价值。前者是指从企业角度出发，根据客户消费行为和消费特征等变量所测度出的客户能够为企业创造出的价值。它是企业从客户的购买中实现的收益，是企业进行客户细分的重要标准。后者是指从客户角度出发，对于企业提供的产品和服务，客户基于自身的价值评价标准而识别出的价值。它是客户从企业的产品和服务中得到的需求满足。这一价值在营销学中通常被称为让渡价值或顾客识别价值。

二、客户价值理论

1. 企业认知的客户价值

（1）客户当年利润和客户终身价值

企业曾经把客户当年利润作为衡量客户价值的一个重要指标，计算客户当年利润的缺陷是显而易见的。一是只计算当年带给企业的利润，未考虑整个客户关系生命周期中未来年份里将带来的利润；二是只计算了该客户自身给企业带来的利润，未考虑由该客户的赞扬或抱怨所引发的对企业未来利润的影响。

客户终身价值（customer lifetime value，CLV）带给企业审视客户策略的新视点。客户终身价值与客户当年利润的区别在于：客户当年利润静态地反映了报告期内提供的利润，客户终身价值全程地反映整个客户关系生命周期里所提供的利润现值。用客户终身价值代替客户当年利润来判定客户的重要性，无疑更具前瞻性、系统性。

国内外在使用客户终身价值这一净现值的概念时常常有不同的名称，有的使用客户终身价值，有的使用客户潜在价值（customer potential value，CPV），还有的使用客户全生命周期利润和客户关系价值。虽然名称不同，但基本思想是一样的，都是整个客户关系生命周期中带给企业的净利润现值，只是在计算方法上稍有不同。

（2）狭义客户终身价值的定义与计算

来自忠诚客户的利润随着时间的延续而增加，利润增加源于基本利润、收入增长、成本节约、口碑效应和价值溢价 5 个方面。其中，成本节约又表现在吸引新客户的营销成本减少、交易成本减少等方面。下面以信用卡行业为例，说明客户终身价值的定义、利润与客户流失率的关系。企业为获得一个新客户需要花费 50～100 美元，最大的成本来自邮寄成千上万的申请表格和说明书（新客户的响应率为 2%～3%），其他成本包括信用评估、信用卡保险、数据处理等。新客户开始时很少使用该信用卡，第一年提供的利润很少。当持有人保持这张卡并使用到第二年时，则利润贡献将有较大的增加。使用越久，利润贡献就越大，即客户终身价值就越大。狭义的客户终身价值是指在整个客户关系生命周期里因客户自身消费而提供的利润净现值。客户终身价值模型认为，根据客户购买的历史记录和年龄、收入、爱好等特征，估计客户能够与企业保持关系的生命周期长度，并测算在每一单位时间长度内客户为企业带来的利润，加上一个贴现因素，就可以得到该客户的终身价值。用计算公式可表示为

$$\mathrm{CLV}=\sum_{t=1}^{n}\frac{P_t}{(1+i)^t}$$

式中，t 为客户关系生命周期；P_t 为第 t 年该客户提供的净利润；i 为银行贴现率。

（3）广义客户终身价值的定义与计算

用客户终身价值来判别客户的重要程度，这比用客户当年利润作标准已是一大进步。客户终身价值不仅包括了客户当年带给企业的利润，还考虑了整个客户关系生命周期中未来年份里将带来的利润。但是，狭义客户终身价值的定义与计算方法存在着一个严重的缺陷，即只计算了该客户自身给企业带来的利润，未考虑由该客户的赞扬或抱怨所引发的所有可能客户对企业未来利润的影响。所以，出现了广义客户终身价值的概念。

广义客户终身价值是指在客户关系生命周期里客户为企业带来的直接利润和间接利润的净现值总和。如何计算广义客户终身价值，一直是个未解的难题。直接利润的计算相对较容易，即使客户未来行为具有不确定性，问题也尚不突出。难点在于间接利润的计算。当一个客户向另一客户赞扬或抱怨时，这一情绪会在客户的关系网络中扩散开来，影响其他客户的品牌决策，并且影响程度随着传递层次的扩大而减弱，犹如水波，有学者称为客户波及效应。

计算广义客户终身价值的关键在于间接利润的测算，而对间接利润的测算必然涉及客户波及效应。因客户波及效应具有极大复杂性，而复杂系统理论在此领域的研究才刚起步，理论成果稍多，实证研究极少，还有待于进一步拓展。

2. 客户认知价值

很多学者从不同角度对客户认知价值进行了多层面的研究。

（1）4C 理论

美国营销专家劳特朋是较早认识到顾客价值的学者之一。他对顾客价值的阐述主要体现在 1990 年提出的 4C 理论中。

1）顾客。顾客是企业一切经营活动的核心，企业重视顾客要甚于重视产品。企业首先要了解、研究、分析顾客的需求与欲望，而不是先考虑企业能生产什么产品。

2）成本。4C 理论认为，顾客可接受的价格是企业制定生产成本的决定因素，企业应首先了解顾客满足需要与欲求愿意付出多少成本，而不是先给产品定价，即向顾客要多少钱。企业要想追求更高的利润，就必须设法降低成本，推动生产技术、营销手段上升到新的水平。

3）便利。4C 理论强调，企业提供给顾客的便利比营销渠道更重要。便利，就是方便顾客，维护顾客利益，为顾客提供全方位的服务，并贯彻于产品售前、售中、售后的营销全过程。

4）沟通。4C 理论用沟通取代促销，强调企业应重视与顾客的双向沟通，以积极的方式体察顾客的情感，建立基于共同利益上的新型的企业与顾客关系。双向沟通有利于协调矛盾，融洽感情，培养忠诚的顾客。

总体来看，4C 理论注重以顾客需求为导向，注重顾客的价值需求。与站在生产者角度上的 4P 理论相比，4C 理论有了很大的进步和发展。

（2）顾客感知价值理论

泽瑟摩尔认为，在企业为顾客设计、创造、提供价值时应该从顾客导向出发，把顾客对价值的感知作为决定因素。顾客价值实际上是顾客感知价值（customer perceived value，CPV），随顾客的不同而不同。顾客对某一产品的期望价值不仅在不同顾客之间会所有差别，而且同一顾客在不同时间的期望价值也会不同。这表明顾客价值的性质及影响因素在顾客与企业交往的不同阶段可能会发生变化。激发顾客最初购买某种产品的属性可能不同于顾客购买后使用过程中的价值标准。感知价值有以下 4 种含义：

1）价值就是低廉的价格。一些顾客将价值等同于低廉的价格，表明在其价值感受中所要付出的货币是最重要的。

2）价值就是自己想从产品中所获取的东西。一些顾客将把从服务或产品所得到的利益看成是最重要的价值因素。这是对从消费产品中获得满意程度的主观衡量。

3）价值就是自己付钱买回的质量。有的顾客将价值概念化为“付出的金钱”与“获得的质量”之间的权衡。

4）价值就是自己的全部付出所能得到的全部。一些顾客描述价值时考虑的既有其付出的因素（时间、金钱、努力），还有其得到的利益。

感知价值就是将顾客所能感知到的利益与其在获取产品或服务时所付出的成本进行权衡后，对产品或服务效用的总体评价。

（3）动态顾客价值理论

顾客价值也可能因适用环境的不同而有所差异，顾客在不同时间对价值的评估也可能有所不同。例如，在购买决策之前、实际购买过程之中和产品使用之后，顾客对价值的评估可能存在重大差异。因为在不同的时间阶段，顾客评判的标准可能会有所不同。在购买阶段，顾客需要比较不同的产品或服务，并选出自己最喜欢的；而在产品的使用中或之后，顾客更关心的是所选产品的效用。有关学者将顾客价值的这种特性称为动态性。研究表明，顾客在购买产品过程中对价值的感知与使用过程中或之后截然不同。也就是说，不同顾客可能有不同的价值感知，而同一顾客在不同时刻也会有不同的价值感知，即顾客价值具有明显的层次性和动态性。

（4）顾客让渡价值理论

科特勒是从顾客让渡价值（customer delivered value）和顾客满意的角度来阐述顾客价值的。今天的顾客面对如此众多的产品和品牌、价格和供应商，他们将如何进行选择呢？科特勒指出，顾客能够判断哪些供应品将提供最高价值。在一定的搜寻成本、有限的知识、灵活性和收入等因素的限定下，顾客是价值最大化的追求者。他们形成一种价值期望，并据此行动。他们会了解供应品是否符合他们的期望价值，这将影响他们的满意度和再购买的可能性。科特勒认为，对顾客研究的前提是，顾客将从那些他们认为能提供最高顾客让渡价值的公司购买商品。

所谓顾客让渡价值，是指顾客总价值（total customer value）与顾客总成本（total customer cost）之差。顾客总价值就是顾客从某一特定产品或服务中获得的一系列利益，包括产品价值、服务价值、人员价值和形象价值等。顾客总成本是指顾客为了购买一件产品或服务所耗费的时间、精神、体力及所支付的货币资金等，包括货币成本、时间成本、精力成本和体力成本。

由于顾客在购买产品时，总希望把有关成本，包括货币、时间、精神和体力等降到最低限度，而同时又希望从中获得更多的实际利益，以使自己的需要得到最大程度的满足。因此，顾客在选购产品时，往往从价值与成本两方面进行比较分析，从中选出价值最高、成本最低（即顾客让渡价值最大）的产品作为优先选购的对象。科特勒将顾客总价值与顾客总成本进行了具体的细分，因此，企业要想在竞争中战胜竞争对手，吸引更多的潜在顾客，就必须以满足顾客的需要为出发点，或增加顾客所得利益，或减少顾客消费成本，或两者同时进行，从而向顾客提供比竞争对手具有更多顾客让渡价值的产品。只有这样，才能使自己的产品引起顾客的注意，进而购买企业的产品。顾客让渡价值如图 2.6 所示。

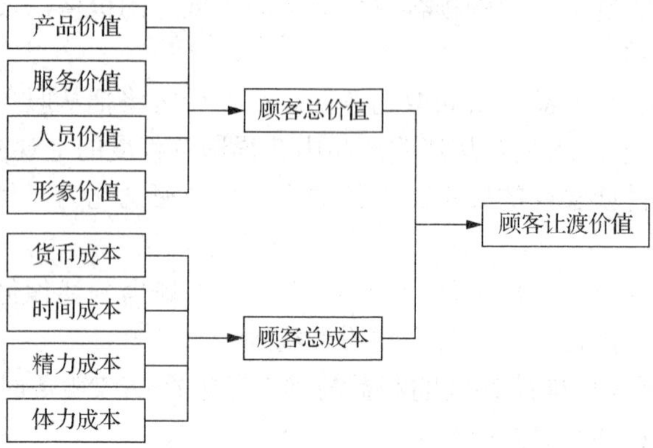

图 2.6　顾客让渡价值

（5）顾客价值过程理论

格罗诺斯从关系营销的角度阐述顾客价值，他认为价值过程是关系营销的起点和结果。关系营销应该为顾客和其他各方创造出比单纯交易营销更大的价值。顾客必须感知和欣赏持续关系中所创造的价值。由于关系是一个长期的过程，因此顾客价值在一个较长的时间内出现，格罗诺斯将此称为价值过程。他认为，将顾客感知价值定义为顾客根据对付出了什么和得到了什么的感知而对产品的效用作出总的评价，这种看法没有考虑到提供物的关系方面，实际上关系本身对总的感知价值可能有重要影响。在紧密的关系中，顾客可能会将重点从独立的提供物转向评价作为整体的关系。如果关系被认为有足够价值，即使产品或服务不是最好的，参与交换的各方可能仍然会达成协议。

所以，价值是关系营销中的一个重要概念，企业提供给顾客超级价值的能力被认为是 20 世纪 90 年代最成功的战略之一。这种能力已经成为建立持久竞争优势的关键。格罗诺斯认为，在关系范畴中，提供物同时包含核心产品和各种类型的附加服务。代价包括价格和某方出于维持关系而发生的额外成本，这被称为关系成本。因此，考察顾客价值的方法是区分提供物的核心价值与关系中额外要素的附加价值。

三、客户价值管理

1. 客户价值管理的含义

这里的客户价值是从企业的角度来着眼的，是企业从与其具有长期稳定关系并愿意为企业提供的产品和服务承担合适的价格的客户中获得的利润，即客户为企业的利润贡献。客户价值管理就是企业根据客户交易的历史数据，对客户关系生命周期价值进行比较和分析，发现最有价值的当前客户和潜在客户，通过满足其对服务的个性化需求，提高客户忠诚度和保持率。

客户价值管理将客户价值分为既成价值、潜在价值和影响价值，满足不同价值客户的个性化需求，提高客户忠诚度和保持率，实现客户价值持续贡献，从而全面提升企业盈利能力。

（1）既成价值

既成价值即客户已经实现的价值，由于客户与企业的这种关系会保持一段时间，在该过程中，客户对企业的价值体现为利润增加、成本节约，此外也会对企业的现有销售策略产生影响。

（2）潜在价值

潜在价值是指如果客户得到保持，客户在未来进行的增量购买中将给企业带来的价值。潜在价值主要考虑两个因素：企业与客户可能的持续交易时间和客户在交易期内未来每年可能为企业提供的利润。

（3）影响价值

当客户高度满意时，带来的效应不仅是客户自己会持续购买企业产品，而且会通过他们的指引影响其他客户前来进行购买，这种交易所产生的价值称为影响价值。

2. 客户价值管理要点

完整的客户价值管理包括客户数据采集、客户价值分析和客户价值管理决策。它是在有效的客户细分基础上的差异化管理。这种管理方式要注意以下几个方面。

（1）对客户摈弃普惠制管理和服务

企业必须坚决摈弃普惠制管理和服务，应当选择和锁定自己特定的细分市场，然后基于细分市场客户的喜好和需求有针对性地研发产品或服务组合；同时，针对产品或服务组合不断进行市场反应测试，直到取得稳定、高额的利润回报。

（2）按照客户关系生命周期实施管理

一般而言，客户关系生命周期可划分为考察期、形成期、稳定期和退化期 4 个阶段，因此企业必须在客户关系的各个生命周期阶段考虑实施不同的营销策略。通过了解客户关系不同生命周期的不同需求，有助于公司实现营销和销售的精确化。例如，在形成期，企业需要聚焦于如何将现有客户培养成高价值客户；在客户进入稳定期后，企业则要加大交叉销售的力度并着手培养客户对企业的忠诚度。

（3）建设差异化的销售渠道

虽然在消费者购买决策过程中，渠道的影响力日益上升，但很少有企业从成本效率、消费者偏好及客户关系建立能力等维度出发，进行渠道差异化的建设，从而经常导致渠道资源配置不当、企业成本结构受损、客户感受减弱。通信企业在这方面算得上是先行者，它们根据客户行为与实际需求建立差异化的销售渠道，然后针对不同的渠道提供不同等级的资源配置支持。

（4）内部作业流程与客户的价值取向相匹配

只有使企业的内部作业流程与客户的价值取向（如购买力与消费习惯）高度契合，才能使企业获得更高的客户满意度，进而使企业在营销和客户服务上的投资物超所值。否则必然导致企业销售成本增加，客户满意度下降。

（5）将呼叫中心视为营销和销售中心

呼叫中心在企业中不应只充当附属服务的成本中心角色，而应该成为更重要的利润中心来实现营销功能，甚至是销售主体。这就需要在适当的时间为呼叫中心的业务人员提供适当的信息。这样，企业完全可以在与客户的互动中实现双赢——在提升客户满意度的同时为企业创造丰厚的收益。

客户价值理论为企业客户关系管理策略提供了一定的理论基础，企业通过衡量不同的客户价值将客户细分进而提供差别化的服务；通过对客户感知价值的理解，企业可以为客户提供产品以外的超值接触体验，针对不同的客户关系采用不同的策略，从而实现客户感知价值和企业利润最大化之间的平衡，为客户关系管理拓展新的营销和服务思路，促进客户关系良性循环发展。

第四节　客户关系生命周期

与产品生命周期和企业生命周期一样，客户与企业的关系也有一个从建立到消亡的迁移过程。在这一过程的各个阶段，客户表现出不同的市场特征，企业也需要有不同的个性化营销策略，这就为客户关系管理不同阶段的管理方案提供了理论依据。同时，客户关系生命周期理论也从动态角度为研究客户关系和客户价值提供了有用的工具。

一、客户关系生命周期的内涵

客户关系生命周期通常又被称为客户生命周期，是客户关系水平随时间变化的发展轨迹。它直观地揭示了客户关系从一种状态向另一种状态运动的阶段性特征。具体地说，客户关系生命周期是指从某一客户欲对企业进行了解或企业欲对某一客户进行开发开始，直到该客户与企业的业务关系完全终止，且与之相关的事宜完全处理完毕的这一时间段。

二、客户关系生命周期的阶段划分

客户关系生命周期的阶段划分是客户关系生命周期研究的基础。根据国内外学者的研究，可以依据关系的不同把客户关系生命周期划分为考察期、形成期、稳定期和退化期 4 个阶段，如图 2.7 所示。下面就以四阶段模型为依据介绍各阶段的关系特征。

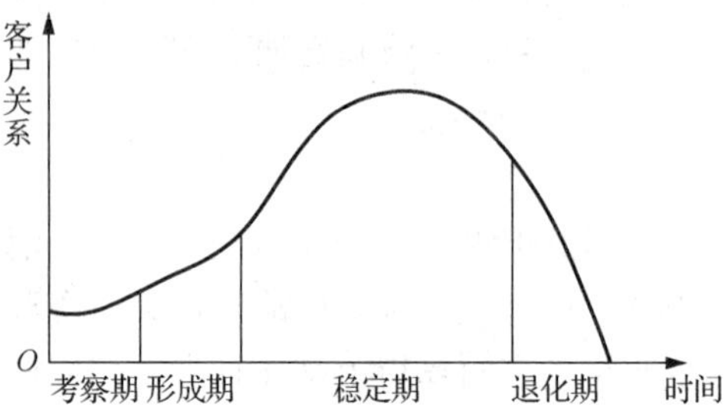

图 2.7　客户关系生命周期曲线

1. 考察期

考察期是客户关系的探索和试验阶段。企业会把某一特定区域内的所有客户作为潜在客户进行调研，以便确定出可开发的目标客户。在这一阶段，双方考察和测试目标的相容性、对方的诚意、对方的绩效，考虑如果建立长期关系双方潜在的职责、权利和义务。双方相互了解不足、不确定性是考察期的基本特征，评估对方的潜在价值和降低不确定性是这一阶段的中心目标。在这一阶段客户会下一些尝试性的订单，企业与客户开始交流并建立联系。客户要对企业的业务进行了解，企业要对其进行相应的解答。此时，企业对客户关系投入成本，但客户尚未对企业作出大的贡献。

2. 形成期

形成期是客户关系的快速发展阶段。企业成功开发目标客户后，客户已经与企业发生业务往来，且业务在逐步扩大。双方关系能进入这一阶段，表明在考察期双方对彼此满意，建立了一定的相互信任并相互依赖。在这一阶段，双方从关系中获得的回报日趋增多，相互依赖的范围和深度也在日益增加，并逐渐认识到对方有能力提供令自己满意的价值（或利益），履行其在关系中担负的职责，因此愿意承诺一种长期关系。在这一阶段，随着双方相互了解和信任的不断加深，关系日趋成熟，双方的风险承受意愿增加，由此双方的交易不断增加。此时企业的投入与开发期相比要小得多，主要是发展投入，目的是进一步融洽与客户的关系，进一步扩大交易量。此时客户已经开始为企业作出贡献，企业从与客户的交易中获得的收入已经大于投入，开始盈利。

3. 稳定期

稳定期是客户关系发展的最高阶段。在这一阶段，双方或含蓄或明确地对持续长期关系做了保证。这一阶段双方对对方提供的价值高度满意，并为能长期维持稳定的关系都做了大量有形和无形的投入，交易量很大。因此，在这一时期双方的相互依赖水平达到了整个关系发展过程中的最高点，双方关系处于一种相对稳定状态。此时，企业的投入较少，客户为企业作出较大的贡献，企业与客户的交易量处于较高的盈利时期。

4. 退化期

退化期是客户关系发展过程中关系水平逆转的阶段。关系的退化并不总是发生在稳定期后的第四阶段，实际上，在任何一个阶段关系都可能退化。引起关系退化的原因可能很多，如一方或双方经历了一些不满意、需求发生变化等。退化期会出现交易量下降，一方或双方正在考虑结束关系甚至物色候选关系伙伴，开始交流结束关系的意图等。当客户与企业的业务交易量逐渐下降或急剧下降，客户自身的总业务量却并未下降时，说明客户关系已进入退化期。此时，企业有两种选择：一是加大对客户的投入，重新恢复与客户的关系，进行客户关系的二次开发；二是不再做过多的投入，渐渐放弃这些客户。这两种不同做法自然就会有不同的投入产出效益。当客户不再与企业发生业务关系，且企业与客户之间的债权债务关系已经得到清理时，意味着客户关系生命周期的完全终止。此时，企业有少许成本支出而无收益。

在客户关系生命周期中，考察期、形成期、稳定期的客户关系水平依次增高，稳定期是企业期望达到的理想阶段，但客户关系的发展具有不可跳跃性，客户关系必须度过考察期、形成期才能进入稳定期。

三、客户关系生命周期各阶段的特征与管理重点

客户关系生命周期各阶段所表现出的特征各不一样，所对应的管理重点也有所不同。

1. 考察期的特征与管理重点

在考察期，由于客户关系的极不确定性，客户只是试探性地下少量订单，交易量和交易额都很小，客户带给企业的利润也很少。这时的管理重点应该体现在重视商品品牌的丰富性，重视产品与服务质量，重视客户对企业提供的商品服务价格的认同，重视提供商品以外的免费服务等非物质利益等。

2. 形成期的特征与管理重点

随着双方相互信任的增加和客户承受风险能力的提高，形成期的交易量和交易额快速上升，营销成本下降，利润迅速增加。这时，客户对企业的价值观已经逐渐认同，客户的支付意愿随着客户关系水平的提高而不断提高。此时的管理重点应继续体现在重视商品品牌的丰富性，重视产品与服务质量，提供商品以外的免费服务等非物质利益等。

3. 稳定期的特征与管理重点

在稳定期，双方的交易量和交易额都达到最大并可能维持一段较长的时间。这时，企业的营销成本、服务成本和交易成本随着客户关系的发展明显下降，企业利润大幅度提高。营销成本下降的主要原因是因为客户维系成本低于客户开发成本。服务成本下降是因为随着对客户了解的加深和服务经验的积累，服务效率不断提高。交易成本下降是因为规模效应和交易效率提高及沟通监督成本降低。此外，稳定客户的口碑效应也会给企业节约大量成本，带来间接效益的增加。随着企业与客户的沟通越来越充分，相互了解不断增进，企业对客户独特需求的理解愈加深刻，因而为客户提供的服务和信息更具个性化、更有价值，为此客户愿意支付更高的价格。这个阶段除应继续重视商品品牌的丰富性，提供商品以外的非物质利益，更要重视人员服务及与客户间接互动和沟通接触的机会。

4. 退化期的特征与管理重点

在退化期，由于双方关系出现了问题，交易量回落，交易额和利润迅速降低。此时，由于客户往往对公司提供的价值不满意，客户的支付意愿一般是下降的。企业的管理重点就是挽留客户，使关系恢复。企业通常的做法是纠正曾对客户犯下的错误并提供补偿。如果无法挽留客户就需要解除与客户的关系，企业需要认真总结客户流失的原因，并对自身存在的缺陷进行改进或对未来的营销策略进行调整。

四、客户关系生命周期模式的分类

图 2.7 描述的是一个具有完整 4 个阶段的、理想的客户关系生命周期模式，考察期和形成期相对较短，稳定期持续时间较长。但是，客户关系并不总能按照企业期望的这种轨迹发展，客户关系生命周期模式存在多种类型，不同的类型带给企业不同的利润，代表着不同的客户关系质量。客户关系的退化可以发生在考察期、形成期和稳定期 3 个阶段内的任一时点；在稳定期前期退出和后期退出的生命周期模式也有显著差异。因此，根据客户关系退出所处的阶段不同，将客户关系生命周期模式划分成 4 种类型。如图 2.8 所示给出了表示 4 种客户关系生命周期模式的生命曲线。模式Ⅰ、模式Ⅱ、模式Ⅲ、模式Ⅳ分别表示客户关系在考察期、形成期、稳定期前期和稳定期后期阶段退出。下面分析 4 种客户关系生命周期模式的成因。

1. 模式Ⅰ

客户关系没能越过考察期就进入退化期。造成早期客户关系退化的原因有以下两种。

1）企业提供的价值达不到客户的预期，客户认为企业没有能力提供令其满意的价值。也许客户只是对有限次购买中的一次购买不满意，但这时客户对企业的基本信任尚未建立起来，也没有转移成本，客户关系非常脆弱，一旦不满意，客户很可能就直接退出关系。

2）企业认为客户没有多大的价值，不愿与其建立长期关系。

模式Ⅰ代表的是一种常见的客户关系形态，因为在巨大的企业与客户之间的多元关系网络中，经过双向价值评估和选择后，能够进入二元关系的毕竟是少数。

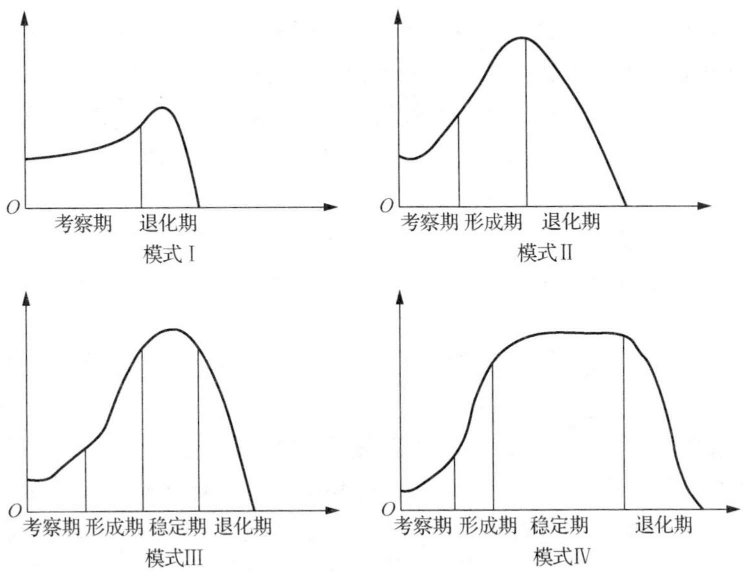

图 2.8　客户关系生命周期模式类型

2. 模式 II

客户关系度过了考察期，但没能进入标志着关系成熟的稳定期而在形成期中途夭折。客户关系能进入形成期表明双方对此前关系的价值是满意的，曾经建立了一定的相互信任，客户关系中途夭折最可能的原因是企业不能满足客户不断提升的价值预期。对生命周期不同阶段的研究表明，客户对价值的预期是不断提升的，企业提供的价值必须不断地满足客户的预期，并达到或超过最好可替代企业的水平，客户关系才可能进入稳定期。客户关系中途夭折，说明企业虽然在前期能提供比较好的公共价值，如较高的产品质量、适中的价格、较及时的交货、较好的售后服务和技术支持等，但由于不了解客户的真正需求或受自身核心竞争能力的限制，无法给客户提供个性化增值。个性化增值是客户关系发展到一定程度时客户的必然要求，一个企业如果不能满足客户的这种要求，将始终无法成为客户心目中最好的企业，从而客户会积极寻找更合适的企业，一旦发现更好的可替代企业，客户便从现有关系中退出，转向新的企业。

3. 模式III

客户关系进入了稳定期但没能持久而在稳定期前期退出。造成客户关系没能持久的原因主要有以下两种。

1）企业持续增值创新能力不够。客户关系要长久保持在高水平的稳定期，企业必须始终提供比竞争对手（最好的可替代企业）更高的客户价值。个性化增值是提高客户价值的有效途径，它建立在与客户充分沟通、对客户需求深刻理解和客户自身高度参与的基础上，具有高度的不可模仿性，增值创新能力实际就是企业个性化增值的能力。企业由于受自身核心竞争能力的限制，或者不能及时捕捉客户需求的变化，或者没有能力持续满足不断变化的个性化的客户需求，从而引起客户的不满，失去客户的信任，导致客户关系退化并最终退出。

2）客户认为双方从关系中获得的收益不对等。当客户关系发展到很高水平时，客户对价值的评价不再局限于自身从关系中获得的价值，同时也会对企业从关系中获得的价值作出评价。如果客户发现自身从中获得的价值明显低于企业从中获得的价值，客户将认为双方的关系是不公平的。对等双赢才是关系可持续发展的基础，因此，一旦客户认识到关系的不公平性，客户关系就会动摇，久而久之，关系就可能破裂。

4. 模式Ⅳ

客户关系进入稳定期并在稳定期长久保持。客户关系能长久保持在稳定期，可能的原因有以下 3 个。

1）企业提供的客户价值始终比竞争对手高，客户一直认为当前企业是他们最有合作价值的企业。

2）双方关系是平等、双赢的，客户认为关系是公平的。

3）客户有很高的经济和心理转移成本。转移成本是一种累积成本，客户关系发展到高水平的稳定期时，客户面临着各种很高的转移成本，如专有投资、风险成本、学习成本和被学习成本等，因此即使企业提供的价值一时达不到客户的预期，客户也不会轻易退出，此时，转移成本成为阻止客户退出关系的关键因素。当客户关系出现问题时，转移成本的这种作用为企业提供了良好的修复客户关系的机会。

模式Ⅳ是企业期望实现的一种理想的客户关系生命周期模式，这种客户关系能给企业带来更多的利润。需要说明的是，实际上客户关系的发展一般不会完全一帆风顺，常常有一些波折，但只要企业能有效调整客户关系管理策略，客户关系仍会回到正常的发展轨道。

客户是企业最重要的资产，谁拥有了高质量的客户谁就掌握了主动，而客户的质量是由客户关系生命周期结构决定的，如果一个企业的大部分有价值的客户的关系生命周期模式属于长久保持型，那么该企业在市场竞争中必然处于优势地位。客户关系生命周期模式的分类为企业诊断客户群的质量提供了一个很好的分析工具，根据诊断的结果，企业可以更有针对性地制定客户关系管理的战略目标和实施方案。

小　　结

本章主要介绍关系营销、客户细分、客户价值、客户关系生命周期的相关理论。关系营销是客户关系管理的雏形，客户关系管理中的客户观念、关系概念都与关系营销息息相关。关系营销是指企业为实现盈利目标，建立、维持和促进与顾客及其他伙伴之间的关系，以实现参与各方的目标，从而形成的一种兼顾各方长期利益关系的营销方式。客户细分是客户关系管理的基础，也是实施客户关系管理的关键一环，有了良好而准确的客户细分，客户关系管理就有了成功的基础。一对一营销是指企业根据客户的特殊要求来相应地调整自己的经营策略的行为，客户关系管理系统的实施使一对一营销由理论走向更广泛的应用实践。客户价值理论为企业客户关系管理策略提供了一定的理论基础，企业通过衡量不同的客户价值将客户细分进而提供差别化的服务。在客户关系生命周期的不同阶段，客户呈现出不同的市场交易特点，这为客户关系管理不同阶段的管理方案提供了理论依据，同时客户关系生命周期理论也从动态角度为研究客户关系和客户价值提供了有用的工具。

拓展学习

知识拓展：定制营销

阅读资料：一个出租车司机的客户关系管理

案例分析：全聚德的客户细分

思考与练习

一、单项选择题

1．（　　）是客户关系发展过程中关系水平逆转的阶段。

A．考察期　　B．形成期　　C．稳定期　　D．退化期

2．狭义的客户终身价值是指（　　）。

A．在整个客户关系生命周期里客户为企业带来的直接利润和间接利润的净现值

B．在整个客户关系生命周期里客户提供的全部利润

C．在整个客户关系生命周期里因客户自身消费而提供的利润净现值

D．在整个客户关系生命周期里客户的当年利润和以后各年利润之和

3．一对一营销的核心是（　　）。

A．追求客户占有率　　B．追求客户满意度

C．追求客户忠诚度　　D．追求客户回头率

4．顾客感知价值的英文缩写是（　　）。

A．CDV　　B．CMV　　C．CFV　　D．CPV

5．感知价值就是将顾客所能感知到的利益与其在获取产品或服务时所付出的成本进行权衡后，对产品或（　　）的总体评价。

A．服务水平　　B．服务质量　　C．服务效用　　D．服务理念

6．（　　）是客户关系管理的雏形。

A．关系营销　　B．整合营销　　C．数据库营销　　D．一对一营销

7．下列属于交叉销售的是（　　）。

A．使客户购买同一企业的其他产品

B．使客户购买某产品的升级产品

C．使客户购买某产品的替代品

D．使客户购买某产品的同类产品

8．关系营销的核心是保持（　　）。

A．服务　　B．客户　　C．关系　　D．交换

9．广义（　　）是指在客户关系生命周期里客户为企业带来的直接利润和间接利润的净现值总和。

A．客户终身价值 B．创造价值
C．获取价值 D．让渡价值

10．（　　）公共关系活动是指企业通过向公众提供各种形式的实惠服务，强化企业信誉和形象。

A．宣传型 B．服务型 C．社会型 D．交际型

11．（　　）一般能够为企业提供一定的利润，其约占企业客户总量的 15%。

A．VIP 客户 B．主要客户 C．普通客户 D．小客户

12．RFM 中的 F 指的是（　　）。

A．最近一次消费时间 B．客户在最近一段时间内购买的次数
C．消费金额 D．消费趋势

13．属于未来黄金客户的是（　　）。

A．信用等级和忠诚度都较低 B．信用等级较低但是忠诚度较高
C．信用等级和忠诚度都很高 D．信用等级较高但是忠诚度很低

14．客户已经实现的价值是（　　）。

A．即成价值 B．潜在价值 C．影响价值 D．未来价值

15．一对一营销的过程不包括（　　）。

A．识别客户 B．客户差别化 C．与客户双向沟通
D．重构适合定制服务的业务流程 E．追求附加价值

16．（　　）是客户关系的探索和试验阶段。

A．考察期 B．形成期 C．稳定期 D．退化期

二、多项选择题

1．RFM 指的是（　　）。

A．客户最近一次购买的时间有多远
B．客户在最近一段时间内购买的次数
C．客户对商品的忠诚度
D．客户在最近一段时间内购买的金额
E．客户挑选的时间

2．4C 的内容包括（　　）。

A．产品质量 B．沟通 C．便利
D．顾客 E．成本

3．在客户关系生命周期的退化期，比较适合的策略有（　　）。

A．对所有客户进行调研，以便确定出可开发的目标客户
B．加大对客户的投入，重新恢复与客户的关系，进行客户关系的二次开发
C．主要是发展投入，目的是进一步融洽与客户的关系，提高客户的满意度、忠诚度，进一步扩大交易量
D．不再做过多的投入，渐渐放弃这些客户

4．顾客让渡价值是指顾客总价值与顾客总成本之差。其中，顾客总成本包括（　　）。

A．货币成本 B．时间成本 C．精力成本
D．体力成本 E．服务成本

5．关系营销策略涉及（　　）。
A．顾客关系营销策略　　B．员工关系营销策略
C．合作者关系营销策略　　D．竞争者关系营销策略
E．影响者关系营销策略

6．客户关系生命周期的阶段划分为（　　）。
A．考察期　　B．形成期　　C．稳定期
D．退化期　　E．流失期

7．关系营销的特征包括（　　）。
A．双向沟通　　B．合作互利　　C．长期合作　　D．等价交换

8．合作者关系营销策略包括（　　）。
A．市场开发　　B．产品和促销合作
C．分销合作　　D．交换情报

9．客户细分的基础包括（　　）。
A．客户需求的差异性　　B．客户需求的相似性
C．企业有限的资源　　D．市场竞争的需要

10．企业可以参照（　　）因素进行客户细分。
A．外在属性　　B．内在属性　　C．消费行为　　D．客户需求

11．一对一营销与传统营销的区别在于（　　）。
A．关注的重心不同　　B．竞争方式不同
C．与客户互动的程度不同　　D．花费的成本不同

12．客户关系能长久保持在稳定期，可能的原因包括（　　）。
A．企业提供的客户价值始终比竞争对手高
B．双方的关系让客户感到公平
C．客户有很高的经济和心理转移成本
D．企业认为客户不具有很高的价值

三、思考题

1．什么是关系营销？关系营销与传统营销有哪些区别？
2．客户关系管理下如何进行整合营销？
3．为什么要进行客户细分？客户细分与客户关系管理有什么关系？
4．如何进行客户细分？
5．一对一营销的过程是怎样的？
6．什么是狭义客户终身价值？如何计算？
7．如何进行客户价值管理？
8．客户关系生命周期分为哪几个阶段？各阶段分别有什么特点？

第二章　思考与练习参考答案

创新创业能力训练

通过填写自我认知表（表 2.3），盘点一下自己近年来的得失，在新的起点为未来树立崭新的目标。

表 2.3 自我认知表

序号	我的成就	所用的知识	所用的能力
1			
2			
3			
	遗憾的事情	原因	
1			
2			
	本学期的目标	实现方法或途径	
1			
2			
	我的特长	我的短板	

要求：请列出 3 项你近期最重要的个人成就，所有的成就都应该基于令你感到骄傲去完成的事、乐意去完成的事、自认为做得很好的事，这些成就应该与学习、爱好、兴趣相关。列出 2 个最遗憾的事情，并说明原因。认识自己，制定新的目标。

第三章　客户关系管理的相关阶段

教学目标

掌握客户关系管理相关阶段各环节及主要过程，通过了解新客户的开发方法，理解客户保持、防止客户流失的意义和策略，掌握企业核心客户的管理方式，理解核心客户管理在企业整个客户关系管理中的地位和现实意义。着重思考在客户关系管理中相关的不同阶段，新创企业应该如何实施客户关系的有效维护。

教学要点

新创企业客户开发的方法；
客户保持的意义和策略；
客户流失的分类和形成原因；
核心客户内涵与特征；
新创企业的核心客户管理。

关键词

客户开发　新创企业引流　客户保持　客户流失　核心客户　学习型关系　服务创新

导入案例

“野蛮香”的客户接触和获取

吉林省本方农业股份有限公司是一家 2016 年成立的初创公司，其核心产品是长白山散养黑猪肉，“野蛮香”是该公司的一个猪肉高端品牌。该企业从多方面实现客户接触和获取。

1）找准客户。健康和安全是当前人们对肉类副食品的普遍要求，尤其是高知群体，他们愿意为此支付更高的价格。“野蛮香”就是看到了这一点，首先在吉林省的各个大学进行新客户开发。

2）现场体验。该公司携带各品类的黑猪肉制品来到大学的教工食堂，开始现场宣传体验。他们现场炸丸子、切香肠，提供各种熟食制品给高校教师品尝。品尝的同时，及时发放 100 元门店代金券并拉教师们入群。

3）微信营销＋门店体验。每个大学现场活动时，“野蛮香”都会有对应的微信群，相关人员每天在群里发布门店分割肉和熟食的图片，吸引教师们继续去门店品尝购买。很多教师抱着试试看的心理，来到“野蛮香”的不同门店，消费在学校领取的 100 元代金券。

4）高额储值卡销售。到了门店之后，店员们会提供热情服务，并及时推送储值卡。储值卡面值 500～5 000 元不等，每种卡不仅折扣不同，还有令人心动的礼物。因此，大部分来店体验的人都办理了储值卡。

5）线上多渠道营销。“野蛮香”不仅每天在微信群营销，还在淘宝、京东、美团上进行线上销售，“双十一”“双十二”都有各种优惠活动配合推出，从而实现多方面的客户接触和获取。

（资料来源：根据吉林省本方农业股份有限公司官方网站整理）

无论信息软件多么发达，有一点不会变，那就是商务交易的主体仍然是人。不管信息软件发展到何种程度，都无法取代传统交易行为下企业所累积出来的关系，软件系统应用仅仅是为了协助这种关系的建立而存在。对于企业而言，拥有客户就意味着拥有在市场中继续生存的理由，而拥有并保持客户是企业可持续发展的动力源泉，这就要求企业在广泛关注所有竞争环境的时候，一定要立足根本，即把最多的关注投入到客户身上。客户关系管理要经过客户开发、客户保持等阶段，其中包含着对流失客户的挽留和对核心客户的管理，客户开发是企业客户关系管理的初始阶段。

第一节　客户开发管理

客户开发，即通过一定的措施使目标市场中的潜在客户成为企业真正客户的过程。对于任何一个企业而言，客户开发都是一项必需且十分重要的工作，因为客户是企业的潜在资源，企业拥有了客户，也就拥有了资本，拥有了成功的希望。如果没有客户，产品品质再优良，也不能转化为现实的经营成果。企业任何一个老客户无不是由新客户发展而来的，因此客户开发的实质就是为企业寻找并发展新客户。

客户开发工作是销售工作的第一步，通常需要业务人员通过市场调查初步了解市场和客户情况，对有实力和有意向的客户做重点沟通，最终完成目标区域的客户开发计划。要成功做好企业的客户开发工作，企业需要从自身资源情况出发，了解竞争对手在客户方面的具体做法，制定适合企业的客户开发战略，再落实到一线销售人员执行，这是一个系统工程。

一、寻找新客户

寻找新客户是客户开发阶段的第一个步骤，也是开展客户开发工作的一个难点。如何在成千上万的用户中，找到企业最理想的销售机会和选择到最有成交希望的客户，这不只是作为企业销售人员，同时也是营销和服务部门都必须面对的事情。寻找新客户首先要应用市场细分理论，分析要营销产品的基本要素与特点，确定终端客户的范围和销售区域；然后根据企业营销方案中销售渠道的策略要点，确定销售渠道和中间商及客户种类；最后运用寻找客户的基本方法，找出具体的客户。这个客户可能是个人，即日常消费者，更多的可能是企业。

在这一过程中，勤奋是最为重要的。一个成功的营销人员是用双手、大脑、心灵和双腿工作的，他要时刻注意市场的变化和客户的最新情况，随时做好向客户推荐产品的准备。企业的销售、服务等部门，也必须具有强烈的事业心和高度的责任感，勤于分担营销人员的工作，勇于进取，积极向上，发扬企业主人翁的责任感。因为这些角色都与客户直接接触，在做好本职工作之余应多与客户群进行交流，深入了解客户的心理活动并准确判断客户特征，善于发现客户关心问题的重点；同时注意积累营销知识和技能，知识经验越丰富、越熟练，对事物的敏感性也就越强。只有这样才能不断寻找到有价值的潜在新客户。

此外，寻找新客户是一种体力劳动与脑力劳动相结合的工作，带有很强的创造性，所以创造能力必不可少。首先要唤醒自己的创造天赋，有一股别出心裁的创新精神；其次要突破传统思路，养成独立思考的习惯，绝不放过任何产生最佳效果的尝试机会，善于采用新方法、走新路子。只有这样才能引起新客户的注意，寻找到有价值的新客户。寻找新客户的基本方法有以下几种。

1．地毯式搜寻法

地毯式搜寻法的理论根据是平均法则，也就是假定在被寻找的所有客户当中，一定有你所要寻找的目标，并且数量上与总体成正比关系。根据这个平均法则，所要寻找的客户平均地分布在某一地区或所有的人当中。因此，在不太熟悉或完全不熟悉买方的情况下，可以直接通过某一特定地区的所有个人或组织寻找自己的新客户。

采用地毯式搜寻法寻找新客户，首先要挑选好一条比较合适的“地毯”，也就是先要划定适当的搜寻范围。可以根据本企业所开发的业务或商品的各种特性和用途，确定一个比较可行的推广地区或对象范围。利用这种方法寻找新客户，犹如海洋捕鱼作业，渔民没有必要也不可能撒一张大网把整个海洋里的鱼一网打尽。相反，渔民在出航下网之前，先确定一个目标，并且要追踪鱼群，适时下网起网。同样的道理，企业也需要有所选择才能取得良好效果。例如，出版社会深入高校展示教材，药品商会到各大医院宣传自己的医药用品等，都会获得良好效果，找到更多的新客户。

2．连环获取法

连环获取法就是在实现与本企业的交易关系后，通过现有客户来获得未来可能的新准客户的方法。这种方法要求企业在每一次交易完成后都尽量从该交易对象那里得到其他更多的新准客户名单，为日后的交易做好准备。连环获取法分为间接获取和直接获取两种方式。前者是指在现有客户的交际范围里寻找新的客户。一般来说，人们之间的交往和联系，总是以某种共同的兴趣爱好或共同的利益和需要为纽带的。某一个交际圈的所有人可能都具有某种共同的消费需求，对于企业而言就会形成一个庞大的客户群。后者则是通过现有客户的关系，直接获得与其有联系的新客户，这是最常用的一种方式。总之，无论是间接获取还是直接获取，其基本线索都是通过现有客户连环获得未来的新客户，一个联系一个，由客户 A 到客户 B，再到客户 C 和客户 D，以至无穷。

采用连环获取法寻找新客户，关键是要取信于现有客户，特别是那些熟悉企业的客户，获得其中主要成员的信任尤为重要，如客户组织的领导者等角色。企业只有成功地把自己开发的业务或商品推广到现有客户当中，使现有客户感到满意，才有可能从现有客户那里获得未来客户的名单。

3．委托助手法

顾名思义，委托助手法就是企业委托相关人员或组织寻找新客户的方法。这些受委托的对象，即助手由企业出钱雇用，与企业保持着亲密无间的友好关系。如果他帮助企业做成了一笔交易，那么企业须立即向其支付报酬。在助手的选择方面，企业通常会雇用那些工作岗位对口的人员或组织。例如，美国克莱斯勒汽车公司相信现在的修车人就是将来的买车人，从而借助汽车修理服务站的工作人员，在其中间发展了一个销售助手网。一旦该服务站的工作人员发现谁正在打算购买新车，便立即通知企业。

利用委托助手法寻找新客户是适应现代企业发展的客观要求。现代商业信息的特点是来源多、扩散快、时效短，再加上我国幅员辽阔，许多地方交通不便，信息不灵。企业若要从众多的途径及时获得有效信息，就应该利用委托助手法。企业只有借助各方面的力量，才能获得必要的信息，找到无穷无尽的客户来源。

4. 广告开拓法

广告开拓法是企业利用各种广告媒介寻找新客户的方法。现代广告媒介五花八门，应有尽有。但是用来寻找新客户的最佳广告媒介，还是报纸、杂志、电视、广播、网络、直接邮寄广告等主流媒介。具体的形式和方法可以灵活运用，不必完全追求某一种固定的方式，也不应完全模仿别人的具体做法。

利用广告开拓法寻找新客户，关键在于正确地选择广告媒介。选择广告媒介的目的在于以较少的广告费用取得较好的广告效果。基本原则是最大限度地影响潜在的客户。例如，企业若决定利用报纸广告来寻找新客户，那么就应该根据所开发业务或商品的特点作出选择，既要考虑各种报纸的发行地区和发行量，又要考虑各种报纸读者的类型。企业如果在黑龙江省内销售商品就不应跑到广东省去做广告，而做老年人用品生意的企业就不能在青少年杂志上做广告。同理，如果企业想要在广播或电视里做广告来寻找新客户，就应该考虑各个广播或电视台的听众或观众的数量及地区分布，同时还应考虑广告播出的时间。若企业决定选用直接邮寄广告的方式来寻找新客户，则要先弄到一份邮寄名册。

5. 市场咨询法

市场咨询法是指企业利用社会上各种专门的市场信息咨询部门所提供的信息来寻找新客户的方法。由于社会经济活动本身发展的客观需要，在世界先进工业国家现代化的进程中发展起来一个专门的咨询服务行业。第二次世界大战之后，咨询行业得到了迅速发展，现已遍及工业、农业、商业、旅游业、交通运输业等所有的经济领域。咨询行业的范围十分广泛，既包括政治咨询、法律咨询、技术咨询，也包括市场行情的咨询等。企业不仅可以利用专门从事信息咨询业的经营单位所提供的市场信息来寻找新客户，还可以从有关部门和团体那里得到咨询信息。除了工商和统计部门之外，银行、税务、物价、公安、大专院校、科研单位及各专业性团体组织等单位都可能提供许多有价值的市场信息，帮助企业不断地寻找新客户。

二、评估新客户

评估新客户，就是对新客户的资格进行初步地审查，因此又称评估新客户资格。具体地说，就是企业根据自己所开发的业务或商品的各方面特性，对新客户进行进一步全面地衡量和评价，包括对其需求度、需求量、购买力、决策权、信誉度等方面的评估和审查，并在此基础上选出最具有购买可能的新客户。评估新客户的具体内容有以下几个方面。

（一）需求度

所谓评估新客户的需求度，就是评估与审查新客户对企业开发的业务或商品需要的程度。“需要”是销售能否成功的关键所在，不能把产品盲目地卖给任何客户，就像很难把木梳卖给不留头发的人一样。否则，无论企业的销售人员怎样努力，怎样运用各种技巧，结果往往都是徒劳的。

（二）需求量

仅仅知道新客户确实存在着尚未满足的需要是不够的，还要对其需求量有所了解。如果新客户的购买量不大，而且购买又是一次性的，企业就必须从时间和销售费用上进行权衡，看这样的销售结果是否对自身有利。如果分析结果得不偿失，则应谨慎考虑，除非有较大的社会效益，否则不应将其作为现实的客户来对待；反之，对于较易形成稳固业务关系的客户，企业则应优先予以考虑。

（三）购买力

即使新客户的购买欲望十分强烈，所需购买的数量也比较大，也不能将其视为现实的客户，还需分析其现实的购买能力。对那些缺乏足够资金的新客户，必须持谨慎态度，尤其是交易对象为含金量较高的业务或批量大、价格高的商品时，企业必须在洽谈初期就对客户的资金状况有所了解。

（四）决策权

有句话说得好："家有千口，主事一人。"组织人员再多，说话算数的也只能是一个人，具体地说，由谁来实际控制购买，谁就拥有购买的决策权。因此，分析新客户有无决策权也就成了一个必不可少的环节。购买对象为家庭的客户，拥有决策权的多为家长、家庭主导成员、收入较高者等。工业用品或大宗消费品的客户多为企事业单位，其组织机构的复杂性决定了不同企事业单位对购买权力的掌握常常有比较大的差别。总之，只有在充分了解新客户的购买决策者之后，向购买决策者推荐企业开发的产品或服务才能取得良好效果。

（五）信誉度

考虑新客户的信誉度既要考虑新客户在同行中的口碑效应，同时也要考虑与其他单位合作过程中相关企业的评价，以及当地政府、工商、税务、银行、媒体的评价等。此外，企业还要对新客户的企业内部状况进行调查，如职工是否团结一致，职工是否能做到令行禁止，职工能否按时、按质完成工作任务，职工流动率是否居高不下，职工纪律是否松懈等。对新客户的支付情况进行调查时，应注意是否有过不能如约付款、推迟现金支付日、推迟签发票据等情况。

三、接近新客户

作为客户开发阶段的最后环节，接近新客户的作用是显而易见的。如果说寻找新客户和评估新客户环节是企业主动，那么接近新客户则是企业接受新客户的考察，因此企业要十分谨慎。如果企业已经决定要与对方合作，就要尽量避免差错的出现。扬己之长，避己之短，选择适当的方法接近新客户。

可以参考的接近方法有很多，其中介绍接近法最为常用。所谓介绍接近法，就是企业派出销售人员自行介绍或经由第三者介绍而去接近目标客户的一种方法。实施这种方法，友好而面带微笑地问候加上有力的握手是一个关键性的开端，且企业应当保证能够自然过渡到展示过程。介绍接近法的具体方式主要有以下几种。

1. 自我介绍

所谓自我介绍，就是走近新客户亮明自己的身份，进而介绍企业产品或服务的一种方式。这种方式只能引起新客户的轻微注意，除非对方正盼着企业的到来，如果新客户并未意识到自己有什么问题需要该企业的产品或服务帮助解决，其兴趣就会很小。一般来说，在宣传介绍过程中，销售人员最好是在顺利地接近了新客户之后再做自我介绍，或在新客户已经决定要了解产品详情时，再做适当的自我介绍。事实上，有些客户根本就不注意销售人员的自我介绍，而只关心销售人员的行动。

2. 他人介绍

所谓他人介绍，就是利用与新客户十分熟悉的第三者，通过打电话或当面介绍来接近新客户的方法。一般来说，介绍人与新客户之间的关系越密切，介绍的作用就越大，销售人员也就越容易达到接近的目的。因此，销售人员应设法摸清并打进新客户的接近圈，尽量争取有影响力的中心人士的介绍和推荐。由此可见，在连环获取法的基础上使用此种方式最为适合。当然，他人介绍接近也有一些局限性：由于第三者介绍，使销售人员置身于新客户的接近圈内，第一次见面就是熟人，新客户几乎无法拒绝销售人员的接近，故出于人情而接见销售人员，却不一定真正对销售产品感兴趣，甚至完全不予以注意，只是表面应付而已；对于某一位特定的新客户来说，他人介绍只能使用一次。可见他人介绍是最常用的，但不是很有效的一种方式，在客户开发中，可以配合其他方式共同使用，而不宜单独使用。

3. 实体介绍

所谓实体介绍，就是直接将有形商品的实体摆在新客户面前，使其对商品本身产生极大兴趣，从而让商品作无声介绍的一种方式。用商品实体开路只需将其塞进新客户的手里即可。这一方式最适用于销售那些显得十分独特的商品，因为这种商品很容易吸引人的目光和诱发人的询问。

4. 客户利益接近

所谓客户利益接近，是指营销人员利用开发的产品或服务的实惠引起新客户的注意和兴趣进而转入洽谈的接近方式。用产品或服务本身的实惠来吸引并接近客户，而主要方式是直接陈述，告诉新客户享受产品或服务的好处，语言不一定要有惊人之处，但必须引起客户对其利益的注意和兴趣，才能达到接近的目的。在使用客户利益接近方式时，营销人员应注意两个问题：一是产品或服务利益必须符合实际，不可浮夸；二是产品或服务利益必须可以证明，才能取信于客户。

当然，与寻找新客户时一样，接近新客户绝不是营销人员的专利，即使企业将这一工作主要分配给了他们。企业的服务及其他前台部门的人员同样也可以在适当的时候承担一部分接近新客户的工作。

四、新创企业的客户开发

（一）新创企业的营销特征

新创企业通常资源比较匮乏，在开展营销活动时一定要牢记企业首要任务是生存下来，并迅速积累资金。因此不太可能像成熟企业那样广泛利用传统媒体和渠道开展组合营销，而必须整合各种资源，积极从事产品和市场的创新，并依赖创造性的营销手段，迅速打开局面。新创企业的营销特征主要表现在以下几方面。

1. 新创企业营销的首要任务是生存

新创企业往往没有市场基础，也没有足够的现金流支撑其长线经营，这就需要他们在更短的时间内迅速打开市场，获得客户认同，摆脱企业生存困境，从而也就使其对市场份额的追求变得最为紧迫。

2. 新创企业营销的目标具有阶段性

新创企业营销的各个阶段，其目标和任务都不一样。成功的新创企业营销一般需要历经凝聚创业团队的项目创意营销阶段，吸引投资者关注的商业计划营销阶段，寻求市场认同的产品/服务营销阶段，以及塑造品牌形象的企业营销阶段等。

3. 新创企业营销以机会为导向

新创企业内部资源有限，生存能力较差，外部环境的细微变化都可能决定企业的存亡。因此，新创企业的营销人员不能受制于企业的资源，也不拘泥于固定的思维模式，而是着眼于企业的未来发展机会，积极地探索新方法来赢得客户，并具有很强的资源整合能力，以创新性的手段，最大限度地调动外部资源。

4. 新创企业营销更加注重关系

新创企业拥有较少的市场知名度，其营销人员往往也就是创业者，并非营销专才，初期也没有专门的营销部门协助。因此，一些通行的营销法则和营销方案可能对于新创企业的适用性较弱。在实际营销过程中，创业者往往更依赖于亲戚、朋友或企业战略联盟组成的网络关系来实施营销。

5. 新创企业营销策略灵活多变

新创企业营销的实施环境更为动荡，具有很大的不确定性，这也使创业者的营销策略必须更加灵活。一方面，其灵活多变的特征有助于创业者积极发挥优势，促进企业快速成长；另一方面，营销策略既需要高度灵活，又需要内在一致，自然也加大了实施的难度。

（二）新创企业的客户开发方法

新创企业要提高客户数量，要从两个方向努力：一是提升流量，即让更多的人看到企业，知道企业的存在；二是提升转化率，让那些看到你、知道你的人，愿意花钱购买你的产品和服务。具体方法包括以下几种。

1. 推出爆款吸引客户

由于新创企业本身没有知名度，因此推出一项爆款产品或服务吸引客户是更便捷的方式。例如，饭店推出的特价菜或直接赠送、超市某款商品的极大折扣、淘宝上几元钱的产品也包邮等，这都是商家不计成本推出的“爆款诱饵”来实现引流。客户只有先体验了才可能复购，企业未来才可能赚钱。

2. 在大平台上吸引客户

现在有很多成熟的线上平台，如美团等。虽然入门有一定成本，每笔交易收入都会被拿走一定的百分比，但对于不知名的新创企业，仍然是一个迅速打开市场的好办法。客户会经常搜索美团好评率来决定是否尝试，所以一旦有客户光临企业，一定要保证客户体验，尽最大努力使其给予五星好评，以此来吸引更多客户。

3. 鼓励客户邀请

以老带新是企业常用的客户开发方式，用折扣或赠送鼓励正在尝试企业产品或服务的客户在朋友圈发信息，拉几个朋友入群，关注企业公众号等，都可以起到这种以老带新的作用。

4. 微信公众号吸引

新创企业为了降低宣传成本，往往会建立微信公众号，这种方式的核心在于不断更新和维护。一个很少更新的微信公众号或者只会发广告的公众号是无法起到持续客户开发的作用的。此外，如果要吸引客户，内容是最重要的吸睛手段。推送质量较高、对客户有价值的内容，特别是跟新创企业的业务或潜在客户群体相关的资讯，才可能吸引客户的转发和关注。如果在文章的底部加入企业业务宣传的配图，更能达到宣传的效果。

5. 自媒体引流

自媒体平台包括博客、微博、微信、百度官方贴吧、论坛/BBS 等网络社区。实际上，凡是个人化的公众传播都可以列为自媒体的范畴，如在知乎回答行业内问题、在头条上投稿，都可能起到自媒体引流的作用。只要内容够好，就会激发阅读和转发，这会对新创企业的品牌营销推广起到非常不错的效果。此外，朋友圈等社交平台可以起到宣传企业产品或服务的作用，但切记以分享生活和有价值的资讯为主、营销为辅，否则只会适得其反，有些微商就是反面教材。

6. 策划活动引流

通过一些活动吸引客户加入，如提供性价比很高的产品或服务，但需要一定的人数才能获得，以此来吸引客户分享和转发。只有互动和分享，才能打破点对点的低效率传播，起到引流客户的作用。

7. 口碑营销

很多新创企业很大比例的业务来源于身边朋友、客户、合作伙伴的推荐，这是以企业产品、服务的专业度为前提的。通过口口相传的方式，让更多的潜在客户了解到企业的信息，这也是一种完全免费且转化率最高的营销方式。但口碑的基础一定是过硬的产品和服务。

第二节　客户保持管理

客户保持管理是客户关系管理系统的一个基本功能。对客户关系进行管理的真正目标是实现客户的长期满意，而不是一次性的交易。对于想获得客户长期价值的企业而言，首先要理解是什么促使客户重复选择它的产品或服务，或者是什么使客户离开，以及企业能够通过哪些手段来提高客户的满意度，从而达到保持客户的目的。

一、客户保持的概念

人类已经进入信息时代，企业的竞争环境正发生着翻天覆地的变化。一方面，企业已能够将供应、生产和交货等过程一体化，从而把原来生硬的推销产品、服务和生产计划的经营过程转变为由客户订单引发的柔性系统，从而大大缩短了以往企业在交易中与客户和供应商之间的距离，使客户成了订单的起点，企业的成本费用、质量和反应时间的管理方式也随之发生了巨大的变化；另一方面，客户不再被动地接受企业提供的标准化的大量产品和服务，而是产生更为个性化的需求，这就要求企业必须能够向客户提供因人而异的产品和服务。因此，产品自身的生命周期不断缩短，一种产品在一个时代的竞争优势并不能保证它在下一轮技术发展和竞争中继续保持优势。企业必须能够做到准确、及时地预测客户未来的需要，设计和推出更新的产品和服务，并不断改进、创新。

在这种态势下，原有客户的流动性越来越强，而获取一个新客户的开支越来越大，单靠扩大市场份额，企业已经无法保持持久的竞争优势。因此，客户保持的重要性受到研究者和企业的日益重视。哈佛大学商学院 W. 厄尔 • 萨塞和 F. 雷奇汉在 20 世纪 80 年代末 90 年代初首先对客户保持问题做了研究。此后，随着对其重要性认识的日益增强，许多学者纷纷提出，企业要做好客户关系管理工作，必须加强实施客户保持管理的力度。

有两个词汇与客户保持的概念密切相关，即客户忠诚和后营销。简单地讲，客户忠诚就是指客户对某企业的认可，并在情感上对其服务有一种发自内心的高度满意和信任而经常性地购买该企业的产品或服务，甚至会向其朋友或同事推荐，并使他们也成为本企业的忠诚顾客。后营销指出，赢得一个客户不是营销过程的终结，保留现有客户为企业所创造的价值，远远超过用大量的广告预算或间接的市场调查争取到的新客户所能带来的利润。由此可见，客户保持是指延长客户关系的维持时间并以增强客户的忠诚度为目的，达到同时提高客户保持度和提高客户占有率的管理手段。

二、客户保持的意义

1. 直接增加企业的利润

客户保持的意义主要表现在与企业利润的关系上，二者息息相关。这首先表现为企业从与客户的交易中得到的价值是企业利润的直接来源。企业利润来自客户支付的买价与企业生产成本的差额。显然，客户与企业保持的关系越持久，重复购买的次数越多，就越有可能为企业带来利润。

2. 节省开发客户所需的成本

每个企业为获取新客户都得先投入资金，包括针对新客户展开的广告宣传和工作人员的管理费用等。以信用卡公司为例，最大的成本开支是直邮广告的费用。由于回复率一般仅为 2%～3%，因此为了得到 1000 个申请人，公司需寄出 3 万～5 万份宣传品，再加上信用评估、信用卡发行、在银行的数据处理系统中开立新账户等费用，使每个新客户开发的成本都很可观。相对来说，保留老客户能为企业省下一大笔费用。

3. 客户之间的口碑相传促进产品销售

满意的老客户会向别人推荐，并且当一个客户准备购买某种产品时，首先要做的就是收集相关信息，在进行比较之后才决定购买。信息来源分为内部和外部来源，内部信息基本是在顾客记忆中搜索，假如内部信息不足以使客户作出购买决定，或者根本没有这方面的经验，那么他会求助于外部信息，包括口碑和生产者提供的信息，如广告宣传等。通常，风险较高时，客户的反应主要是直接收集信息，重新评估其他方案，客户更为喜欢求助的信息来源是人，最主要的降低风险的信息方式就是口碑。因此，老客户的口碑效应会为企业带来可观的收益。

4. 老客户无须经常使用价格优惠

一般地说，新老客户为同一服务支付的价格是不一样的，企业为了获取一个新客户，常常会给予价格优惠政策。一些满意度较高的老客户，往往对价格不十分敏感，甚至会为得到一如既往高水准的服务支付较高的价格。因此，保持老客户能够大大节省这一部分价格优惠的成本。

三、影响客户保持的因素分析

（一）客户自身对客户保持的影响

1. 文化因素

文化、亚文化和社会阶层等因素对客户的行为具有最广泛和最深远的影响。人类行为是通过学习而形成的，这期间要受到来自家庭和其他社会环境的影响，必然会带有某一类文化的印记。亚文化群体，如民族群体、宗教群体、种族群体和地理区域群体等，能为其中的成员带来更为具体的认同感和共同特性。社会阶层是指一个社会中具有相对的同质性和持久性的群体。来自同一社会阶层内的人，其行为要比来自两个不同社会阶层中的人更为相似，同一阶层的成员往往具有类似的价值观、兴趣爱好和行为方式。社会阶层不是一成不变的，它是由职业、收入、财富、教育和价值观等变量共同决定的。当客户的社会阶层发生变化时，其消费模式通常也会发生改变。

2. 社会因素

客户购买行为受到参照群体、家庭、社会角色与地位等一系列社会因素的影响。参照群体是指那些直接或间接影响人的看法和行为的群体。客户受参照群体的影响表现在参照群体为客户展示出新的行为模式和生活方式，而由于客户有效仿其参照群体的愿望，因而客户对某些事物的看法和对某些产品的态度必然会受到参照群体的影响，从而使行为趋于某种“一致化”。例如，客户在决定其购买和重复购买行为时往往会受到其他人对该产品口碑评价的影响。一个人在其一生中会参加许多群体，如家庭、俱乐部等，每个人在各个群体中的地位和角色都会在某种程度上影响其购买行为。

3. 个人因素

客户购买决策也受其个人特性的影响，特别是受其所处的生命阶段、职业、经济状况、生活方式、个性及自我概念的影响。例如，生活方式是一个人在世界上所表现出的有关其活动、兴趣和看法的生活模式；个性是一个人所特有的心理特征，它导致一个人对其所处环境的相对一致和持续不断的反应。

4. 心理因素

客户购买行为要受动机、知觉、学习、信念和态度等主要心理因素的影响。动机是一种升华到足够强度的需要，它能够及时引导人们去探求满足需要的目标。人们对于刺激物的理解是通过感觉进行的，感觉到的材料通过大脑进行分析综合，就形成了知觉。学习是指由于经验而引起的个人行为的改变。通过行为和学习，人们形成了自己的信念和态度，而信念和态度又反过来影响人们的购买行为。所谓信念，是指一个人对某些事物所持有的描述性思想，态度是指一个人对某些事物或观念长期持有的好与坏的认识上的评价。企业无法左右客户的购买动机，但是企业能够通过积极的促销活动和良好的产品形象、质量等去影响客户的学习过程，从而使客户对本企业产品形成良好的信念和态度，进一步影响到客户的获取和保持。

（二）客户满意对客户保持的影响

客户满意是导致购买或重复购买，产生客户保持的又一重要因素。客户在使用其购买的产品后会形成高兴或失望的心理感受，这种感受强化了客户对企业产品的认识，也是一种学习过程。客户因一次满意而积累了的消费经验会在以后的购买情景中指引客户的行动方向。当客户的重复购买行为每一次都能获得满意时，这种满意就会形成客户对企业经营的产品和服务的固定信念和偏好，以后客户为了降低购买风险和节省搜索成本，会形成对企业产品的习惯性购买，同时企业就达到了保持客户的目的。

（三）客户关系生命周期对客户保持的影响

由于客户关系在不同的生命阶段中具有各自的特点，因此考察客户关系生命周期对于客户保持有着重要的影响。纵观客户关系生命周期的全过程，考察期是客户关系的孕育期，形成期是客户关系的快速提升期，这两个时期都属于关系的发展阶段；稳定期是客户关系的成熟期，也是企业期望达到的理想阶段；退化期有可能发生在考察期、形成期、稳定期 3 个阶段中的任一时点。一般来说，客户关系考察期是双方关系的试探阶段，双方了解有限，关系的不确定性很高，客户保持的风险最高，难度最大，客户流失率最大；客户关系形成期是关系的快速提升阶段，关系双方有了一定了解，关系的不确定性下降，双方在了解的基础上进一步明确了承诺长期关系或维持交易关系的倾向，客户流失率有所下降，但客户保持工作的风险和难度仍较高，可有目标地开展工作；客户关系稳定期，关系双方有了充分的了解，在此基础上双方可以含蓄或明确地对持续关系作出保证，对于企业来说，这时保持客户的风险最小，难度最小，收益最大；客户关系退化期，关系双方或一方正在考虑结束关系，甚至物色候选关系伙伴，这时如果企业还不想放弃客户，有意恢复客户关系，首先要洞悉关系退化的原因，修补服务，调整产品，要付出一定的成本，有一定的风险，难度较大。

四、客户流失

在激烈的市场竞争中，即使是满意的客户，也有可能随时放弃你，而选择你的竞争对手。因此，绝对不能满足于能够吸引多少客户，更重要的是能够留住多少客户。很多企业都面临着客户流失问题，企业花费了大量力气吸引来的客户很轻易地就流向了竞争对手，如此一来，企业不仅难以对变化过快的客户群进行深入的分析，也几乎没有时间针对特定客户开展关系互动。同时，客户的流失还会沉重打击企业的客户战略。事实上，客户流失并不是对客户关系的否定，而是对实施它的迫切性和必要性的再次证明。因此，在客户关系管理过程中，也包括了对客户流失的状况进行监控、分析客户流失原因的内容，这样企业就可以发现其经营管理中急需改进的环节，结果有时甚至可以把流失的客户重新吸引回来，并建立起更为牢固的客户关系。

（一）客户流失概述

客户流失是指本企业的客户由于种种原因而转向购买其他企业产品或服务的现象。

1. 客户流失的分类

客户流失一般包括两种情况：客户主动选择转移到另外一个企业，使用他们的产品或服务，称之为主动客户流失；而那些由于恶意欠款等原因被企业解除合同的客户则是被动客户流失。

（1）主动客户流失

现在的客户最关心的已经不是单纯的产品或服务的价格了，而是相应的产品或服务是否能够满足其需求。只有在一切都能符合其需求时，客户才可能会考虑价格。据调查，有些客户主动流失的原因是因为他们不能充分理解企业所提供的产品或服务的特性，如电信业的各种通话方式及多样组合的收款方式和服务等。如果企业的产品或服务的说明更加贴近客户，服务更加周到，并且帮助客户从通话质量、覆盖率、售后服务、产品特性等多方面了解产品或服务的优势，客户也许会改变主意。还有些客户选择主动流失是因为他们没有被告知企业新的产品或服务，或者被给予明晰的关于采用新技术的产品的功能和特性方面的介绍。客户无法了解现有企业所能够提供的产品或服务的最新背景，转而选择其认为技术创新性强的竞争对手。

（2）被动客户流失

由于恶意欠款或者累计债务等原因导致企业被迫终止其业务的客户被称为被动客户流失。这些问题的经常发生是由于企业未能有效地监控到那些具有信用风险的客户，并且没有适时地采取措施。企业应该发现那些被动流失的客户相对于其他正常客户有着不同的服务使用模式，这需要企业采取各种分析和跟踪手段来加以监控。

2. 客户流失的衡量

（1）以客户为基础

以客户为基础的测量方法要求获得客户指标。传统的客户指标主要包括客户流失率、客户保持率和客户推荐率。客户流失率是客户流失的定量表述，是判断客户流失的主要指标，直接反映了企业经营与管理的现状。用公式表示：客户流失率＝客户流失数/消费人数×100%。客户保持率是客户保持的定量表述，也是判断客户流失的重要指标，反映了客户忠诚度的水平。用公式表示：客户保持率＝客户保持数/消费人数×100%（或 1－客户流失率）。客户推荐率是指客户消费产品或服务后介绍他人消费的比例。客户流失率与客户保持率、客户推荐率成反比。通过客户调查问卷和企业日常记录等方式，可获得上述客户指标信息。

（2）以企业竞争力为基础

企业竞争力是难以定量测量的，所以对于市场竞争力的衡量可以定性分析或者由专家测评。在激烈的市场竞争中，一个企业所流失的客户必然是另一个企业所获得的客户。因此，判断一下企业的竞争力，便可了解该企业的客户流失率。通常竞争力强的企业，客户流失的可能性要小些。企业可借助行业协会开展的排名、达标、评比等活动或权威部门或人士发布的统计资料获得上述信息。

（二）客户流失的原因

有关机构对企业的调查表明，虽然客户流失的原因不尽相同，但由于企业自身原因造成的客户流失基本上占了绝大部分，而因为竞争对手的原因造成的客户流失是很少的。客户之所以会选择放弃，有60%～70%的原因是对企业的服务不满意。

1. 主动客户流失的原因

主动客户流失的原因主要有以下3种类型。

（1）自然流失

自然的客户流失不是人为因素造成的，如客户的搬迁和死亡等。自然流失所占的比例很小。企业可以通过广泛建立连锁服务网点和经营分公司，或者提供网上服务等方式，让客户在任何地方、任何时候都能方便快捷地使用企业的产品或服务，减少自然流失的发生。

（2）竞争流失

由于企业竞争对手的影响而造成的流失称为竞争流失。市场上的竞争突出表现在价格战和服务战上。在当前日益激烈的市场竞争中，企业首先要考虑的是保留住自己现有的客户，在此基础上再去吸引和争取新的客户。

通过市场竞争分析，包括市场占有率分析、竞争对手发展情况分析、供应商行为分析、合作商行为分析等，可以防止部分流失的发生。市场占有率分析使市场人员能够了解不同时间段内、不同业务品牌的产品或服务的市场占有率情况，了解市场中最有价值的产品或服务，了解不同产品的主要竞争对手是谁，从而为市场经营提供指导。从竞争对手客户发展情况、竞争对手客户收入情况、竞争对手客户行为、竞争对手营销策略、竞争对手服务质量等方面，对竞争对手的发展情况进行分析预测。

（3）过失流失

自然流失和竞争流失之外的客户流失称为过失流失。这种流失是由于企业自身工作中的过失引起客户的不满意而造成的，如企业形象不佳、产品性能不好、服务态度恶劣等。过失流失在客户流失总量中所占的比例最高，但企业也可以在分析客户流失因素的基础上，通过采取一些有效手段来防止。

2. 被动客户流失的原因

被动客户流失的原因主要有以下几个方面。

（1）非恶意性被动流失

非恶意性被动流失主要是指客户在不继续使用企业提供的产品或服务时并不告知企业，而是被动等待，直至企业终止双方合作。这种流失相对比较容易避免，且出现这种情况的可能性本身就不大。一个有效的避免方法就是为客户提供业务提醒服务。例如，电信部门可以在交纳电话费的限定日期内对客户进行语音提醒，以防止客户忘记交费的情况发生。此外，还应当给客户提供多种方便交纳电话费的途径，如可以通过电话支付、银行支付和网络支付等。

（2）报复性被动流失

报复性被动流失是指客户因对企业的产品或服务不满而实施的流失行为。从根源上讲，报复性被动流失的责任不全在客户。要防止和减少这类流失，企业必须及时妥善地处理客户的抱怨和投诉，整顿企业的管理机制，不断改善产品的性能和功能。

（3）恶意性被动流失

恶意性被动流失一般是由于客户的信用度低或客户故意诈骗等原因导致的。对此类客户没有保留的必要，可以通过建立完善的客户资料库、评估客户信誉度、采用预付资金方式，以及付诸法律来预防和避免客户恶意性被动流失行为的产生。

五、客户保持管理策略

在客户保持过程中，进行的主要工作分为两类：第一类是对企业不可控因素的分析和把握，这方面的工作主要有收集客户基本资料、以往的交易记录、社会统计学资料，然后对流失客户和忠诚客户进行分析，提取出其中的规律性知识，分析流失客户有哪些特征、忠诚客户有哪些特征，以利于在营销中采取不同的策略；第二类是对企业可控因素的改善，其目的是提高客户价值，以便在市场竞争中获得优势，促使客户保持水平的提高。企业可以从以下6个方面来提高客户保持水平。

1. 注重产品质量

长期稳定的产品质量是保持客户的根本。高质量的产品本身就是优秀的推销员和保持客户的强力凝固剂，这里的质量不仅是产品符合标准的程度，更应该强调的是企业要不断地根据客户的意见和建议，开发出真正满足客户喜好的产品。因为随着社会的发展和市场竞争的加剧，客户的需求正向个性化方向发展，与众不同已成为一部分客户的时尚。一些企业为抓住市场，已经开始了针对不同的客户提供不同产品和服务的尝试，并取得了令人瞩目的效果，如海尔公司的按单生产。企业必须紧跟现代科技的发展步伐，不断提高产品和服务的知识含量，一方面更好地满足客户的需要，另一方面与客户构筑起竞争对手的进入壁垒，提高客户的保持率。

2. 保证优质服务

在激烈的市场竞争中，服务与产品质量、价格、交货期等共同构成企业的竞争优势。由于科技的发展，同类产品在质量和价格方面的差距越来越小，服务成为比较的核心点。大多数客户的不满往往不是因为产品质量本身，而是由于服务问题。客户能够用双眼观察到的质量往往比产品本身的质量重要得多。客户往往把若干因素掺杂在一起，产品或服务的可信度、一致性、运货的速度与及时性、书面材料的准确度、电话咨询时对方是否彬彬有礼、传递信息的价值（如产品或服务的使用说明）、员工的精神面貌等，所有这些因素都很重要，其中一些甚至非常关键。可见，虽然再好的服务也不能使劣质产品成为优等品，但优质的产品会因劣质的服务而失去客户。客户关系管理系统已经通过现代化的客户接触手段提供了健全沟通渠道的可能。企业必须能够及时听到客户反馈的意见和建议，以及客户的独特需求。同时建立灵活系统的反应机制、管理机制，能够妥善处理客户意见，科学存储客户信息，并将客户的信息与企业的生产、营销和服务等工作联系起来。例如，根据客户的需求制订生产计划，根据客户群的特性制订专门的营销计划以利于保持其忠诚性，对客户提出的意见及时作出反馈并有专人负责处理等。

3. 提升品牌形象

品牌管理的核心思想是有效监控品牌与消费者的关系发展，其中品牌形象管理是品牌管理的重要内容。在产品日益同质化、行业竞争加剧的时代，品牌形象力成为企业的支柱。面对日益繁荣的商品市场，客户的需求层次有了很大的提高，他们开始倾向于商品的品牌选择，偏好的差异性增强，习惯于指名购买。客户品牌忠诚的建立，取决于企业的产品在客户心目中的形象，只有让客户对企业有深刻的印象和强烈的好感，客户才会成为企业品牌的忠诚者。

4. 保持价格优惠

价格优惠不仅仅体现在低价格上，更重要的是能向客户提供他们所认同的价值，如增加产品的知识含量、改善品质、增加功能、提供灵活的付款方式和资金的融通方式等。如果客户是中间商，生产企业通过为其承担经营风险而确保其利润也不失为一种颇具吸引力的留住老客户的方式。例如，在产品涨价时，对已开过票还没有提走的产品要提价；在产品降价时，中间商已提走但还没有售出的商品，按新价格冲红字。这样中间商就吃了定心丸，敢于在淡季充当蓄水池，为生产商创造淡季不淡、旺季更旺的局面。

5. 加大感情投资

真正的客户关系应当是建立在信任、守信、交流和理解的基础之上的，情感交流是客户关系深入发展的必然要求。随着客户保持时间的延长和客户关系的深入发展，情感因素变得越来越重要，它是客户对企业忠诚的根本原因，也是客户长期光顾和重复购买的决定性因素。因此，企业必须在员工中建立起以关系为基础的营销观念，要求所有的员工注意做好营销的细节，传递给客户互相尊重、互相信任、友善的情感信息。一旦与客户建立了业务关系，就要积极寻找商品之外的关系，用这种关系来强化商品交易关系，如记住个人客户的结婚纪念日、生日、企业客户的厂庆纪念日等重要日子，采取适当的方式表示祝贺。对于重要的客户，其负责人要亲自接待和走访，并邀请他们参加本企业的重要活动，使其感受到企业所取得的成就离不开他们的全力支持。对于一般的客户可以通过建立俱乐部、联谊会等固定沟通渠道，保持并加深双方的关系。

6. 建立客户数据库

作为企业客户关系管理系统的一个重要组成部分，在进行客户保持的过程中，企业应充分重视客户数据库的建立和管理工作，注意利用数据库来开展客户关系管理，应用数据库来分析现有客户的情况，并找出人口数据及人口特征与购买模式之间的联系，以及为客户提供符合其特定需要的定制产品和相应的服务，并通过各种现代通信手段与客户保持自然密切的联系，从而建立起持久的合作伙伴关系。

信息技术的发展使数据库营销成为可能，它使企业能够利用有关客户及其偏好、购买行为等信息的多元数据库进行综合分析，以便更好地留住老客户并争取新客户。例如，对多个客户档案和多组相关数据进行综合分析、对特定客户的多次购买行为进行分析，识别出各个客户的功能模式；也可以按照任何标准对客户源进行各种分割归类，有的放矢地对准目标进行联系交流；同时，还应跟踪监测客户的反应，并加以仔细推敲。先进的数据仓库与数据挖掘技术为这一系列工作的开展提供了便利，使市场开拓人员可以基于数据和事实行事，而不是传统上的基于直觉采取行动。

对于以上保持客户的各种方法，企业既要认识到这 6 个方面都很重要，忽视任何一个方面都会造成不利的后果，同时又应该权衡这 6 个方面不同的侧重点：保持客户的第一层次是注重产品质量，品牌形象和优质服务是第二层次，在此基础上构建起价格优惠和感情投资是第三层次，客户数据库是客户保持的各种策略得以有效实施的重要手段。

第三节　核心客户管理

“核心客户”一词来源于二八原理，这是由意大利著名经济学家维尔弗雷多·帕累托首先提出的，故又称帕累托效应原理。这一原理的主要内容是，80%的价值来自 20%的因子，其余 20%的价值则来自 80%的因子。随着社会的发展，这种 80/20 原理已成为生产、营销等各个行业常用的工具。作为市场营销的一部分，客户关系管理自然也同样适用。

一、核心客户的内涵

核心客户（key account，KA）也称关键客户或大客户，是指那些具有能够为企业带来巨额收入或利润的重要客户。企业经营收入的 80%是由 20%的客户带来的，这 20%的客户就是企业的核心客户。虽然对于不同企业而言这并不是绝对的数字，但却反映出一个态势，那就是核心客户对企业的价值。对核心客户的识别、开发与持续经营，已经成为行业竞争的焦点。核心客户除具备一般客户的基本属性之外，还具备以下几个特征。

（1）核心客户购买频繁或单次购买数量多

由于自身规模的需要，核心客户经常会需要很大的采购量。因此，核心客户会经常召开行业内的供应商会议，进行集中采购，与供应商签订长期供应合同，这都使核心客户的总购买量在企业全部销量中占有很大比重。

（2）核心客户管理工作复杂

首先，核心客户熟悉市场环境行情，具有批量购买能力，因而拥有更多的讨价还价能力；其次，核心客户复杂的组织结构可能使购买程序中的更多人员参与决策；最后，核心客户的服务要求很高，涉及面很广。除了生产流程要求严格、品质要求较高、关心售后服务之外，在财务支付、供货周期及运输要求上都有很高的要求，这给企业的核心客户管理工作带来了很多困难和复杂性。

（3）核心客户与企业建立长期关系的意愿较强

由于采购工作频繁，采购管理制度化，生产供给保障严格，因此核心客户都希望供应渠道相对稳定，一般愿意从长远角度考虑供应商，因而与企业建立长期关系的意愿较强。

二、核心客户管理的目的

实行核心客户管理是为了集中企业的资源优势，从战略上重视核心客户，深入掌握、熟悉客户的需求和发展的需要，有计划和有步骤地开发、培育和维护对企业的生存和发展有重要战略意义的核心客户，为核心客户提供优质的产品或服务，建立和维护好持续的客户关系，帮助企业建立和确保竞争优势。同时，通过核心客户管理，解决采用何种方法将有限的资源（人、时间、费用）充分投放到核心客户上的问题，从而进一步提高企业在每一领域的市场份额和项目签约成功率，改善整体利润结构。

通过核心客户管理，一方面在有效的管理控制下，为核心客户创造高价值；另一方面在有效的核心客户关系的管理和维护下，在为核心客户提供个性化解决方案的同时从核心客户那里获取长期持续的收益。核心客户管理为核心客户提供持续的、个性化的解决方案，并以此来满足客户的特定需求，从而建立长期稳定的核心客户关系。通过核心客户管理，企业可以通过分析与研究客户，制定个性化的解决方案，保持企业产品与竞争者的差异性，形成产品优势；可以通过核心客户的批量采购，使企业形成规模经营，取得成本上的优势。此外，与核心客户建立起业务关系后，在合作期内双方逐步了解适应，彼此建立信任，使情感递增，从而容易形成客户忠诚度。

同时，核心客户管理不是孤立的一个管理流程或管理方法，它是企业实现核心客户战略的必要手段。因此，核心客户管理必须和企业整体营销战略相结合，不仅需要对核心客户进行系统、科学而有效的市场开发，更要用战略的思维对核心客户进行系统管理，需要核心客户部门和其他部门及各层次人员持续努力地工作。从核心客户的经营战略、业务战略、供应链战略、项目招标、项目实施全过程到核心客户组织中个人的工作、生活、兴趣、爱好等方面都要加以分析研究。

三、核心客户的类型

根据不同的划分标准，核心客户可以划分为不同的类型，如根据行业特征、与企业关系的发展阶段等。下面要介绍的是一种按照客户价值取向不同的类型划分。

1. 内在价值型核心客户

对内在价值型核心客户来说，价值就是产品本身。内在价值型核心客户注重成本因素，并对产品有很深的了解。内在价值型核心客户知道如何使用产品，他们将产品或服务视为可以被竞争产品轻易取代的同质产品，希望价格能够尽量合理，或在采购方面获得便利。他们不相信所谓的销售附加值，盼望减少销售环节。

企业对于这样的核心客户一般会尽量压缩销售成本，降低销售价格。除此之外，推荐客户不完全熟悉的新产品或者提升行业的特色与行业壁垒，如独家经营某些配件，也是可行的做法。

2. 外在价值型核心客户

外在价值型核心客户不但注重产品本身，也注重产品的增值服务、产品的价值或解决方案等外部因素。对这种核心客户来说，价值不是产品本身所固有的，而是存在于如何使用产品上。外在价值型核心客户对产品方案和应用感兴趣，认为销售队伍能为其创造出大量的新价值，而他们也会为建议和帮助额外付费。外在价值型核心客户希望销售人员能为其需要和方案提供新的见解，并愿意为找出客户化的方案而与销售人员合作，同时投入时间、精力和费用。

由于这种客户愿意与企业建立超出直接交易的关系，相信产品以外的人员价值，企业可以利用项目团队来展示自身的技术和服务，以发挥作用。同时利用对核心客户有影响的人来起到辅助作用。

3. 战略价值型核心客户

战略价值型核心客户要求非同一般的价值创造，其需求远远超过了企业的产品或建议，希望进一步利用企业的核心竞争力，与企业建立资源互补的合作伙伴关系。战略价值型核心客户的战略是与选择的战略型企业建立起密切的关系，以得到最佳利益，并对其组织内部可能进行的深度变革有一定的准备。

由于客户希望在双方关系平等的基础上共同创造价值，这对企业来说是求之不得的。获得这类客户的关键在于，要能够想方设法为客户创造非一般的价值和提供超出其计划的建议及合作方案。

四、核心客户的识别

核心客户是对企业来说相对价值最大、最具战略意义的客户，必须善于识别出这些核心客户，才能将有限资源投入到企业真正急需关注和保持的客户手中，实现企业利润和价值的最大化，这也是进行核心客户关系管理的第一步。根据自身所处行业、经营状况、拥有的资源等条件的不同，每个企业都有一套识别核心客户的规则。下面介绍的是依据客户的当前价值和潜在价值识别核心客户。

首先，根据企业需要和管理情景选择合适的指标。其次，将各个指标量化，确定打分规则。对于有数据可循的指标进行打分要以数据为依据，如对购买量进行打分时，应参照样本客户的购买量设定规则。然后，按照打分规则，对每个样本客户的各个指标分别打分，得到所有样本客户在该指标体系下的评价分值。最后，对所得数据进行聚类分析，得到 4 个客户细分群，分别为最有价值客户群、价值客户群、潜在客户群、低价值客户群，按照当前价值和潜在价值，分别对应着（高，高）、（高，低）、（低，高）、（低，低）4 个象限。针对各象限客户群的特点进行分析筛选，识别出核心客户，如图 3.1 所示。

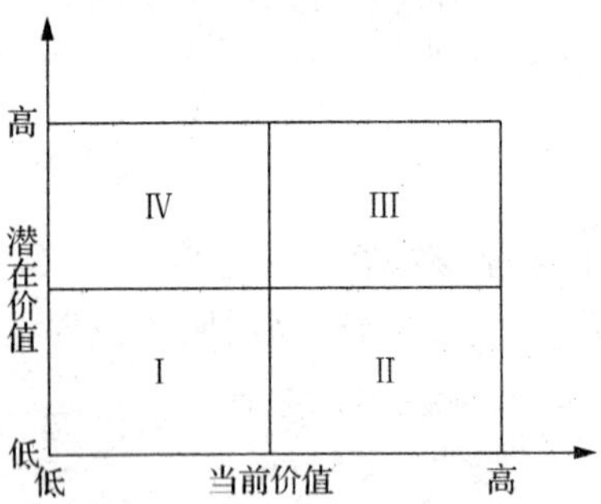

图 3.1 按价值确定核心客户

Ⅰ是低价值客户群。此类客户的当前价值和潜在价值都很低，这样的客户不可能成为企业的核心客户，不应该浪费企业过多的时间。

Ⅱ是价值客户群。此类客户的当前价值较高但潜在价值较低，需要区别对待。如果潜在价值低是由于忠诚度和客户关系状况较差的原因，可以通过建立良好的客户关系加以解决，使其转化为最有价值客户，这类客户属于开发型核心客户。但是如果潜在价值低是由于客户诚信度较差，则不能归入开发型核心客户，否则企业承担风险过大，极有可能得不偿失。开发型核心客户对于企业而言极具增长力。由于客户关系的不成熟和不稳定，此类客户常常在不同企业之间摇摆不定，因此企业必须重点投入更多营销资源以便改善客户关系，从而化潜在价值为当前价值。从长远的眼光看，开发型核心客户极有可能发展成为企业的维持型核心客户。

Ⅲ是最有价值客户群。此类客户的当前价值和潜在价值都很高，企业与此类客户的关系非常稳定，是企业收益和利润的主要来源，是企业的维持型核心客户，企业必须尽一切努力维持现有的良好关系。但正因为客户关系成熟稳固，拓展空间不大，故在营销市场中，最有价值客户群不是企业重点开发的对象，针对这类客户的特点，应重在维持而不是进一步发展客户关系。

Ⅳ是潜在客户群。此类客户的当前价值低，但是潜在价值高，很有可能成为核心客户。由于当前价值较低，不能盲目归于核心客户，应当观察一段时间，如果当前价值有持续的、大的增幅，再将其列入核心客户。由于核心客户是动态变化的，如果当前价值有较大增幅，自然会落入最有价值客户群象限，不会因此错失了核心客户。

因此，核心客户为最有价值客户群的全部和价值客户群的一部分，最有价值客户群为维持型核心客户，价值客户群为开发型核心客户。

五、新创企业的核心客户管理

对于新创企业来说，核心客户可能意味着天使客户、大订单、长期连续合约或者更多的现金流，客户的形象和影响力可以提高新创企业的知名度，总之凡是给新创企业生存带来更大帮助的客户都可以界定为核心客户。

（一）新创企业的核心客户开发

1. 获得核心客户信息

新创企业在对核心客户进行营销的过程中，要尽量拥有更多完整的核心客户信息资料，以保证客户开发成功。这些客户资料不仅包括客户规模、员工数量、组织结构、行业状况、消费数量和模式、详细的联络方式、客户各部门情况等基础资料；也包括和企业业务相关的各种采购信息如最近的采购计划、决策人和影响者、采购时间及预算等；此外还要更多关注竞争对手的情况。如果是服务行业的核心客户开发，更多了解客户的私人信息就尤为必要，如客户的兴趣、爱好、习惯、性格等，个性化的、打动人心的情感化服务往往是新创企业可以获得核心客户青睐的关键点。

2. 挖掘核心客户需求

所有的市场销售都始于需求，同时需求是需要被引导和激发的。了解客户真正需要什么是理解客户价值的前提。影响核心客户购买决策的因素很多，要全面考虑客户的处境，通过观察客户的特征和企业文化，耐心倾听和沟通后分析可能影响其购买的关键因素。此外，市场环境的动态变化时刻都蕴涵着核心客户的新需求。因此，只有企业时刻保持对核心客户的关注，才能真正做到了解客户需求。同时，客户会有一些深层次的要求没有被挖掘，在对客户进行差异分析后，应与客户保持积极接触，在不断发现客户隐含需求的基础上注重调整产品或服务，以满足核心客户的不同需要。

3. 做好充分的准备

要洞悉核心客户的采购流程，时时关注活动变化，及时掌控有效信息。新创企业一般没有专门的营销部门，所以会所有人员上阵，全力以赴。新创企业虽然在经验等方面有所欠缺，但优势在于核心客户数量有限，企业会相当重视，并以极大的热情满足核心客户的所有需要。因此，将这种决心和态度有效传递给核心客户，也会增加客户采购决策的信心，最终实现对该客户的成功开发。

（二）新创企业的核心客户保持

1. 尽可能提升服务标准

只有采用高标准的服务，满足个性化的需求，才能把握核心客户，这对所有企业都是通用的。服务是取得客户信任、开拓市场的基本手段，是企业获取利润、赢得竞争的重要法宝，但对核心客户仅仅停留在正常的服务水平是远远不够的，要根据客户的需要提升服务标准。这需要企业进一步强化服务意识、提升服务理念、改进服务方式、优化服务手段、提高服务质量与效率，以满足客户需求。企业要持续不断地为客户提供个性化的优质服务，需要始终以客户为中心，设身处地地为客户着想，站在客户角度思考，理解客户的观点。只有这样，才能不断提升服务水准，保持核心客户忠诚。

2. 保持个性化核心业务的能力

要长久保持核心客户，还要看企业是否有针对核心客户打造核心业务的能力，只有如此，才能减少客户的流失。核心业务是实现企业经营者与客户、市场有效连接的重要渠道。为更好地满足核心客户的需求，需要创建客户个性化管理模式。例如，新创快递网点的核心业务能力就体现在将快件按正确的时间无损耗、无差错地送达正确地点的能力上。对于核心客户来说，就是要在保持这种核心业务能力基础上的个性化服务，如短期代客存储、代收代付货款等。

3. 建立学习型关系

核心客户是使用产品和服务的专家，他们可以提供最新产品信息和使用情况、对产品服务进行反馈、识别不同产品的优劣，以及对产品的改进提出意见。因此，企业为了克服思维定式，加快创新，紧跟客户需求，应该与核心客户建立学习型关系。所谓学习型关系，就是企业在每一次与客户接触的过程中，都会使企业对客户多一分认识和了解，多长一分见识。对于客户提出的要求，企业将全力对产品或服务进行改进。在这样一个良性循环的过程中，逐步提高企业产品和服务以使客户满意的能力。企业管理核心客户关系的过程就是一个企业不断学习、不断改进的过程。

4. 不断进行服务创新

在现代社会，产品的概念已经在日益升级地极力满足客户需要的过程中不断地扩大化，服务已经基本成为产品的有机组成部分，没有服务的支持，有形产品的各种优势都将被弱化。企业要想通过保持核心客户来实现经营目标，在有形产品同质化日趋严重的今天，离开了服务系统的支持，显然是不可想象的。正因为多数企业已经意识到了服务的重要性，在服务上的竞争也就日益激烈起来，这就使产品的竞争从有形产品拓展到了服务领域，竞争的结果导致服务也在趋于同质化。在这种情况下，固守传统的服务模式对企业提高其竞争能力、增加竞争优势已经不具备特别的意义，服务创新成为必然选择的新途径。在整个客户关系管理系统中，服务部分是以客户为核心这种理念的实施反映最为集中的区域。如果拘泥于传统的服务方式和项目，就很难给核心客户带来新的有吸引力的服务体验，就无法达到企业和客户之间的高度和谐统一。只有在定期开展调研，时刻关注核心客户需求，不断推陈出新的服务中，客户才会产生惊喜和感动，才会在内心深处和企业产生共鸣，才能真正实现由满意客户向忠诚客户的转变，从而确立企业不可复制的核心竞争能力。因此说，服务创新是铸造核心客户保持的关键之一。

小　　结

本章主要介绍了客户关系管理各相关阶段的内容。按照客户开发管理、客户保持管理及核心客户管理依次阐述。企业和客户之间的联系是从新客户的开发开始的，客户开发有很多方法，新创企业要积极寻找更低成本的吸引客户流量的方法；获得新客户之后，就要对客户进行保持，老客户的维持成本是大大低于新客户的开发成本的，客户保持需要在产品的质量、价格、服务的基础上借助数据库的优势对客户关系投入情感因素；即使企业千方百计留住客户，客户流失的情况仍然会出现，对于不同的流失原因，企业要采取不同的对策，以减少客户流失的数量。核心客户是指那些具有能够为企业带来巨额收入或利润的重要客户，是企业最重要的利润来源和管理的重点，对于新创企业来说尤其如此。对核心客户的识别、开发、保持都要求企业给予极大的关注，只有管理好核心客户，新创企业才有可能让有限的资源发挥最大的效用，并使自身的竞争能力得到不断的提升。

拓展学习

知识拓展：长尾理论

阅读资料：一名销售员的客户开发秘籍

案例分析：迪克连锁超市的成功奥秘

思考与练习

一、单项选择题

1.（　　）是通过一定的措施使目标市场中的潜在客户成为企业真正的客户的过程。

A．客户开发　　B．客户保持　　C．客户满意　　D．客户忠诚

2．客户开发的第一个步骤是（　　）。

A．寻找新客户　　B．评估新客户　　C．接近新客户　　D．自我介绍

3.（　　）是指营销人员利用开发的业务或商品的实惠引起新客户的注意和兴趣进而转入洽谈的接近方式。

A．客户利益接近　　B．实体介绍

C．连环获取　　D．广告开拓

4．利用广告开拓法寻找新客户，关键在于正确地选择（　　）。

A．咨询公司　　B．现有客户　　C．合适助手　　D．广告媒介

5.（　　）是最常用的，但不是很有效的一种客户开发方式，在客户开发中，可以配合其他方式共同使用，不宜单独使用。

A．自我介绍　　B．他人介绍　　C．实体介绍　　D．客户利益接近

6. 新创企业营销的首要任务是（　　）。
A. 生存　B. 发展　C. 现金流　D. 培养客户
7.（　　）不属于客户保持的影响因素。
A. 客户自身　B. 客户满意
C. 客户关系生命周期　D. 客户流失
8.（　　）不属于主动客户流失的类型。
A. 自然流失　B. 竞争流失　C. 过失流失　D. 恶意流失
9. 核心客户的类型不包括（　　）。
A. 内在价值型　B. 外在价值型　C. 战略价值型　D. 激励价值型
10.（　　）的客户当前的价值较高但潜在价值较低，需要区别对待。
A. 低价值客户群　B. 价值客户群
C. 最有价值客户群　D. 潜在客户群
11. 要长久保持核心客户，还要看企业是否有针对核心客户打造（　　）的能力。
A. 服务标准　B. 核心业务　C. 学习型关系　D. 优质服务

二、多项选择题

1. 寻找新客户的基本方法包括（　　）。
A. 地毯式搜寻法　B. 连环获取法　C. 委托助手法
D. 广告开拓法　E. 市场咨询法
2. 评估新客户的具体内容包括（　　）。
A. 需求度　B. 需求量　C. 购买力
D. 决策权　E. 信誉度
3. 接近新客户的基本方式包括（　　）。
A. 自我介绍　B. 他人介绍　C. 实体介绍　D. 客户利益接近
4. 客户保持的意义在于（　　）。
A. 直接增加企业的利润
B. 节省开发客户所需的成本
C. 客户之间的口碑相传促进产品销售
D. 老客户不需要经常使用价格优惠
E. 保持客户更容易
5. 客户自身对客户保持的影响包括（　　）。
A. 文化因素　B. 社会因素　C. 个人因素
D. 心理因素　E. 企业因素
6. 客户流失的原因主要有（　　）。
A. 自然流失　B. 竞争流失
C. 过失流失　D. 非恶意性被动流失
E. 报复性被动流失　F. 恶意性被动流失

三、思考题

1. 寻找客户的基本方法有哪些？各自的适用范围如何？
2. 新创企业如何开发客户？

3．客户流失包括哪些情形？产生的原因都是什么？

4．如何进行客户保持？

5．如何界定企业的核心客户？

6．你认为核心客户的管理重心应该在哪里？

第三章　思考与练习参考答案

创新创业能力训练

1．不同行业的客户情况调研。

1）选择某一行业的企业进行客户调研（最好是多家），要有详细调研提纲、调查问卷、调研报告、照片视频等。

2）如果调研企业规模太小，需要调研 3 家以上，如小饭店。

3）如果调研企业是多网点经营，每个网点规模较小，需要调研 3 家以上网点，如顺丰速运。

4）班级内调研同一行业最多有两组，如果调查饭店则不超过两组、调查旅行社则不超过两组等。

不同行业客户情况调研表如表 3.1 所示。

表 3.1　不同行业客户情况调研表

<table>
<tr><td colspan="2">第　组：　　　　　　　　团队名称：</td></tr>
<tr><td colspan="2">组　长：　　　　　　　　联系方式：</td></tr>
<tr><td rowspan="3">调研企业</td><td>企业名称：</td></tr>
<tr><td>具体地址：</td></tr>
<tr><td>联系人姓名及联系方式：</td></tr>
<tr><td>选择原因</td><td></td></tr>
<tr><td>调研活动 1</td><td>时间：
主要内容</td></tr>
<tr><td>调研活动 2</td><td>时间：
主要内容</td></tr>
<tr><td>调研活动 3</td><td>时间：
主要内容</td></tr>
</table>

5）本次活动的成绩主要以上交的书面材料（调研提纲、调查问卷、调研报告、照片视频等，装订成册）质量为准，同时接受教师和其他团队对材料内容的质询，以保证材料的真实性。

2. 通过调研可能会接触不同的创业者和就业者，你觉得创业和就业有什么样的差别？

第四章　客户满意、抱怨与忠诚管理

教学目标

在正确理解客户满意对企业具有重要意义的基础上，了解客户满意度的影响因素，同时对客户抱怨的负面效果和处理方式有一定的认识，掌握服务补救的原则和方法，明确客户满意和客户忠诚的关系，着重掌握企业应该如何缔造客户的忠诚。

教学要点

客户满意的含义、特征及影响因素；
客户抱怨产生的原因；
客户投诉处理的程序；
服务补救的原则及策略；
提高客户忠诚度的途径。

关键词

客户满意　客户抱怨　客户忠诚　隐性不满　客户投诉　服务补救

导入案例

让客户满意的超市

一位在美国洛杉矶考察的客户从入住的宾馆附近的一家中型超市里花 2.5 美元购买了一块香皂。回来拆用时，他发现上面凹下去一大块。这位客户认为这是块偷工减料的劣质品，便找到超市进行投诉。店长拿过香皂检验一番后，询问客户想要如何解决，客户说要退货，店长当即退还他 3 美元，说多出的 0.5 美元是超市向客户支付的过失费，并欢迎再次光临。客户满意地离去了。以客户为中心，让客户满意是企业进行客户关系管理的重要战略手段。

第一节　客户满意管理

客户满意是 20 世纪 80 年代中后期出现的一种经营思想，它要求企业的整个经营活动必须以客户的满意程度为指针，要从客户的角度，用客户的观点而不是企业自身的利益观点来分析考虑客户的需求，应尽可能全面地尊重和维护客户的利益。不少企业不断追求高度满意，因为那些一般满意的客户一旦发现有更好的产品时，会很容易地更换供应商。只有那些十分满意的客户才有比较高的忠诚度，他们一般不会轻易地更换供应商。对于以客户为中心的企业来说，客户满意既是一种目标，同时也是一种市场营销手段。因为高度的客户满意是企业最有说服力的宣传。企业要在激烈的市场竞争中处于不败之地，就必须不断地追踪了解客户的期望与抱怨，及时改进产品和服务，从而在有限的资源范围内使客户满意管理最优化。

一、客户满意的含义和特征

1. 客户满意的含义

20 世纪 90 年代开始，许多学者开始对消费者满意度进行大量研究，90 年代后期，客户满意度的研究已经成为继企业形象研究热潮后的又一极热门话题，许多企业和研究机构都投入了较大的人力、物力和财力去开展研究，并取得了一些成果。客户满意成为 21 世纪初兴起的服务营销和客户关系管理的核心理念，这些理论成果包括以下几个方面。

美国著名营销学家科特勒认为，满意是一种人的感觉状态水平，它来源于对一件产品所设想的绩效或产出与人们的期望所进行的比较。科特勒把客户让渡价值定义为整体客户价值与整体客户成本之间的差额部分，并认为客户满意程度的大小在于企业向消费者让渡的价值的大小。理查德·奥立弗对满意度的定义是客户满足情况的反馈。它是对产品或者服务性能，以及产品或者服务本身的评价。杰姆·G. 巴诺斯认为保留的客户并不一定都是忠诚的，有的公司采用高转移成本，使不情愿留下的客户勉强留下会给客户造成感情上的伤害，他会为公司传播不好的口碑，至多只能创造短期的利润。忠诚的客户才是最有价值的客户，忠诚的客户因为推荐和增加他在公司的支出份额和重复购买，可以为公司创造长期的利润。詹姆斯·赫斯克特等学者认为，客户价值是客户满意的原动力，也经研究得出利润增长与客户忠诚度相关联，以及客户忠诚度与客户满意度相关联的结论，因此让客户满意的过程就是一个价值让渡的过程。赫斯克特在其专著中十分强调客户忠诚度对企业长期利润的贡献。

我国学者简洁而直观地把客户满意定义为客户所体验的高兴程度，他们也同样强调客户满意度对企业利润的显著影响。

在这里采用科特勒的定义，所谓客户满意是一种感觉状态的水平，它来源于客户对产品或服务可感知的绩效与客户的期望所进行的比较。因此，客户满意度是绩效与期望差异的函数。绩效与期望之间的不同差异就形成了不同程度的客户满意，满意用数学公式可以表示为

$$\text{满意}=\frac{\text{可感知绩效}}{\text{期望值}}$$

当满意的数值小于 1 时，表示自己对一种产品或事情可以感知到的结果低于自己的期望值，即没有达到自己的期望目标，这时客户就会产生不满意。该值越小，表示客户越不满意。当满意的数值等于 1 或接近于 1 时，表示客户对一种产品或事情可以感知到的结果与自己事先的期望值是相匹配的，这时客户就会表现出满意。当满意的数值大于 1 时，表示客户对一种产品或事情可以感知到的效果超过了自己事先作出的期望，这时客户就会兴奋、惊奇和高兴，感觉的状态就是高度满意或非常满意。这里所指的绩效来源于客户让渡价值，而客户对产品或服务的期望则主要来源于以往自身的购买经验、他人经验的影响，以及营销人员和竞争者的信息与承诺。

2. 客户满意的特征

（1）主观性

客户满意是客户消费了企业提供的产品和服务之后所感到的满足状态，这种状态是个体的一种心理体验。甲十分满意的产品和服务，乙不一定十分满意，因此不能追求统一的满意模式，而应因人而异，提供有差异的满意服务。

（2）层次性

客户满意从纵向可以分为 3 个层次，如图 4.1 所示。

物质满意层是客户在对企业提供的产品核心层的消费过程中所产生的满意，如功能、质量、特性、包装等，它是客户满意中最基础的层次。

精神满意层是客户在对企业提供的产品形式和外延层的消费过程中产生的满意，如产品的形象和服务等。

社会满意层是客户在对企业提供的产品的消费过程中，所体验到的社会利益的维护程度，如产品的道德价值、政治价值和环境价值。

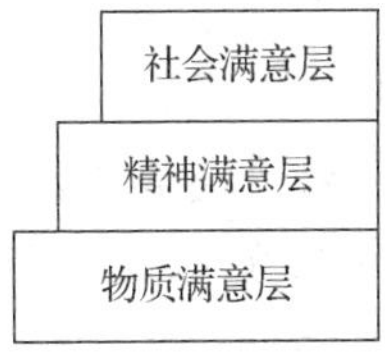

图 4.1　客户满意的层次

以上 3 个满意层次具有递进关系。从社会发展过程中的满足趋势看，人们首先寻求满意的是产品的物质满意层；只有这一层次基本满意后，才会推及精神满意层；而精神满意层基本满意后，才会考虑社会满意层。

（3）相对性

客户满意是相对的，不同的客户需求偏好不同，同样的服务，满意程度是不一样的，因此没有绝对的满意。但是企业可以通过不懈地追求向绝对满意趋近。

（4）阶段性

企业在客户关系导入期和形成期的时候可能让客户满意，但随着竞争对手产品和服务的提升，客户可能在稳定期对企业提出更高的要求，如果企业不能达到客户的要求，客户就会不满，甚至可能终止与企业的关系。因此，客户满意是分阶段不断变化的，在某一时点满意不代表永远满意，偶尔的不满也不代表企业完全丧失补救机会。

二、客户满意的意义

满意的客户对企业的发展有着巨大的意义，一个高度满意的客户往往会给企业带来多项好处。

1. 购买企业更多的新产品和提高购买产品的等级

由于客户对企业感到满意，会不断地重复消费，并能够更容易接受企业的新产品和高端产品，从而实现产品的交叉销售和向上销售，既减少了营销费用，又扩大了销售额。

2. 忽视竞争品牌和广告，并对价格不敏感

由于满意的客户对企业赋予了感情因素，因此他更容易忽视其他竞争品牌的替代品及相应的广告宣传，同时对价格反应也不敏感。

3. 为企业介绍更多的新客户

为企业介绍更多的新客户，这是满意客户的口碑效应。满意客户会为企业和企业的产品不断说好话，吸引身边的人成为企业的新客户。满意客户口中的一句赞美之词，胜过企业宣传产品时的千言万语。

4. 向企业提出产品和服务建议

满意的顾客会产生强烈的主人翁责任感，会不吝向企业提出自己的想法和建议，明确企

业产品研发改进的方向，提高企业的服务管理水平。

一项权威调查结果显示，如果客户不满意，他会将其不满意告诉 22 个人，除非独家经营，否则该客户不会重复购买；如果客户满意，他会将满意告诉 8 个人，但该客户未必会重复购买，因为竞争者可能提供性能更好、更便宜的产品；如果客户高度满意，客户将趋向忠诚，他会将高度满意告诉 10 个人以上，该客户肯定会重复购买，即使与竞争者相比产品没有什么优势。据统计，客户忠诚度增加 5%可实现利润增长 2.5%～8.5%。首先企业由于客户推荐而增加的销售额是巨大的，同时由于宣传、销售等方面的费用降低，企业经营成本下降，也带来大量的利润增加。因此，高度满意才能带来客户忠诚，才能带来企业利润，企业应将客户高度满意作为自己的最高追求目标。

三、影响客户满意度的相关因素

美国最权威的客户服务研究机构投入数百名调查研究人员，用近 10 年的时间对美国零售业、银行、制造、保险、服务维修等 14 个行业的近万名客户服务人员和这些行业的客户进行了细致深入的调查研究，发现一个可以有效衡量客户服务质量的 RATER 指数。客户对于企业的满意程度直接取决于 RATER 指数的高低，RATER 指数是 5 个英文单词的缩写，分别代表信赖度、专业度、有形度、同理度、反应度。

1. 信赖度

信赖度（reliability）是指一个企业是否能够始终如一地履行自己对客户所作出的承诺，当这个企业真正做到这一点的时候，就会拥有良好的口碑，赢得客户的信赖。

2. 专业度

专业度（assurance）是指企业的服务人员所具备的专业知识、技能和职业素质，包括提供优质服务的能力、对客户的礼貌和尊敬、与客户有效沟通的技巧。

3. 有形度

有形度（tangibles）是指有形的服务设施、环境、服务人员的仪表，以及服务对客户的帮助和关怀的有形表现。服务本身是一种无形的产品，但是整洁的服务环境、餐厅里为幼儿提供的专用座椅、麦当劳里带领小朋友载歌载舞的服务员等，都能使服务这一无形产品变得有形。

4. 同理度

同理度（empathy）是指服务人员能够随时设身处地为客户着想，真正地同情理解客户的处境、了解客户的需求。只有善于换位思考的员工才能将客户理念落到实处，才能让客户感到满意。

5. 反应度

反应度（responsiveness）是指服务人员对于客户的需求给予及时回应并能迅速提供服务的愿望。当服务出现问题时，马上回应、迅速解决能够给服务质量带来积极的影响，客户需要的是积极主动的服务态度。

以上这些结论虽然是主要针对提供服务产品的行业的调研，但随着服务对于企业和客户越来越重要，这些要素对各种类型企业的客户满意都具有重要的借鉴意义。调查还发现客户认为信赖度和反应度最重要，这说明客户更希望企业或服务人员能够完全履行自己的承诺并及时地为其解决问题。企业则认为有形度是最重要的。这正表明企业管理层和客户期望之间存在差距。由此可见，客户服务的满意度与客户对服务的期望值是紧密相连的。企业需要站在客户的角度不断地通过服务质量的五大要素来衡量自己所提供的服务，只有企业所提供的服务超出客户的期望值时，企业才能获得持久的竞争优势。

四、提高客户满意度的途径

只有那些对企业感到很满意的客户才有可能成为企业的忠诚客户，而忠诚客户是现代市场竞争中各公司争夺的焦点，因此如何提高客户的满意度就显得至关重要。从前面客户满意的概念可以看出，客户满意是一种感觉状态的水平，它来源于客户对产品或服务可感知的绩效与客户的期望所进行的比较。因此，提高客户满意度的逻辑就变成降低客户的期望，或增加其对产品或服务可感知的绩效。

对客户期望值的管理往往会给企业带来满意和销量的矛盾。企业为了吸引客户购买经常会使用各种促销手段，这会无形中提高客户的期望值，导致客户不满的增加，客户满意度的降低必然减少重复购买。如果企业把客户期望值定得太低，固然客户满意度提高，但不会增加初次销量，甚至减少了客户尝试的机会。因此，客户期望应适宜地停留在一个相对合适的水平上。

对于增加客户对产品或服务可感知的绩效，影响这种绩效的因素很多，但这些因素对满意度的影响却不同，影响的大小取决于客户认为的重要程度，根据客户对产品或服务的各主要因素的重要程度和满意度评价的高低可以用如图 4.2 所示的重要性满意度评价矩阵表示。

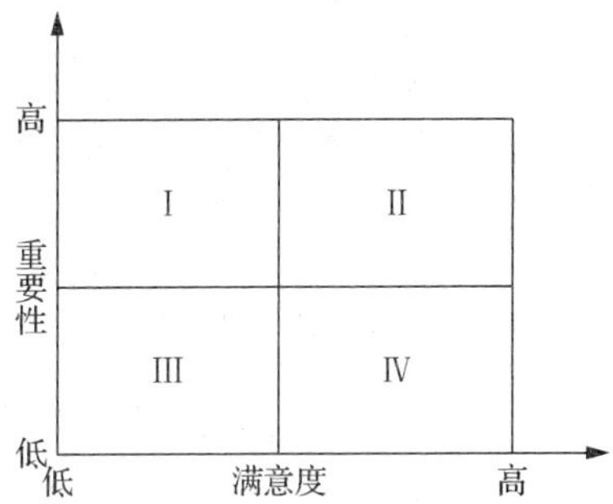

图 4.2 重要性满意度评价矩阵

Ⅰ属于急需改进区域，这些因素对客户的满意度非常重要，客户对此评价很低，需要企业重点改进迅速提升。

Ⅱ属于企业竞争优势区域，这些因素对客户的满意度非常重要，客户对此评价很高，企业要继续保持其竞争优势。

Ⅲ属于企业竞争机会区域，这些因素对客户的满意度相对次要，客户对此评价很低，属于双方都忽略的区域，可以挖掘提升满意度的机会。

Ⅳ属于企业维持现状区域，这些因素对客户的满意度相对次要，客户对此评价很高，企业可以维持现在的服务水平，不需要过多延展以节省资源。

总体来说，在众多的影响客户可感知绩效的因素中，不同的企业都会根据客户反馈和自己的实际情况采取不同的旨在提高客户满意度的方式，这需要很多创造性思维，同时也具有不可复制性，当前业界普遍强调的服务创新就是一种提高客户满意度的重要方式和手段。下面是一个通用的提高客户满意度的封闭流程，它基于那些能持续地正确理解客户关系的优秀公司。

1. 倾听客户的声音

沟通始于聆听，服务从心开始。这份倾听不仅是在调查或者受到投诉的时候，而应是在所有与客户的日常接触中。了解客户的真正需求，除了应用一些简单的营销手段外，更重要的是用心沟通。往往企业认为最好并给予客户的，并非是客户想要的和真正需求的。3M 公司的产品改进有 2/3 来自顾客的意见，海尔洗地瓜的洗衣机的研发更是挖掘了客户的真正需求，这些都是认真倾听客户的结果。

2. 对客户反映的事实负责并且采取行动

认真倾听过后就应该是迅速而有效地处理，无论客户对企业存在怎样简单的疑问，都要将它作为一种可能使客户关系恶化的情况来处理，因为这表明企业与客户间缺乏良好的沟通。

3. 集中关注并把资源放在那些对客户有影响的项目上

集中关注重要性满意度评价矩阵中亟待改进的区域，把资源放在这些客户认为重要的项目上，能达到立竿见影、事半功倍的效果。要找到影响这些项目实施效果的深层次的原因，而不是停留在表面现象，从而达到提供更简单、快捷和有价值的服务的目的。

4. 调和部门之间的商业协助

使各部门对自身在提高客户满意度中的角色和责任认同，愿意协助有关员工处理客户关系，这需要系统化地作出即时性的协作，而不是部门间的利益交换，如退换产品中涉及的生产、销售、服务各部门间的协作问题。

5. 追踪整个流程

追踪整个提高满意度流程中各部门所产生的作用，并依据对当前趋势的判断进行适当调整，而不只是单次记录下满意度调查而得来的反馈内容。同时，要根据追踪中出现的问题在整个流程中进行跨部门的协调。

6. 回到起点重新开始

从第一个步骤重新开始新的提高过程，确保饱含激情地倾听客户的声音并坚持不懈地付诸实施行动。

以上是提高客户满意度的一个流程，看起来并不复杂，但是实施的效果却会不尽相同。首先，这需要高层的努力，能亲自倾听客户真实的声音，体会客户直接的感受，并与员工进行实际有效的沟通。其次，员工对企业经营活动的参与程度和积极性，在很大程度上影响着企业的客户满意度。一个高素质的、充满活力和竞争力的、具备主人翁责任感的员工队伍，比再好的硬件设施更能创造客户满意，进而创造优异的业绩。为员工提供培训，提供服务技术，给员工授权有利于客户满意的权责，并将此作为员工绩效评价的重要部分，这些都将在提高客户满意度的进程中发挥决定性的作用。

五、客户满意的衡量

客户满意是通过客户满意度来衡量的，即客户满意的程度。客户满意度可分为不满意、满意与高度满意，也可以用百分比度量满意度，从 0～100%依次为不满意、满意与高度满意。客户满意度是由客户对其购买产品的预期（或理想产品）与客户购买和使用后对产品的判断（或实际产品）的吻合程度来决定的。客户满意表征是对满意程度的重要特征描述，是用直观的手段表达客户的满意程度。客户满意表征的具体描述如表4.1所示。

表4.1　客户满意表征的具体描述

状态	表征	具体描述
非常不满意	愤慨、恼怒、投诉	客户在消费了某种商品或服务后感到愤慨、恼羞成怒，难以形容，不仅企图找机会投诉，还会利用一切机会进行反宣传以发泄心中的不快
不满意	气愤、烦恼	客户在购买和消费某种商品或服务后所产生的气愤、烦恼状态。在这种情况下，客户尚可勉强忍受，希望通过一定的方式进行弥补，在适当的时候，也会对其进行反宣传，提醒自己的亲戚朋友不要去购买或消费同样的商品或服务
一般	无明显正、负情绪	客户在消费某种商品或服务的过程中所形成的没有明显情绪的状态
满意	称心、赞扬、愉快	客户在消费了某种商品或服务之后所产生的称心和愉快的状态。在这种状态下，客户不仅对自己的选择予以肯定，还会乐于向亲朋好友推荐，自己的期望与显示基本相符，找不出明显的遗憾所在
非常满意	激动、满足、感谢	客户在消费某种商品或服务之后形成的激动、满足、感谢状态。在这种状态下，客户的期望不仅完全达到，没有任何遗憾，而且可能还大大超出了期望。这时客户不仅为自己的选择而自豪，还会利用一切机会向亲朋好友宣传、介绍推荐，希望他们都来消费

客户满意度测试对象并不限于使用产品或服务的外部客户，测试的内容也会不同。

1. 客户满意度的一般测试对象

（1）现实客户

现实客户即已经体验过本企业商品或服务的现实客户。实际上，大多数的企业不是因为吸引客户过少而失败，而是由于未能提供客户满意的商品或服务而使客户流失和业绩减退。因此，测试并提高现实客户的满意度非常重要。因为它是以特定客户为对象的，目标固定，所以它投入少，效果却很明显。

（2）使用者和购买者

客户满意度测试的对象是以商品或服务的最终使用者还是以实际购买者为测试对象，这是需要预先明确的。由于商品或服务的性质不同，这两者经常存在差异。通常的理解是把购买者与最终使用者合二为一，但也有例外，如不直接面向最终消费市场，以企业使用为主的生产资料，其使用者多是制造部门，而购买者则是供应部门。当然企业的理想是使这二者都满意，可以将二者都列为测试对象。

（3）中间商客户

企业把商品或服务提供给客户的方式是不一样的。有些企业并不与消费者直接见面，而是需要经过一定的中间环节，如很多食品和日用品。这时，客户对产品或服务的满意度与批发商、零售商这样的中间商就有很大关系，测试中也不可忽略对中间商的测试。

（4）内部客户

客户满意度的测试不仅要包括对传统的外部客户的调查，还要包括对企业内部客户的调查。在很多企业中，由于没有树立内部客户的观念，各部门之间的隔阂很严重。各部门的员工对外部客户的需求很重视，却忽视了上下线其他部门这样的内部客户，互不合作甚至互相拆台的事情时有发生。因此，企业内部客户的满意度是客户满意测试中不可忽视的一方面，内部客户也是重要的测试对象。

2. 客户满意度的测试内容

表 4.2、表 4.3、表 4.4 分别列出了最终使用者、中间商、产品满意度测试的内容。

表 4.2 最终使用者满意度测试内容

<table>
<tr><td rowspan="9">最终使用者
满意度测试内容</td><td rowspan="2">商品</td><td>商品硬件</td></tr>
<tr><td>商品软件</td></tr>
<tr><td rowspan="5">服务</td><td>服务人员</td></tr>
<tr><td>服务机械</td></tr>
<tr><td>服务设备</td></tr>
<tr><td>服务功能</td></tr>
<tr><td>服务系统</td></tr>
<tr><td rowspan="2">其他</td><td>服务环境</td></tr>
<tr><td>社会公益</td></tr>
</table>

表 4.3 中间商满意度测试内容

<table>
<tr><td rowspan="12">中间商满意度测试内容</td><td rowspan="3">商品
（硬件、软件）</td><td>品质</td></tr>
<tr><td>功能设计</td></tr>
<tr><td>多样化</td></tr>
<tr><td rowspan="6">服务</td><td>交货期</td></tr>
<tr><td>技术能力</td></tr>
<tr><td>经济支援</td></tr>
<tr><td>销售人员素质</td></tr>
<tr><td>物流</td></tr>
<tr><td>品牌形象</td></tr>
<tr><td rowspan="3">企业形象</td><td>社会贡献度</td></tr>
<tr><td>知名度</td></tr>
</table>

表 4.4 产品满意度测试内容

<table>
<tr><td rowspan="8">产品满意度测试内容</td><td rowspan="4">产品效用</td><td rowspan="2">产品机能目的一致性</td><td>商品机能范围</td></tr>
<tr><td>客户目的的充实度</td></tr>
<tr><td rowspan="2">产品机能发挥度</td><td>产品机能水准</td></tr>
<tr><td>产品机能信赖性</td></tr>
<tr><td rowspan="4">产品性能</td><td rowspan="2">产品使用方便性</td><td>产品使用经济性</td></tr>
<tr><td>产品使用容易性</td></tr>
<tr><td rowspan="2">产品取得容易性</td><td>产品调度经济性</td></tr>
<tr><td>产品调度容易性</td></tr>
</table>

第二节 客户抱怨管理

以客户为中心的经营战略，就是要尽力消除客户满意度小于 1 的情况，即通过提高产品和服务相对于客户的价值来满足甚至超越客户的期望，实质上就是平息或预防客户抱怨的发生。

一、客户抱怨的含义

如前所述，当客户对要求被满足的程度的感受越差，客户满意度也就越低，客户抱怨的情况也就由此产生。本书所讨论的抱怨是广义的抱怨，指客户不满意（即客户满意度小于 1 时）的心理感受及作出的反应。客户抱怨时可能有以下几种反应。

1）虽然内心不满，但不采取任何行动。不满意客户是否容忍，取决于购买经历对客户的重要程度、购买商品的价值高低、采取行动的难易程度及其需要额外付出的代价等条件。

2）不再重复购买，即不再购买该品牌的产品或服务。

3）向亲友传递不满信息。

4）向企业、消费者权益保护机构表示不满或提出相应要求，如以相关的法律为基础，或以企业内部标准、合同等为基准向企业提出索赔要求。

5）客户不满意的程度非常强烈，会采取法律行动，向仲裁机构申请仲裁或向法院起诉。

根据上述客户抱怨的反应，从有利于企业管理的角度，可将客户抱怨划分为两大类。

1. 非投诉型抱怨

不满意的客户虽然未向企业投诉，但可能停止购买或向他人传递不满信息。这样企业不仅因无法了解客户不满意的原因而失去了进一步改进和提高产品或服务质量的机会，而且企业形象也有可能在不知不觉中受到极大损害。因此，企业应给予非投诉型抱怨以足够的重视，并采取积极主动的措施对这些抱怨进行了解，如利用各种形式的调查来对广大未曾投诉的客户的抱怨信息进行统计分析，从而指导企业改进相应的工作。

2. 投诉型抱怨

客户因不满意而采取投诉行为，对客户来说可以使不满意的因素得到化解进而感受满意；对企业来说可以在得到客户抱怨反应后立即采取补救性措施，变不利为有利。投诉型抱怨其实是客户不满意所采取的积极行为，它所产生的负面影响最小，所以对于这一类抱怨，企业必须进行及时处理以平息客户的不满，并应采取积极的措施防止同类事情的再次发生。同时，企业需要创造条件鼓励客户对企业的直接抱怨，如设立投诉箱、开通投诉热线等。

二、客户抱怨的主要原因

因为销售的各个环节均有可能出现问题，所以导致客户抱怨的因素多种多样。在一般情况下，可以将导致客户抱怨的因素归纳为产品问题和服务问题两大因素。

1. 由于产品问题产生的客户抱怨

由于产品问题引发客户不满以至投诉是一种十分常见的现象，这些问题包括产品质量缺陷、产品规格不符、产品技术规格超出允许误差、产品出现故障等。产品问题的产生，可归因于 3 方面的责任：一是生产者的责任；二是销售者的责任；三是客户使用不当的责任。产品的生产者对产品问题负有不可推卸的责任，产品无论是在保质期、保修期之内还是之外，生产者均有责任为客户解决产品出现的问题。产品的销售者对所销产品的问题同样负有责任，很多国家的有关法律、法规都规定了销售者对产品责任的“先行负责制”，谁销售谁负责，以方便客户快速解决产品问题。即使产品问题是因客户使用不当而引起的，生产者和销售者也应仔细分析客户使用不当的原因，如果是产品设计的欠缺，则要进行相应改进；如果完全是因为客户不正确地理解和使用产品所致，则须努力与客户沟通，帮助其正确使用产品，以避免类似问题的再次发生。

2. 由于服务问题产生的客户抱怨

由于服务问题而引发客户抱怨主要包括对企业各类人员的服务质量、服务态度、服务方式、服务技巧等提出的批评与抱怨。例如，从网上订购一本书，要过很长时间才能拿到；服务人员态度恶劣；货物在运输途中因包装、装卸不当造成的各种损失；等等。通常，提供服务者是产生服务问题的主要责任者。因为服务问题表现较为普遍的是服务提供者未履行对客户的承诺，未按法律法规和行业规范的有关规定和要求提供服务。服务问题产生于服务过程，客户在服务过程中就能立刻感受到发生的服务问题，不满和抱怨也就同时产生。因此，提供服务者应在服务过程中及时妥善地处理好因服务问题引发的客户抱怨。

客户抱怨是否外化表达及抱怨的强度往往受很多因素影响。产品的价格越高、对客户越重要、服务失败程度越深，客户的不满的等级会越高。企业鼓励投诉的氛围越好，投诉越便利，客户抱怨就更容易表达。非专业的角色地位产生抱怨的可能更小，如患者和被告更笃信医生和律师。此外，个性因素也会影响客户抱怨的产生，如社会经济地位高的人更容易投诉，因为教育、收入、社会关系会赋予其信心、知识、动力，也更有能力深入了解服务产品的相关内容。

三、客户抱怨产生的影响

据一项权威调查测算，对小额商品来说，在产生不满的客户中，虽然有96%的客户未抱怨，但是63%的不满意客户将不再购买而选择别的品牌。无论是产品还是服务，其价值越大，不满意客户表达怨言的比例就越大。

1. 使负面影响加大

调查的结果还反映，在每100位不满意的客户中，约有13%的不满意客户平均每人会向20个人诉说（传播不满的信息），其余不满意客户平均每人会向9个人诉说。也就是说，100位不满意的客户将会把自己不满意的信息传播并影响约1043个人。另据日本一项对有540位客户共1037起反映不满意的购买经历所进行的调查显示：在不满意的购买经历中，有25%导致了客户购买其他品牌的产品；19%引起客户停止购买原来产品；13%使客户再次光顾原商店时进行了仔细的审视；3%使客户向生产商投诉；5%使客户向零售商投诉；35%导致客户退货。

2. 使企业利润减少

客户一旦对自己的一次购买经历过程产生不满和抱怨，将会对企业的信誉产生很大的影响。据研究表明，在服务型企业中，把客户不满意程度降低5%便可提高效益25%～85%。因为回头客光顾次数多、购买的数量大，所以回头客较之新客户更有利可图。虽然对回头客常常要实行优惠价，但回头客可以降低公司的经营成本，因为争取新客户的花费往往是留住回头客的5～7倍之多。

四、客户抱怨管理的意义

1. 改善产品和服务

不管产品的生产设计多么完善，总存在一定的不足。在处理客户抱怨的过程中，可以依据客户对产品的意见不断地改进生产技术，增加功能，以更好地满足客户需求，同时扩大和提高企业的质量和创新意识。对于客户抱怨的服务问题，通过企业在抱怨管理过程中对客户综合服务的相应充实，服务能力会得到改善和加强，同时企业会因此形成更加规范合理的服务体系和服务流程。

2. 开创商机

客户抱怨处理不仅能使企业及时发现并修正产品或服务中的失误，还可以为企业开创新的商机。客户抱怨实际上是一个非常有价值且免费的信息来源，很多企业新产品的研发都得益于客户抱怨，从中发现客户的新需求，由此开发新产品，如海尔洗地瓜的洗衣机的开发就开拓了新的商机。所以说客户抱怨管理不只是单纯处理抱怨或满足客户的需求，而是开拓一条非常重要的反馈信息渠道。

3. 赢得客户

向企业抱怨的客户一方面要寻求公平的解决方案，另一方面也说明他们并没有对企业绝望，而是希望自己再尝试一次。企业积极且系统地处理来自客户的咨询、建议与抱怨，同时补偿客户在利益上的损失，可以赢得客户的谅解和信任，维护企业良好的形象，保持企业与客户关系的稳定和发展。当企业令人满意地处理好客户抱怨时，这些客户再度购买的比例将高达 70%，即在 100 个抱怨客户中，有 70 位客户可能成为企业的回头客。显然，及时处理并有效化解客户的抱怨和投诉，对企业来说不仅仅是挽回眼前的损失，更重要的是可以重塑客户对企业的信心，使这些客户有可能成为企业的忠诚客户，并带来正面的口碑效应。

五、客户抱怨管理的类型及策略

1. 客户隐形不满管理

对于非投诉型抱怨，客户只是表现出不满，但是却没有进行投诉，对这类不满意进行管理是非常重要的，因为如果企业不能察觉到客户的不满或者未能对这种隐形不满进行应有的重视，就会使客户悄悄离开企业，转向企业的竞争者，不给企业任何修正的机会。那么如何管理客户这类不满呢？

（1）正视客户不满

客户是企业的生存之本，利润之源，他们表现不满给了企业与客户深入沟通、建立客户忠诚的机会。同时，一切新产品的开发、新服务的举措，无一不是对消费者需求的一种满足，而这些潜在的需求往往表现在客户的购买意愿和消费感觉上，商家要通过对客户的不悦、牢骚、退货等不满意举动的分析，来发现企业的问题所在，以提升企业自身竞争能力。

（2）洞察客户不满

并不是所有的客户对企业的产品或服务感到不满意时，都会通过投诉来表达。据调查显示，隐形不满往往占到客户抱怨的 70%，企业往往疏于防范隐形不满。这就对终端销售人员观察和感知客户表情、神态、行为举止的能力提出更高的要求，做到未雨绸缪。国外很多大型的超市对这种不满都比较注意，一旦发现超市收银台排队过长，客户有左顾右盼、自言自语等行为的出现，就会立即作出反应，增开收银口，疏导客户，将客户的不满化解于无形之中。

（3）安抚客户不满

当客户表现出不满意时，企业应该迅速了解客户不满的原因，这就要求工作人员学会倾听、安抚和平息客户怒火。要以诚恳、专注的态度来询问和听取客户对产品、服务的意见，必要时工作人员还应在倾听时笔录客户所说的重点，这些即使不能彻底安抚客户，也可以平息客户的怒火，防止其一怒之下一走了之。要站在客户的立场上替客户考虑，应在倾听过程中不断地表达歉意，同时允诺事情将在最短时间内解决，从而使客户的不满逐渐平息。

（4）及时处理客户不满

当客户的不满是因为自己工作的失误造成的时候，企业要迅速解决客户的问题，并提供更多的附加值，最大限度地平息客户的不满。处理客户不满并不是客户离开就算了，企业要及时消除客户心中的抱怨，并对实际的处理效果进行必要的评估，了解每一次不满的处理效果是否达到了预想的目标。

2. 客户投诉管理

当客户不满意某种产品或服务时，既可以说出来，也可以一走了之。如果客户拂袖而去，企业连消除客户不满的机会都没有。投诉的客户仍给予企业弥补的机会，他们极有可能下次还会购买。因此，客户投诉从表面上看是个麻烦，其实是给企业一个难得的发现问题和纠正错误的好机会。客户投诉并不可怕，关键是企业应该积极正确地处理投诉，把投诉作为一种消除客户不满、改善企业与客户关系的机会。只要正确对待，就可能将客户投诉转变为企业的收益。从不同的反馈途径看，客户投诉对企业行为的监视作用最为明显。即使是最优秀的企业，也不可能保证永远不发生失误或不引起客户的投诉。客户的投诉是反映其对所购买的商品或服务的某些疑问或不满，是主动的反馈方式。

（1）客户投诉的目的

1）退款赔偿。这是一般客户对服务失误的基本诉求，希望通过投诉获得退款、重新服务、额外赔偿等。

2）发泄愤怒。很多敏感型的客户会在服务失误中感受到挫败感，企业的官僚主义、无礼、威胁、冷落都可能伤害客户的感情，因此投诉是客户重塑自尊、寻找自我价值和公平感的过程。

3）改善质量。这样的客户与企业关联度很高，是企业忠诚客户或关联客户，因此愿意作出反馈，以期改善企业的服务质量。

4）利他主义。这和做慈善的心理类似，不想自己的遭遇在别人那里重现，通过投诉来引起企业重视，避免服务失误再次发生。

据测算，投诉的客户占不满意客户的 5%～10%，随着网络技术的普及和全民素质的普遍提升，全世界的客户都变得消息更加灵通，态度更加自信，投诉也更加积极。

（2）客户投诉处理程序

客户投诉处理流程包括：记录投诉内容、判断投诉是否成立、确定投诉处理部门、投诉处理部门分析投诉原因、提出处理方案、提交主管领导批示、实施处理方案、总结评价。客户投诉处理程序如图 4.3 所示。

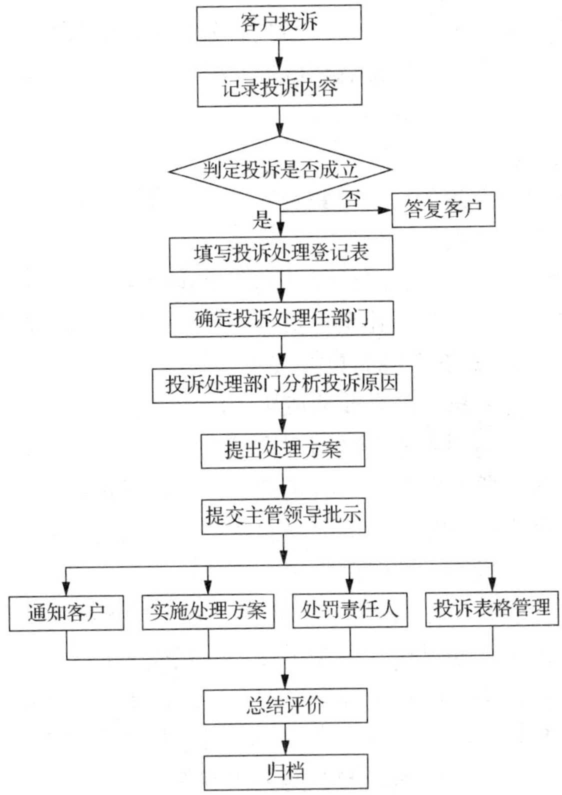

图 4.3　客户投诉处理程序

从某种意义上说，恰当地处理投诉是最重要的售后服务，如果对客户的合理投诉置之不理，就等于放弃了企业广告和促销活动上的高昂花费。有效处理投诉的关键在于拥有一个有效的投诉处理制度，主要包括以下几个方面。

1）投诉管理表格的使用。在客户投诉处理过程中，需要设计、填制、整理一系列的投诉管理表格，以帮助问题得以有序的处理。

2）专门管理。要有专门的制度和人员来管理客户投诉问题，并明确投诉受理部门在公司组织中的地位，要明文规定处理投诉的目的，规定处理投诉的业务流程，根据实际情况确定投诉部门与高层经营者之间的汇报关系。另外，还要做好各种预防工作，将客户投诉防患于未然。

3）及时处理客户投诉。一旦出现客户投诉，应及时处理，力争在最短的时间内全面解决问题，给客户一个满意的答复。否则，拖延或推卸责任会进一步激怒投诉者，使事情进一步复杂化。

4）分清责任。处理问题时应分清责任，不仅分清造成客户投诉的责任部门和责任人，而且需要明确处理投诉的各部门、各类人员的具体责任与权限，以及客户投诉得不到及时、圆满解决的责任。对于重复出现的常规性问题，则按规定的程序与方法予以及时处理。对非常规性问题，则授权给合适的部门根据具体情况创造性地予以处理，以提高组织在处理投诉上的响应速度，减少经济与声誉上的损失，避免恶化与客户的关系。

5）详细记录。对每一起客户投诉及其处理都要进行详细的记录，包括投诉内容、处理过程、处理结果、客户满意程度等。有效管理客户投诉的内容，不断改进客户投诉的处理方法，并将获得的信息传达给其他部门，使之做到有效、全面地收集统计和分析客户意见，立即反映，作出明确适时的处理，并经常总结经验，吸取教训，为将来更好地处理客户投诉提供参考。

（3）畅通投诉渠道

由于倾听客户意见的意义重大，公司要建立正式渠道倾听客户投诉。只有投诉渠道是不够的，还要努力使投诉渠道畅通。

首先要鼓励客户投诉。要在企业内部建立起尊重客户的企业文化，并通过各种渠道告知客户企业赋予他的权利。在此基础上让全体员工，而不仅仅是客户服务部门的员工，认识到客户投诉可为企业提供取得竞争优势的重要线索。那些直接向企业投诉的客户是企业的朋友，那些对企业保持沉默的客户会给企业造成更大的损失，因为他们更容易转向与企业的竞争对手交易，而且还会散布对企业不利的意见和信息。

其次要方便客户投诉。要采用各种方式培训客户如何投诉。例如，通过各种客户能够接触到的媒介，告知客户企业接受客户投诉部门的联系方式和工作程序。企业应尽可能降低客户投诉的成本，减少其花在投诉上的时间、精力、金钱等。方便、省时、省力的信息接收渠道会使客户投诉变得容易，如一些企业在产品销售地点等能够最大限度接触目标客户的地方设立意见箱，越来越多的企业通过设立免费电话 800 接受客户意见。

最后要迅速处理客户投诉。在发生客户投诉之后，就要及时解决客户的不满，企业应该成立专门接受和处理客户投诉的部门或责令专门人员承担这项对企业具有战略意义的工作，建立处理客户投诉的系统，形成高速、专业的工作流程。

（4）投诉处理的方式

一般而言，处理投诉可以通过信函、电话、访问等方式进行。

对于投诉处理来说，利用信函的优点是便于记录和保存，有较高的证据性和逻辑性，较少感情用事，主观倾向小；缺点是信函投诉者单方面的记述使企业无法进行充分的核实，不利于处理。同时，投诉者表达能力的高低也影响投诉处理的效果。当前网络信函沟通具有及时快捷的优点，是一种低成本的高效处理投诉的方式，有些企业还会设置员工在线处理投诉的平台，更加提高了接受和处理客户投诉的效率。

随着电话普及率的提高，很多企业设立了免费投诉电话，使客户在全国任何地方都可以向公司总部投诉。由于电话投诉看不到客户的面孔，因此要求接待者更应设身处地地为客户着想，考虑自己处在与对方同样的处境下会有什么样的心情、希望得到怎样的帮助。接待者应尽可能地询问并记录更多的内容，如何时、何地、何人、发生何事、结果如何等。对于客户的姓名、地址、电话号码、所购商品名称及出现的问题等重要问题，一定要复述确切，仔细听取。同时，要把受理投诉人员的姓名、电话明确地告诉对方，以便今后更进一步的联系。

有些客户会亲自来公司投诉，客户不仅要花费时间和体力，还需自己支付交通费用。因此，这些客户的期望值很高，希望与公司面谈后，自己投诉的问题能够得到完全解决。即使不能完全解决，起码也要有一定进展。因此，接待这类客户更要小心谨慎。接待者应仔细听取对方的投诉，让客户知道自己是真正想为他们解决问题。同时，也要让客户了解自己的权限范围，不抱过高的期望。接待者要记录必要的信息，提出多种解决问题的方案，征求客户的意见，努力做到当场处理完毕。如果无法当时回复客户，应尽可能明确地给出解决问题的具体时间表和解决方案。

总体来说投诉处理方式要简捷有效，消除推诿扯皮，十分必要时才要求客户书面投诉，如牵扯到法律问题等。

3. 服务补救管理

（1）服务补救的概念

服务补救的概念随着管理科学的发展不断被赋予新的内涵，迄今为止，对服务补救还没有大家公认的定义，按照克里斯琴·格罗路斯的说法："服务补救是指服务提供者应对服务失误所采取的行动。"它的研究始于20世纪80年代，对其内涵的界定主要反映在两个层面，基于客户抱怨的服务补救和基于服务失误的服务补救，从而形成狭义和广义的研究范围。在服务补救的多维度研讨中，有三维到六维的观点，其中只有道歉和补偿两个维度被大部分研究认同。服务补救的侧重点体现在以下方面。

1）强调外部效率，从关系营销角度探讨企业服务失误问题。着眼于同客户建立长期的关系而不是短期的成本节约，它是建立在以客户为导向的基础之上的。

2）强调持续的质量改进，不是对一次服务问题或失误的更正，要找到产生问题的症结，重新设计或改善流程。

3）主动反应机制，不是被动的临时处理，要形成能随时对服务问题进行反应的机制，并及时恰当地补救。

4）赢得客户的营销策略，有效补救能重新使客户满意，提高其满意度和重购意愿。

（2）服务补救的原则

1）主动补救，企业要在服务失误刚出现的时候就进行主动补救，如果错过补救的最佳时机，等客户提出各种要求就会让企业十分被动。

2）解决服务失误过程中（尤其是问题不能马上解决时）要让客户了解事情的进展。

3）道歉往往是不够的，很多时候需要恰当的物质补偿。

4）一旦决定补偿，则不能拖延。尤其是利润高的客户全面补偿是有利的，一是弥补利润损失，二是避免散布不良口碑。

5）关心服务失误给客户造成的精神伤害，对于给客户带来的焦虑、挫折感等，企业应该给予关注和抚慰。

6）注重与客户的长期关系，并以此为出发点来处理服务失误问题（即使有些服务失误可能更多是由于客户）。

7）要有一个有效的服务补救系统，系统要授权一线员工积极解决服务失误，否则容易形成拖延和扯皮。例如，饭店菜品出现问题应马上更换，如果问题严重可免单，不必非等到经理出面解决。

8）高层领导支持非常重要。由于部门权限的制约，单纯依靠投诉处理部门往往不能实施有效服务补救，宜任命专门负责服务补救的经理来支持服务补救系统高效运行。

（3）服务补救的策略

1）争取一次做对，避免失误。不需要补救是服务的更高境界，因此需要创造零缺陷的企业文化。当然这需要技术性和程序性因素来保障，如为了避免外科手术工具遗留在患者体内，设计出了带凹槽的工具托盘，每件工具对应相同形状凹槽，手术过程中少了哪件工具会一目了然。

2）鼓励和跟踪客户抱怨并减少服务失误出现的概率。很多企业的软件应用可以使抱怨自动分析、储存、回应、追踪，有些行业通过技术手段可以实现有效预测，从而进行预警，以减少问题出现。例如，IBM 的信息系统会对设备数据一直监控，通过数据异常预测设备故障，进而通过提前更换来避免造成问题。

3）对服务失误实现快速反应。一般情况下，企业对服务失误能快速解决，至少 24 小时内解决的，客户一般都会满意。但很多企业在问题解决之前，往往让客户联系多名员工，互相推诿。有调查显示，问题如果一次联系就能解决，客户满意度可达 46%；而 3 次以上联系才能解决的满意度则降为 21%。对此，丽兹卡尔顿饭店的做法是从客户那里听到抱怨的第一人就负责处理该抱怨，直到解决，从而提高服务失误的快速反应。

4）真诚解释，不是推卸责任。恰当的解释内容能让客户认同和消除误会，因此传递解释的风格要恰当，而真诚的态度往往使解释更有效。员工的态度、承认错误的真诚程度、解决问题的努力程度都被客户视为判断是否得到了公平对待的依据，一旦客户觉得和企业的关系不对等，感受到伤害和屈辱，会激起客户向上投诉或者永不回头。

5）从补救经历中学习。通过追踪服务补救的努力和过程，能获知服务系统需要改进的问题，通过分析原因，识别问题来源，改进服务过程，彻底消除服务失误出现的土壤。

6）从失去的客户身上学习。有效的服务补救策略的另一重要部分是从已经决定离去的客户身上学习，及时发现客户离开原因，这有助于避免未来的失误。对企业来说，正视自己的失误很痛苦，但非常必要。要特别深入研究，以确定客户离开的真正原因，当然在有限的时间精力下，这种研究应该更集中于优质客户。

第三节　客户忠诚管理

忠诚客户会长期、大量地购买企业的产品和服务，愿意为企业的产品和服务支付较高的价格，进而给企业带来更多的经济收益。一般情况下，企业往往需要花费大量的营销费用来获取新客户，而拥有大批忠诚客户的企业，通常可以节省大量营销费用和客户的获取费用。此外，忠诚客户的口头宣传还可以为企业吸引大批新客户，在降低广告费用的同时获得更好的宣传效果。因此，培育客户的忠诚度应当是企业经营管理的重要目标。

一、客户忠诚的概念

客户忠诚的概念在过去十多年里日益得到广泛关注。在 20 世纪 60 年代和 70 年代，不少学者从行为视角角度来界定客户忠诚。美国学者纽曼和沃贝尔认为，忠诚的客户是指那些反复购买某品牌的产品，并且只考虑该品牌的产品而不会寻找其他品牌信息的客户。塔克把客户忠诚界定为连续 3 次购买某品牌的产品或服务。布莱博格和森则强调应该把购买比例作为忠诚行为的测算基础。美国学者雅各布和柴斯那特率先探讨了忠诚的心理含义，从而对传统的行为忠诚（如重复购买）提供了有意义的补充。按照他们的观点，企业应该综合考虑客户忠诚的行为因素和心理因素。斯特劳斯等人指出，在情感与忠诚之间存在显著的相关性。真正忠诚的客户不仅会反复购买企业的产品和服务，还会真正喜欢企业的产品和服务。因此，企业只有综合分析客户的购买行为和客户对企业产品和服务的态度，才能更准确地衡量客户的忠诚程度。奥利弗把客户忠诚定义为“对自己偏爱的产品和服务具有的未来持续购买的强烈愿望，以及将其付诸实践进行重复购买的客户意愿”。并且这些真正忠诚的客户不会因为外部环境的变化或竞争对手的营销活动而出现行为转换（switching behavior）。在此基础上，奥利弗进而界定了“最终忠诚客户”的内涵，即抓住任何可能的机会，不惜任何代价而购买自己所偏爱品牌的产品或服务的客户，并进一步根据客户忠诚的形成过程把忠诚划分为认知忠诚、情感忠诚、意愿忠诚和行为忠诚四大类。

尽管客户忠诚的重要性已经得到了广泛的认同，但客户忠诚的内涵是什么，怎样的客户才是忠诚的客户，理论界还有很多争议。这里把客户忠诚界定为“客户在较长的一段时间内对企业产品或服务保持的选择偏好与重复性购买”。这可从两个方面来理解。

1. 态度积极

态度积极代表了客户对企业产品积极的态度取向，也反映了客户将产品推荐给其他客户的意愿。客户忠诚是指企业的营销行为或品牌个性与客户的生活方式或价值观念相吻合，消费者对企业或品牌产生情感，甚至引以为豪，并将其作为自己的精神寄托，进而表现出持续购买的欲望。

2. 行为重复

行为重复是指客户在实际购买行为上能持续购买某一企业产品的可能性，可以用客户购买产品的比例、购买的顺序、购买的可能性等指标来衡量。这种持续的购买行为可能出自对企业产品的好感，也可能出自购买冲动、企业的促销活动、客户的购买习惯、转移成本过高、企业的市场垄断地位使客户买不到其他产品或不方便购买其他产品等与感情无关的因素。

二、客户忠诚的分类

通过客户忠诚的内涵可以将客户忠诚进行分类，主要有以下类别。

1. 垄断忠诚

垄断忠诚源于产品或服务的垄断。一些企业在行业中处于垄断的地位，在这种情况下，无论满意与否，客户别无选择，只能长期使用这些企业的产品或服务。垄断忠诚的客户通常是低依恋、高重复的购买者，因为他们别无选择。例如，一些资源性垄断行业，由于国家赋予的垄断特权，没有相同服务的提供者或转换的成本过高，客户只能接受他们的服务，唯一的选择就是忠诚。

2. 亲缘忠诚

企业自身的雇员甚至包括雇员的亲属会义无反顾地使用该企业的产品或服务，这是一种很牢固的客户忠诚，但是很多情况下，这些客户对该产品或服务并非完全满意，甚至还会产生抱怨。这些客户选择该产品或服务，仅仅是因为他们属于这个企业，或是其亲属属于这个企业，这种忠诚称为亲缘忠诚。

3. 利益忠诚

利益忠诚来源于企业给予客户的额外利益，如价格刺激、促销政策激励等。有些客户属于价格敏感型，较低的价格对其有很大的诱惑力，因此在同类产品中，他们对于价格低的产品保持着一种忠诚。这些低依恋、低重复购买的客户是不能发展为企业需要的忠诚客户的，如一些经常关注商场打折信息、不关注产品区别的客户总是购买某一时点最便宜的品牌。但也不能一概而论，新创企业客户开发会使用一些优惠政策，这些政策对很多用户有着巨大的诱惑力，因此在此期间这些客户往往对这种产品保持着一种忠诚。但这类客户的忠诚并不稳固，一部分客户通过试用对产品真正产生了兴趣，或是对该企业感到十分满意，这种忠诚就变得稳定和持久了；而另一些客户则在产品的价格上涨或是企业的优惠政策取消后，就离开了该企业，这种忠诚也就消失了。

4. 惰性忠诚

惰性忠诚是指客户出于方便的考虑或是因为惰性，会长期地保持一种忠诚，这种情形在一些服务行业中尤为突出。例如，很多人会长期而固定地在某家超市购物，原因仅仅是因为这家超市离家近；一些采购人员会选择固定的供货商，原因是他们已经熟悉该供货商的订货程序等。惰性忠诚的特点是低依恋、高重复购买。

5. 信赖忠诚

客户对企业的产品或服务感到满意，并逐步建立一种信赖关系后，往往会形成一种忠诚。这种忠诚不同于前面的几种，它是高可靠度、高持久性的。这一类型的忠诚客户可以看成企业的追随者和义务推销员，他们不仅是自身对企业的产品或服务情有独钟，还会主动将其满意感受告诉自己的亲朋好友，并向其推荐企业的产品或服务。这类客户才是企业最为宝贵的资源，这种客户忠诚才正是企业最为渴求的忠诚。信赖忠诚的特点是对企业高依恋、高重复购买。事实上，客户关系管理所要研究并帮助企业最终获得的正是这种信赖程度。

6. 潜在忠诚

潜在忠诚是指客户虽然拥有但是还没有表现出来的忠诚。通常的情况是，客户可能很希望继续购买企业的产品，或是享受企业的服务，但是由于企业的价格、适用性等因素限制了客户的这种需求。因此，对这类客户企业可以通过了解其特殊需要，对自己的产品或服务进行适当的调整，将这种潜在忠诚转变为其他类型的忠诚，尤其是信赖忠诚。

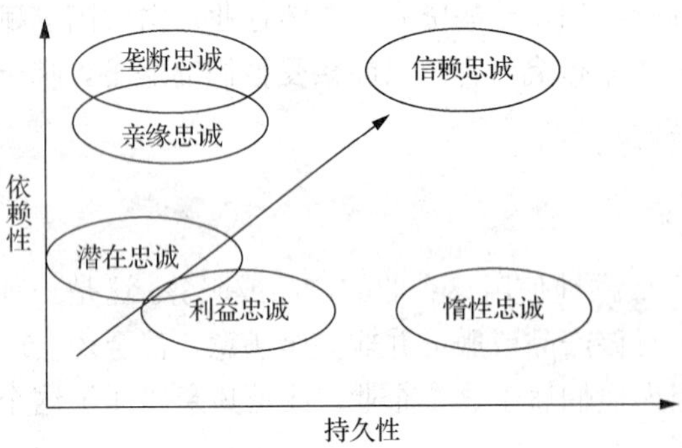

图 4.4　各种忠诚的持久性和依赖性

以上的各类忠诚，其客户的依赖性和持久性是不同的，如图 4.4 所示。从图中可以看到，在各类忠诚之中，信赖忠诚用户的依赖性和持久性是最高的，因而这是企业最终追求的目标，也是客户关系管理的最终目标。实际上，当企业为客户提供便利，并由此而导致客户能在信赖的基础上保持和增加从该企业购买的行为，当客户在没有诱因也能成为公司的拥护者时，客户忠诚就产生了。因此，当企业察觉到客户产生了某一种忠诚之后，应当想办法努力使其向着信赖忠诚的方向发展。

三、客户忠诚和客户满意的关系

迄今为止，已经有无数理论和企业实践证明，客户满意与客户忠诚之间存在正相关关系，即无论行业竞争情况如何，客户忠诚都会随着客户满意度的提高而提高。因此，可以说，客户满意是推动客户忠诚的最重要的因素之一。不过，也有证据表明，客户忠诚与客户满意之间并不总是呈现很强的正相关关系。换句话说，客户满意并不等同于客户忠诚。不少企业的客户满意度很高，但客户忠诚度却很低。根据雷奇汉等人的研究成果，在声称自己满意或非常满意的客户中，有 65%～85%的客户会选择跳槽，改购竞争对手的产品和服务。在美国汽车业中，有 85%～95%的客户声称自己满意或非常满意，但却只有 30%～40%的人会再次购买同一品牌的汽车。因此，对自己消费经历满意的客户，不一定就会忠诚于企业；不少以“服务所有客户”为宗旨的企业，陷入了“满意困境”中。那么客户满意与客户忠诚之间究竟是什么样的关系呢?下面就从两个方面进行分析。

1. 客户满意与客户忠诚的差异

客户满意是客户在历次购买活动中逐渐积累起来的连续的心理状态，是一种经过长期沉淀而形成的情感诉求，因此客户满意是客户的一种心理反应，而不是一种行为，量化和衡量难度较大。客户满意在很大程度上影响客户忠诚，但由于存在时间、地域、购买力和习惯等的限制，满意的客户不一定就能转化为长期的客户。客户忠诚是客户的长期偏好和选择，客户忠诚所创造的价值包括了一般客户可能带来价值的所有方面，而且较一般客户价值易于估算和控制，构成了企业的核心竞争力，对企业的生存和发展具有重要的战略意义。表 4.5 从比较的对象、表现形式、可观察的程度和受竞争对手影响的程度 4 个方面对客户满意与客户忠诚进行了比较。

表 4.5　客户满意与客户忠诚的比较

项目	客户满意	客户忠诚
比较的对象	过去期望与现实的感知效果	现实期望与预期利益
表现形式	心理感受	行为反应
可观察的程度	隐含的	外显的
受竞争对手影响的程度	影响小	影响大

2. 客户满意与客户忠诚的联系

美国学者琼斯和赛塞的研究结果表明，客户满意和客户忠诚之间的关系受行业竞争状况的影响。不同竞争状况下客户满意与客户忠诚的关系会有所不同，如图 4.5 所示，虚线左上方表示低度竞争区，虚线右下方表示高度竞争区，曲线 1 和曲线 2 分别表示高度竞争行业和低度竞争行业中客户满意与客户忠诚可能性的关系。

（1）高度竞争行业

在高度竞争区，产品或服务的相似性强，可替代性强，差别小。在高度竞争的行业中，非常满意的客户远比满意的客户忠诚。在曲线 1 右端，只要客户满意程度稍稍下降一点，客户忠诚的可能性就会急剧下降。因此，要培育客户忠诚度，企业必须尽力使客户非常满意。如果客户没有遇到产品和服务问题，接受调查时他们很少会给出不好的评价，可能都会表示

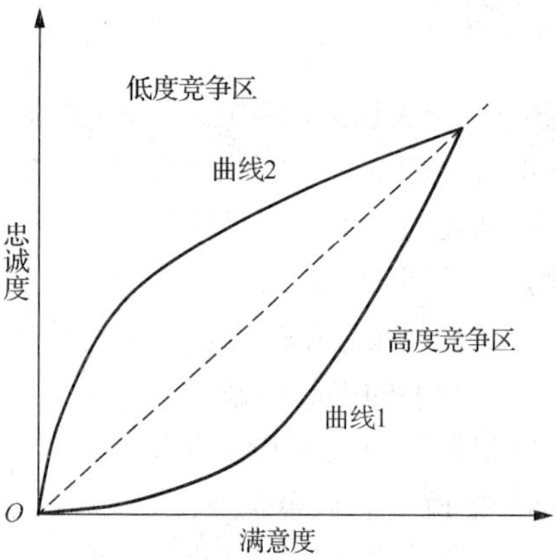

图 4.5 客户满意度与客户忠诚度的关系

满意。但是，如果企业的产品和服务过于一般，客户并未感到获得了较高的商业价值，就不易吸引客户再次购买。

（2）低度竞争行业

在低度竞争区，由于行业垄断，缺少替代品。在低度竞争的行业中，曲线 2 描述的情况是客户满意度对客户忠诚度的影响较小。但这其实是一种假象，当限制竞争的障碍消除之后，曲线 2 很快就会变得和曲线 1 一样。因为在低度竞争情况下，不满的客户很难跳槽，不得不继续购买企业的产品或服务，一旦能有更好的选择，将很快跳槽。这种表面上的忠诚是虚假的、不真实的。因此，处于低度竞争情况下的企业应居安思危，努力提高客户满意程度，否则一旦竞争加剧，客户大量跳槽，企业就会陷入困境。

客户的再次购买意向经常被用来衡量客户的忠诚度。在市场竞争激烈、客户改购容易的情况下，客户的再次购买意向主要是由外界因素决定的，一旦外界因素的影响减弱，客户不忠诚的态度就会通过客户的大量跳槽表现出来，在图中表现为曲线 2 很快向曲线 1 靠拢。这表明，无论竞争激烈与否，客户忠诚度与客户满意度的关系都十分密切。只有客户非常满意，才会有较高的忠诚度。

四、提高客户忠诚度的方法

（一）影响客户忠诚度的因素

1. 客户满意

客户满意是理论界较早提出来用于解释客户忠诚的一种理论，认为满意是客户忠诚的重要因素。如前所述，客户满意并不等同于客户忠诚，但客户越满意，重复购买的可能性越大。

2. 客户服务

客户服务是客户满意的一个重要因素，无论企业生产什么产品都需要为客户提供优质的服务。服务是客户满意和愉悦的基础，仅仅提供满意服务不一定能带来忠诚，但超值的服务不仅产生满意，而且产生愉悦，驱动客户忠诚。为客户提供优质服务的方法包括完美地履行保修和服务保证，这不仅为客户提供了信用，还加强了品牌形象。此外还有补救服务，产品不可能 100%没有问题，关键是企业在产品发生故障或服务出现问题时如何补救，服务补救对保持与客户的长期关系十分重要。

3. 忠诚营销计划

忠诚营销计划或称常客营销计划是 20 世纪 90 年代以来一种新的营销趋势，得到了蓬勃的发展。忠诚营销计划通过价格优惠或其他措施以鼓励客户进行重复购买，增加客户从一个品牌转移到另一品牌所面临的一次性成本即转移成本，这种成本不仅包括费用成本，还包括心理和时间上的成本。

4. 定制化

企业通过建立一种定制化的内部系统并根据客户的不同需求，提供不同形式规格的产品以满足其特定需求。定制化是一种新的营销形式，企业为客户提供定制化的产品，以满足客户的需要，从而吸引客户、保持客户，最终达到忠诚的目的。定制化有不同的形式以适应不同客户的不同需要和对产品的不同要求。定制化让客户感到企业关心他们，企业专门为他们开发符合其需求的产品。定制化比传统营销方法更容易获得客户的满意和忠诚，企业与客户建立起的关系也更长久。

（二）提高客户忠诚度的途径

鉴于客户忠诚对企业意义重大，企业纷纷实施忠诚计划来提高客户忠诚度。从客户忠诚的形成机理和过程来看，提高客户忠诚度应该有两个基本原则：提高客户的满意度，提高转换成本，并在此基础上留住拥有忠诚客户的员工和实施忠诚阶梯计划。

1. 提高客户的满意度

客户满意度的高低与其欲望和需求的满足程度有关，与其期望值高低有关。客户对企业的产品和服务存在满足不同阶段的、逐渐升级的需要，并希望这种需要的满足是便利的和不断延伸的。在实施技术上，可以通过数据库技术研究客户的需求。企业把商品卖给了客户，这不是营销的终点，而是营销的新起点，是企业与客户建立长期关系的开始。客户关系管理的首要工作是掌握客户数据，通过信息沟通，为客户建立合理的消费期望。过高的承诺容易导致过高的消费期望和随之而来的不满意。

同时客户总是在一定的品牌认知的基础上，通过试用来感受品牌价值达到甚至超过了其期望的水平，由此对品牌产生了积极的态度。这种态度经过人与人之间的交流和整合营销传播的强化，会引发客户的再次购买行为。当客户又获得高度满意时，先前的肯定态度得到进一步的强化，从而增加重复购买和重复使用的动机和行为。客户对品牌的积极态度进而发展成品牌信念。这时客户对品牌不仅有一种理性偏好，而且产生了情感上的共鸣，进而形成依恋感，最后产生了品牌忠诚。

由此可见，客户感知价值的高低是决定客户对品牌忠诚与否的关键变量。客户感知价值越低，品牌转换（brand switching）就成为必然的趋势；客户感知价值越高，品牌忠诚的可能性就越大。提升客户感知价值可以通过增加客户感知利得或减少客户感知利失来实现。因此通过全面质量管理和客户关系管理提高客户感知价值，培养客户的品牌忠诚，进而提升客户终身价值，才能增强品牌的长期盈利能力，最终实现可持续发展。

2. 提高转换成本

据统计，国外电信运营商流失的客户中有 65%～85%的人表示对原来的供应商是满意的。为了建立客户忠诚度，提高客户的转换成本是企业广泛采用的重要途径。转换成本最早是由迈克·波特在 1980 年提出的，它是指当客户从一个产品或服务的提供者转向另一个提供者时所产生的一次性成本。这种成本不仅仅是经济上的，更是时间、精力和情感上的，它是构成企业竞争壁垒的重要因素。如果客户从一个企业转向另一个企业，可能会损失大量的时间、精力、金钱和关系，那么即使他们对企业的服务不是完全满意，也会三思而行。营销专家将转换成本分为 8 种。

1）危机成本（risk cost），指客户转投其他企业可能承受的负面后果，如产品性能不尽如人意、使用不方便等。

2）评估成本（evaluation cost），指客户必须花费时间和精力进行供应商信息搜寻和评估。

3）学习成本（learning cost），指客户需要耗费时间、精力，学习产品和服务的使用技巧，如学习使用一种新的电脑等。

4）组织调整成本（setup cost），指客户必须耗费时间和精力与新供应商建立关系。

5）利益损失成本（benefit loss cost），指原供应商给忠诚客户提供的优惠将会失去。

6）金钱损失成本（monetary loss cost），指转投其他供应商可能缴纳的注册费等。

7）个人关系损失成本（personal relationship loss cost），客户转投其他企业可能会造成人际关系上的损失。

8）品牌关系损失成本（brand relationship loss cost），客户转投其他企业可能会失去与原企业的品牌关联度，造成社会认同方面的损失。

这些转换成本是客户流失的壁垒，也为企业挽留客户提供了操作路径。

3. 留住拥有忠诚客户的员工

留住服务于忠诚客户的员工也是改善客户忠诚的重要一环。忠诚客户对公司的信任和期望是建立在与其保持密切联系的员工身上的。一般来说，员工的工作时间越长，业务能力就越强。老员工一般较新员工能更好地为客户服务，从而提高客户满意度，对企业的贡献也就更大。很多情况下，忠诚客户都会和企业的某些员工更加熟识，随着时间的推移和服务过程的加深，员工和客户之间往往容易建立深厚的个人友谊和情感依赖。客户对企业的忠诚往往与这种个人情感交织在一起，在这种情况下，拥有忠诚客户的老员工的流失，很可能会带着他拥有的忠诚客户一起流失。因此，像挽留老客户一样挽留这些拥有忠诚客户的老员工就变得十分必要，毕竟这种老员工身上承载着企业的客户资源、员工培训成本、企业文化等多种元素，是企业不可或缺的重要资产。

4. 实施忠诚阶梯计划

赢得客户忠诚，需要有一系统的计划，使各个层次上的客户忠诚度均有所提高。从 20 世纪 80 年代起，企业推出了多种形式的忠诚计划，如各种积分计划、俱乐部营销等。先运用于航空、酒店等行业，后迅速普及到了电信、金融、零售等各行各业。现在已经发展成为跨国家、跨行业的营销策略。一般地，忠诚阶梯计划分为 3 个级别。

（1）一级阶梯忠诚计划

一级阶梯忠诚计划最重要的手段是价格刺激或用额外的利益奖励经常来光顾的客户。奖励的形式包括折扣、累计积分、赠送商品、奖品等，使目标消费群体的财务利益增加，从而增加其购买的频率，这通常被称为频次营销。

显而易见，这个级别的忠诚是非常不可靠的，主要原因有以下几点。

1）竞争者容易模仿。如果多数竞争者加以仿效，就会成为所有实施者的负担。

2）客户容易转移。由于只是单纯价格折扣的吸引，客户易于受到竞争者类似促销方式的影响而转移购买。

3）可能降低服务水平。单纯价格竞争容易忽视客户的其他需求。

然而，对于那些目标客户群庞大，且单位产品的边际利润很低的企业来说，一级阶梯忠诚计划比较适合他们，如生产日常用品的企业一般采用一级阶梯忠诚计划。

（2）二级阶梯忠诚计划

二级阶梯忠诚计划的主要形式是建立客户组织，包括建立客户档案，如正式的、非正式的俱乐部及客户协会等。这种忠诚计划通过更好地了解客户个人的需要和欲望，使企业提供的产品或服务个性化和人性化，更好地满足客户个人的需要和要求，使客户成为企业忠实的客户。这些形式增加客户的社会利益，同时也附加财务利益。

目前，很多零售企业已经将其营销战略从一级阶梯忠诚计划转向了二级阶梯忠诚计划，很多企业认为忠诚营销不应依赖于折扣积分计划，折扣积分只能给客户短期的经济刺激，特别是在折扣积分普及后，企业很难通过它来维系客户忠诚度。

（3）三级阶梯忠诚计划

三级阶梯忠诚计划为客户提供有价值的资源，而这个资源是客户不能通过其他来源得到的，借此提高客户转向竞争者的机会成本，同时也将增加客户脱离竞争者而转向本企业的收益。主要是增加与客户之间的结构性纽带，同时附加财务利益和社会利益。

在三级阶梯忠诚计划中，其表现形式往往也以俱乐部等客户组织形态存在，但与二级阶梯忠诚计划中的客户组织则有着关键性的不同。首先，它往往会花大力气为会员提供不能通过其他来源得到的资源，以此来显示会员的特权，这对会员的吸引力是非常大的。更为重要的是，这类客户组织往往会延伸、演变为一个“社区”，让志趣相投的一群人可以在这个“社区”中交流情感、分享生活。如果企业的客户群比较集中，而且边际利润很高，则适合采用三级阶梯忠诚计划。例如，一些品牌汽车的俱乐部，成员可以分享该品牌汽车的保养驾驶经验和知识，可以相约出游及参加各种户外活动。企业可以有针对性地设计各种服务项目及举办各种比赛等，使客户享受该品牌的独有特权，促使其分外忠诚，以此形成不可替代的竞争优势。有些银行则针对高端客户给予机场贵宾候机、定制私人医生等忠诚计划活动。

小　　结

追求客户满意进而达到忠诚是客户关系管理的一个核心目标，本章对客户满意、客户抱怨、客户忠诚管理进行了详细的阐述。企业关注客户满意度的影响因素和提高途径是非常必要的。正确处理客户抱怨，减少客户抱怨是客户抱怨管理的重要内容，服务补救是将抱怨客户转为满意客户乃至忠诚客户的重要手段。客户满意与忠诚之间的关系是正相关关系，但不总是强相关关系。要缔造客户忠诚，客户满意是最重要的因素，此外还要有恰当的客户忠诚计划，来提高客户的经济、心理等转移成本。

拓展学习

知识拓展：神秘客户调查

阅读资料：丽兹酒店的客户关系管理

案例分析：真诚沟通　化解客户投诉

思考与练习

一、单项选择题

1. 当可感知的绩效大于期望值时，客户是（　　）。
   A. 满意的　　B. 不满意的　　C. 基本满意的　　D. 以上都不对
2. 客户满意的纵向层面不包括（　　）。
   A. 物质满意　　B. 行为满意　　C. 精神满意　　D. 社会满意
3. 不能追求统一的满意模式，这反映了满意的（　　）。
   A. 主观性　　B. 层次性　　C. 相对性　　D. 阶段性
4. 企业可以通过不懈追求向绝对满意靠近，这反映了满意的（　　）。
   A. 主观性　　B. 层次性　　C. 相对性　　D. 阶段性
5. （　　）是指服务人员随时能够设身处地为客户着想，真正地同情理解客户的处境、了解客户的需求。
   A. 信赖度　　B. 专业度　　C. 有形度
   D. 同理度　　E. 反应度
6. 在重要性满意度评价矩阵中，在（　　），这些因素对客户满意度很重要，客户对此评价很低，需要企业重点改进迅速提升。
   A. 急需改进区域　　B. 企业竞争优势区域
   C. 企业竞争机会区域　　D. 企业维持现状区域
7. 在重要性满意度评价矩阵中，在（　　），这些因素对客户满意度相对次要，客户对此评价很低，属于双方都忽略的区域。
   A. 急需改进区域　　B. 企业竞争优势区域
   C. 企业竞争机会区域　　D. 企业维持现状区域
8. 在重要性满意度评价矩阵中，在（　　），这些因素对客户满意度非常重要，客户对此评价很高，企业要继续保持。
   A. 急需改进区域　　B. 企业竞争优势区域
   C. 企业竞争机会区域　　D. 企业维持现状区域
9. 通用的提高客户满意度的流程开始于（　　）。
   A. 倾听客户的声音
   B. 对客户反映的事实负责并且采取行动
   C. 集中关注并把资源放在那些对客户有影响的项目上
   D. 调和部门之间的商业协助
10. 客户满意通过（　　）来衡量。
   A. 客户满意度　　B. 客户忠诚度　　C. 客户期望值　　D. 客户抱怨率
11. 客户抱怨管理的意义不包括（　　）。
   A. 改善产品和服务　　B. 开创商机
   C. 赢得客户　　D. 给客户一定优惠
12. 不想自己的遭遇在别人那里重现，通过投诉来引起企业重视，避免服务失误再次发生，这种投诉目的属于（　　）。

A．退款赔偿　　B．发泄愤怒　　C．改善质量　　D．利他主义

13．畅通客户投诉渠道不包括（　　）。

A．鼓励客户投诉　　B．减少客户投诉

C．方便客户投诉　　D．迅速处理客户投诉

14．（　　）是指服务提供者应对服务失误所采取的行动。

A．服务管理　　B．服务补救　　C．满意管理　　D．投诉管理

15．（　　）是从关系营销的角度，着眼于同顾客客户建立长久关系而不是短期的成本节约。

A．强调外部效率　　B．强调持续的质量改进

C．主动反应机制　　D．赢得客户

16．企业最为渴求的忠诚是（　　）。

A．信赖忠诚　　B．亲缘忠诚　　C．垄断忠诚　　D．潜在忠诚

二、多项选择题

1．客户满意的特征包括（　　）。

A．主观性　　B．层次性　　C．相对性

D．阶段性　　E．局限性

2．客户满意的意义在于（　　）。

A．购买企业更多的新产品和提高购买产品的等级

B．忽视竞争品牌和广告，并对价格不敏感

C．为企业介绍更多的新客户

D．向企业提出产品和服务建议

E．让客户信赖

3．影响客户满意度的因素包括（　　）。

A．信赖度　　B．专业度　　C．有形度

D．同理度　　E．反应度

4．客户抱怨的可能反应包括（　　）。

A．虽然内心不满，但不采取任何行动

B．不再重复购买

C．向亲友传递不满信息

D．向企业、消费者权益保护机构表示不满或提出相应要求

E．采取法律行动

5．管理客户隐性不满包括（　　）。

A．正视客户不满　　B．洞察客户不满

C．安抚客户不满　　D．及时处理客户不满

E．诉诸法律

6．客户投诉的目的包括（　　）。

A．退款赔偿　　B．发泄愤怒　　C．改善质量

D．利他主义　　E．诉诸法律

7．客户忠诚可以从（　　）方面来理解。

A．态度积极　　B．对价格敏感

C．行为重复　　D．对产品及服务满意

E．从不抱怨

8．影响客户忠诚的因素包括（　　）。

A．客户满意　　B．客户服务　　C．忠诚营销计划

D．定制化　　E．情感沟通

三、思考题

1．什么是客户满意？客户满意是如何衡量的？

2．怎样才能提高客户满意度？

3．如何处理客户隐性不满？

4．客户为什么会投诉？如何处理客户投诉？

5．服务补救要遵循怎样的原则？

6．服务补救有哪些策略？

7．什么是客户忠诚？有哪些分类？

8．客户满意与客户忠诚是什么关系？如何缔造客户忠诚？

第四章　思考与练习参考答案

创新创业能力训练

1．识别创业机会。根据前面进行的行业调研，发掘出创业方向，从中筛选出自己团队感兴趣的创业机会，并写出理由，最后形成一个明确的创业项目（表 4.6）。

表 4.6　创业项目

<table>
<tr><td>团队名称</td><td colspan="2"></td></tr>
<tr><td>感兴趣的行业</td><td colspan="2"></td></tr>
<tr><td>创业方向</td><td></td><td></td></tr>
<tr><td rowspan="2">创业机会</td><td></td><td></td></tr>
<tr><td></td><td></td></tr>
<tr><td>适合本团队
的创业机会</td><td colspan="2"></td></tr>
<tr><td>理由</td><td colspan="2">1.
2.
3.</td></tr>
<tr><td>创业项目名称</td><td colspan="2"></td></tr>
</table>

2．评价创业机会。各小组评价其他组的创业机会。每组阐述 3～5 分钟，其他组经过讨论给出各项分数，最后得出总分确定名次，发放积分筹码（表 4.7）。

表 4.7　创业机会评价

标准	评分			
	极好（3 分）	好（2 分）	一般（1 分）	总分
行业市场				
经济价值				
竞争优势				
管理团队				
个人特质				
致命缺陷				

3．给你熟悉的行业或者前期调研过的企业设计一份客户满意情况调查表，其中要涵盖你认为可能影响客户满意的关键因素。

4．给你熟悉的行业或者前期调研过的企业设计一份客户投诉意见表，其中要涵盖你认为应该获得的引起客户不满的相关内容。

5．设计客户忠诚计划。（可针对接触过的企业或本组创业项目）

第五章　客户体验管理

教学目标

理解客户体验的内涵、特点、影响因素，了解客户体验的原则和客户体验设计的关键点。掌握网络时代创造全方位客户体验的努力方向。通过再现自己的客户体验经历，对服务中的同理心有更深刻的认识。通过梳理调研企业和创业项目的商业模式，实现客户体验与商业模式9个要素的融合思考。

教学要点

客户体验的内涵；

客户体验的特点；

客户体验的影响因素；

创造全方位的客户体验；

客户体验设计。

关键词

客户体验　客户期望　设计　倾听　权限

导入案例

缩减客户来电计划

斯普林特公司成立于1899年，总部位于美国堪萨斯州欧弗兰帕克，是美国第三大移动电信公司，同时也是一家互联网通信运营商。2007年12月，丹·赫西接任斯普林特CEO（chief executive officer，首席执行官）一职。那时，企业正在经历财务赤字、客户流失加剧，客户满意度处于历史最低点。在斯普林特的内部报告中，经理们反映了一系列客户投诉的问题，这些问题范围十分广泛，甚至包括礼貌和表达方式的问题。

客户在遇到问题的时候，会频繁给客户服务中心打电话，尽管斯普林特的客户服务中心雇了一大批人来处理这些来电，但他们依然只能解决不到一半的来电。剩下的电话只能外包给第三方处理，而这笔支出在逐年扩大。更糟糕的是，当电话客服人员不能解决某个问题时，他们为了让客户满意，不得不总是给出补偿。正如公司的客户体验执行官总结的：当你的客户体验很差时，你只能收买你的客户，如给他50美元的补偿金。由此导致的恶果就是，不佳的客户体验产生了大量的第三方电话外包费用和高昂的客户赔偿金。

流失的客户和不断攀升的成本是致命的，这让丹·赫西在就职一周内就提出了3项工作重心：提高客户体验、强化品牌形象、产生资金。他将客户体验放在第一位，之后是品牌，再之后才是资金。他觉得客户体验是首要的，只有吸引和留住客户，企业才能赚钱。但目前对于拮据的无线运营商来说，如何赚钱才是最大的问题。丹·赫西认为他应该将关注点放在公司的每一个人身上，应该让所有人从中获益，而不是单纯去问怎么提升客户体验。但是，到底该怎么做呢？

他策划了一项简单而有效的措施——减少打进客服中心的电话数量。为什么这么做？其一，可以将电话分类，从而建立不满问题的清单。例如，断线或看不懂账单，明晰的线索可以让团队能够跟踪并解决这些问题出现的根源。其二，采取这项措施，可以掌握用于解决特定问题的拨款。例如，网络部门负责保障那些断线的电话得以继续，其负责人对这部分的支出就会非常明确。接下来，客户体验团队开始从数据库中找到客户抱怨最多的问题，不断追溯问题的根源。同相关部门，如市场部、计费部等部门通力合作，共同解决这些根本问题。例如，很多客户打电话对公司的长号码计划表示不解，斯普林特很快响应客户需求，减少这项计划的总量，甚至开始引入无限制短号的计划，以此来强化斯普林特简单而有价值的品牌地位。

这项缩减客户来电的计划在设计伊始就是面向降低客户流失的长期计划，但短期内就取得了降低成本的效果，这种效果甚至是惊人的。公司不需要再雇佣第三方来电客服中心，也不需要支付大量的客户补偿金，仅此一项成本一年缩减就超过 1700 万美元。顺理成章地，斯普林特的客户满意度也呈现升高的趋势，2011 年年初，受益于客户满意度的提升，斯普林特的客户流失率达到了公司有史以来的最低点。在 2012 年美国客户满意度指数调查中，斯普林特位列第一。

（资料来源：哈雷・曼宁，凯丽・博丁，2016. 体验为王：低成本高收益的用户策略[M]. 高洁，译. 2 版. 北京：中信出版集团.）

第一节 客户体验概述

我们正处于体验经济时代，重视客户体验，不断提升客户体验，才可能让企业在激烈的竞争中获得竞争优势，优秀的企业越来越认识到提升客户体验和客户体验管理的价值所在。

一、客户体验的内涵

体验一词并非新鲜词，在汉语释义里，体验指体察、考察或在实践中认识事物、亲身经历。它强调个体在亲身经历的过程中所获得的直接经验。在体验经济产生之前，体验一词与经济和管理都没有更多的联系。在融入经济活动并成为经济效益来源之后，体验就被作为经济价值来看并推到至关重要的位置，从而产生体验经济。体验经济使客户参与到体验环境当中，体验企业提供的产品和服务，从而在满足自身感受的同时为企业创造利润。企业则通过各种体验要素的设计和管理，借助品牌体验和体验式营销为客户创造和传递有价值的独特体验，从而提高客户的满意度和忠诚度。

那么到底什么是客户体验呢？根据郭红丽、袁道唯在《客户体验管理：体验经济时代客户管理的新规则》中的定义，从我们客户关系管理的范畴来看，客户体验是客户与企业在交互过程中，企业对客户心理所产生的冲击和影响。这种影响可能是积极的、独特的、有价值的正面体验，也可能是消极的负面体验。

无论企业提供什么样创新的产品和服务，经过竞争者一段时间的学习和模仿，产品的同质化将不可避免，企业单纯依靠提高产品质量和改善服务流程已经远远达不到挽留客户并使其忠诚的目的。如何更好地满足客户需求并为企业创造更多的价值，成为企业不断思考的核心问题，客户体验管理在这个过程中就成为企业可以利用的有力工具。根据施密特在《客户体验管理》中的定义，客户体验管理（customer experience management，CEM）是战略性地管理客户对产品或公司全面体验的过程。这种管理理念认为客户关系的本质是由一系列个性化的情感交互所组成的，因此需要跟踪监测客户与企业交互过程中各个接触点的动态变化，从而对组织结构进行相应的调整。

二、客户体验的特点

1. 体验需要客户参与

客户体验是企业与客户全方位互动的过程，因而全程需要客户积极参与，没有客户参与的体验不能称之为体验，只能是企业自行设计的静态产品和服务流程。客户的参与是客户体验形成的基石。

2. 体验过程至关重要

客户体验需要跟踪监控企业与客户交互过程的接触点变化，因此是一种动态的过程管理。任何一个环节的纰漏都可能影响客户的整个体验，因而企业对客户体验的关注点应主要放在体验的过程，而不是只单纯重视体验的结果。

3. 体验感受存在差异

客户体验更倾向于客户的主观感受，尽管这种感受是企业在提供产品和服务的过程中对客户心理带来的冲击，但同样的体验过程，客户也可能会因为个体的差异出现截然不同的感受。即使是同一客户，也可能因为当时的心境、过往经验对同一产品和服务呈现不同的体验感受。

4. 体验效果与期望相关

同客户满意类似，客户体验的效果不仅和企业提供的产品和服务的水平有关，也和客户的期望值息息相关。一个带着极高期望值的客户的体验效果会远远低于没有任何期望的客户。因此，如何在体验过程中制造惊喜，超越客户期望，往往是体验场景设计中需要重点考虑的问题。

5. 优良体验难以模仿

精心设计的产品和服务流程往往承载着企业多年来客户服务的精髓和优秀的企业服务文化，这种联结所形成的优良客户体验往往很难模仿，它并不是某一个员工或某一个环节的卓越，而是在客户的各个接触点形成的让客户愉悦的氛围，这种优良的体验竞争者往往很难去成功模仿。优良的客户体验是一个企业服务系统达到一定水准之后的结果，是企业的一种核心竞争力。

三、客户体验的层次

客户体验可以分为 3 个层次，分别是需求满足、容易性、愉悦，如图 5.1 所示。

客户在使用产品和服务的时候，其关注点在于整个过程能为完成既定目标带来多大帮助，要在过程中付出多大的努力，以及能获得愉悦的程度。其中，需求满足是基石，人们对快递的要求是包裹可以正确快速送达目的地，对饭店的要求是提供好吃的饭菜，一旦基本的需求出现问题，那么就没有后续的客户体验，客户会马上转向竞争者。当基本需求满足之后，客户体验开始追求容易性。例如，快递上门取件、饭店道路畅通并容易预定都会让客户感觉方便。如果在此基础上，快递员、服务员能以更好的精神面貌和专业素养给客户带来更个性化的人文关怀，客户体验就可以上升到愉悦的层面，那么忠诚和口碑可能就随之而来。

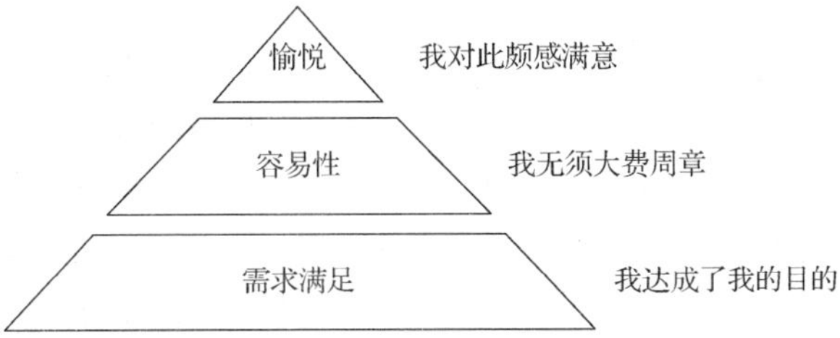

图 5.1　客户体验金字塔

（资料来源：哈雷・曼宁，凯丽・博丁，2018．体验为王：低成本高收益的用户策略[M]．高洁，译．北京：中信出版社．）

四、客户体验的影响因素

客户体验是客户在与企业交互过程中产生的各种感受，因此影响客户体验的好坏就和企业提供的体验过程和客户当时的状态有关。具体来说，包括以下几个因素。

1. 产品

在体验经济来临之前，产品也一直作为有形的消费对象，占据着重要的地位。在体验经济中，优质的产品依然是企业生存的基础。在如今客户获取信息极为方便的背景下，产品良好的质量和性能是客户选择的前提。但仅有这些显然是不够的，只有那些设计新颖、具有一定附加价值的产品才更可能给客户带来更好的体验。如今的很多产品在设计的时候明显增加了让客户参与的成分，从而提升客户的体验感受。例如，需要客户自行组装的一些家具产品、资深玩家可以参与的游戏设计等。

2. 流程

当服务不再单纯作为有形产品的附属活动，甚至作为独立的无形产品直面客户检验的时候，服务流程的科学性和合理性就显得尤为重要。由于客户已经不再满足于优质的有形产品本身，服务作为整个接触的重要组成部分往往直接影响体验的感受。如果企业想在这个过程中提供更高水准的体验，那么就需要在便捷性、舒适性、高效率方面作出更精准的设计和安排，并在意外情况出现时仍能呈现灵活有序的流程处理。例如，我国当前旅游业已经成为井喷式增长的行业，但其客户体验始终不能尽如人意，黄金周期间很多景区出现瘫痪状态，这除了我国居民出行过于集中的原因之外，其服务流程的设计水平亟待提高也是重要原因之一。

3. 员工

企业员工是一切优质服务的载体和传递者，很多客户的良好或糟糕体验往往都和具体的员工表现息息相关。一个善于倾听、业务娴熟、热情体贴的员工所带给客户的愉悦体验往往超越产品本身，赋予企业常规的产品和服务以鲜活的生命力，而一个急躁、不专业、冷漠的员工却可能让客户对优质的产品产生极差的应用体验。因而在科技力量日新月异的今天，人的作用和力量经常会超越技术本身，通过富有感情的传递，带给客户印象深刻、流连忘返的良好体验。

4. 环境

在众多的企业与客户交互的接触点中，环境承担着重要的职责，直接影响着客户的体验感受。例如，餐厅菜品质量和价格差异不大，客户是喜欢嘈杂混乱的就餐环境，还是整洁安静舒适的环境，答案不言而喻。商场、等候大厅、包房，这些场景的环境都会对客户体验产生重要的影响。例如，西子足道的客人反馈较多的需改进因素就是环境，如包房装修陈旧、没有独立的洗手间等。但这并不意味着硬件设施短期无法改进的情况下就坐以待毙，企业依然可以通过小的投入来换取环境的一定改善。例如，西子足道就通过重贴壁纸、更新地毯、房间里提供充电器、增加小零食等做法，有效地改善了环境带来的客户负面体验。

5. 期望

前面 4 个因素都是从企业的角度来阐述的，现在我们从客户的角度来探讨。由于客户个体差异很大，企业同样的产品和服务可能会给客户带来不同的体验感受。这主要和客户在体验之前和体验过程当中对企业的期望程度有关。在进行体验之前，客户是有一定预期的，这种预期往往来源于客户对于企业的产品和服务的了解程度，以及客户之前的经验。例如，一个首次消费的消费者很容易对企业提供的产品和服务有更多的新鲜感和互动欲望，对员工的建议也更乐意听从和配合。如果客户是有经验的消费者，甚至是资深人士，那么他可能会对员工的专业程度提出更高的要求，对服务流程有更严格的检验标准，对产品本身有更多的挑剔角度，如果没有意外的惊喜，这样的客户往往很难获得绝佳的客户体验。在体验过程当中，客户往往由于处于不同的情境而对体验产生不同的侧重点。例如，一个悠闲的体验美食的客户会更注重菜品的品质，更能感受到餐厅服务环境带来的心理感受。一个就餐中遇到紧急事情的客户则更希望菜品以更快的速度呈现，这时候上菜速度和结账速度可能就成为其衡量体验优劣的重要指标。同样，在服务出现一些意外和瑕疵的时候，客户的性格和当时的心情会使其产生不同的心理状态，从而影响本次体验的感受。

五、客户体验与客户满意

如今的客户需要的不仅是交易的达成，更需要与企业交互过程中情感体验的获得。因而现代客户关系管理更强调关注客户的情感感受，给客户更多的人性关怀，并且使其获得难忘的情感体验，最终建立超越交易的情感关系，这些也是客户体验管理所要达到的最高目标，因而客户体验管理是现代客户关系管理的重要组成部分。

我们在前面的章节详细讨论了客户满意的内容，它是客户对企业的产品或服务的感知效果和期望值比较后形成的感觉状态，客户满意的量化即为客户满意度。那么客户满意和客户体验有哪些不同呢？从本质上说，企业无论在提高客户满意度方面的努力，还是在提升客户体验感受方面的追求都在追求企业和客户之间的情感关系，二者从出发点上并没有太大的区别。如果要对二者做一个区分的话，主要是侧重点的不同。客户满意度的测量更关注于结果，也就是对体验之后的结果的评价。客户体验更关注于客户体验的整个过程，因为这个过程的众多接触点的质量将随时可能影响客户的体验感受。在很多企业的客户满意调查中，很多客户表示满意，但是却不再继续光顾，这也就意味着满意的客户未必能够忠诚，其背后的原因，更多的是客户未感到瑕疵但也没有太深刻的印象，自然也缺乏了再次光顾的理由。客户体验管理，更多地从关注客户整个体验过程出发，让客户不仅在事后表达满意，更希望在体验过程中出现超越客户期望的感受，从而使客户由一般满意变成高度满意。有数据表明，给客户带来惊喜体验的企业往往更能赢得客户的忠诚。

因此，客户体验管理和客户满意管理都是客户关系管理中不可或缺的组成部分，他们从不同的角度，为与客户建立全面的情感关系，不懈地将客户关怀和细节设计融入产品和服务的提供过程当中，通过卓有成效的过程控制和事后测量，不断反馈和改进，从而延长客户的生命周期，提高客户的终身价值。

第二节 创造网络时代全方位客户体验

在这个互联网时代，企业和客户都愈加重视客户体验。对于客户来说，信息越来越透明，选择越来越宽泛，体验不好的产品和服务再也不需要忍耐，可以瞬间更换供应商，获得更好的体验过程。企业则相对处于不利的位置，因为一次糟糕的客户体验不仅仅意味着失去一个客户从而失去其终身客户价值，更可怕的是网络的传播速度足以让客户将这次糟糕的体验与千万人乃至上亿人共享。一个简单的失误，可能使企业失去千千万万的潜在客户，并形成很难挽回的负面口碑。

一、不同客户发展阶段的客户体验管理

体验经济时代已经来临，正视并重视客户体验，创造并传递客户体验，才能获得市场竞争优势。在客户关系生命周期的不同阶段，客户体验需要有不同的侧重点。

1. 创造客户开发阶段的良好体验

网络时代的客户开发阶段，企业总会专注于通过不同渠道吸引更多的访问客户。这是客户体验旅程的开始，企业至少会具有静态网站，营销人员利用电子邮件发送相关内容进行传播，或批量向接收群体发送信息。这时候企业的目标主要集中于创建有关企业总体情况信息的网络形象，专注于搜索引擎的优化以吸引更多的访问客户，利用电子邮件与客户沟通。随着开发的深入，企业开始通过多种渠道接触客户，会建设移动网站并关注自己的社交形象，并将企业的数字化形象拓展到多种渠道。企业逐渐通过移动化和社会化接触客户，并发送相关内容。这些渠道可能是收费的、自有的、免费的，这时候的企业更关注渠道能力和效率。

2. 提升发展客户阶段的客户体验

在提升发展客户阶段，企业开始着重对关键客户触点的提升，并从客户使用的最重要的数字化渠道着手。企业更重视客户体验对客户需求的影响，对与客户接触的渠道更加关注，并努力予以优化。之后，企业会利用更高级的优化能力提升客户体验，并提高客户整体转化率，努力增加客户参与程度，关注产品和服务的最佳使用方法，加快客户的决策速度。这一阶段的目标是聚焦客户，使客户在不同的使用渠道建立相关体验，获得更好的参与度，测算和优化不同渠道的营销绩效。之后，要从多渠道对话发展到跨渠道对话，掌握客户的渠道偏好。综合分析客户的社交渠道，采集社交渠道偏好的行为数据。总之，在该阶段，企业对客

户的了解逐渐提升，从与客户分散沟通的方式，转化为通过连续性信息跨渠道与客户沟通的方式，从而提升发展客户阶段的客户体验，这是一个从倾听，到沟通，再到信任和获得承诺的过程。

3. 打造保持客户阶段的完美客户体验

打造保持客户阶段是将客户变成终生客户的阶段，任何想要持久获利的企业都必须达到这个阶段。在这个阶段，客户会不断重复购买，所需的营销成本最小，流失风险最小，且能获得口碑效应。这个阶段可能是漫长的，却又是令企业充满希望的。一旦在这个阶段能保持住客户，大量的客户不仅对企业忠诚，还会积极地替企业宣传、推荐。在这个阶段要实现的基本目标是，实现完美客户体验，并以此保持住客户；优化客户体验，并能实现个性化预测。此时的客户体验需要企业应用各种综合智能元素，细致洞察客户，并以此形成核心竞争能力，同时通过不同渠道形成的客户体验要进行优化。企业不仅要对客户需求进行预测，还要利用预测来推出相关活动来引导客户需求，利用大数据分析来进行决策。在这一过程中，要实现更好的客户体验，就要发展和优化全部客户触点，形成统一的客户视图，实现跨渠道的营销组合，并使其个性化，数据在其中的作用功不可没。这个阶段不同的数据库会实现更好的连接，使线上线下具备不同触点访问客户唯一视图的能力。个性化的预测系统也能通过查看客户历史数据，计算哪些内容和渠道将产生最优的结果，然后通过客户最喜欢的渠道推送经过优化后的个性内容。

二、网络时代的客户体验管理

在这个网络时代，客户的选择时时刻刻与网络相连。世界变得越来越小，客户的决策很容易受到网络信息的影响，也更容易将自己的体验传播给他人，从而形成一轮又一轮的信息传递。因此互联网对企业来说是一把双刃剑，可以以更低的成本、更快的速度将企业的产品或服务传达给客户，也可能被客户将自身的点滴疏漏无限放大，广泛传播，带来极大的负面影响。因而，网络时代的客户体验更需要全方位的管理，从而达到让客户满意并实现客户忠诚。客户体验管理主要体现在以下 6 个方面。

（一）文化

客户是上帝，这是一句每个企业耳熟能详的话，但真正将其作为根深蒂固的客户理念，植根于企业文化的企业却少之又少。客户是企业收入的唯一来源，通俗地说，是所有员工的衣食父母，只有按照客户体验法则行事，客户服务和客户体验的水平才能稳步提升。以客户为中心的企业文化至少应该包括以下几个方面。

1. 即刻满足

我们处于一个高效的时代，交通、物流以前所未有的高速度日新月异，这在带给客户无限便利的同时，也极大地缩短了客户等待的耐心。所有的客户更强调速度，对拖延和延迟的容忍度已变得极低。从一些在线平台的购物差评和客户投诉中可以看到，对物流速度的不满和企业员工做事拖沓往往是导致客户不良体验的直接原因。因此，在整个社会都需要即刻满足的大背景下，重视为客户服务的速度和效率应该成为客户体验管理文化的重要内容。我国当前快递和快运业务很发达，很多公司都有当日达、次日达业务，除边远地区和极端天气外，全国各大城市的物流速度一般能控制在3天以内。但需要即可满足的不仅仅是物流速度，客户接触企业的速度、处理售后问题的进度等都需要尽可能缩短。知名的鞋类电商Zappos公司的绩效目标是80%的来电必须在20秒内接听，以此来提升客服中心的反应速度。快速服务的心态，从这家企业高层一直渗透到普通员工，贯穿于企业的文化，使他们一直致力于让客户与企业的每个接触点都能感受到疾如闪电的服务，从而带来令人满意的客户体验。

2. 始终如一

如果去观察一家老店，我们会发现不管岁月如何变迁，它提供的产品和服务始终都是原来的状态，即使与时俱进赋予了一些新的形式，但产品和服务的品质始终如一。这样的企业无论是否家族传承，他们都秉承着诚信的企业文化，并将其镌刻在血脉里，代代相传。始终如一代表着诚信可靠，给客户带来无尽的安全感，使他们在每次选择时都坚定而忠诚。企业的声誉就是靠每位员工忠实可靠的服务一点一滴构建起来的，因而始终如一提供给客户高品质的产品和服务要成为企业优秀文化的重要组成部分，镌刻在员工的行为意识里，企业才可能提供给客户稳定的、优良的服务体验。

3. 重视承诺

如果说始终如一是企业诚信的重要方面，重视承诺则是企业诚实守信的直接表现。具有优秀文化的企业无不重视对客户的承诺，不会因任何变故而放弃。我国自古以来就有重视承诺的传统，《史记》中就有“得黄金百斤，不如得季布一诺”的记载，有些百年老店更是一诺千金，诚实守信。但在当前的经济转轨时期，却有一些人背弃了这样的传统，为了经济利益不遵守承诺的事件屡见不鲜。例如，我们生活中常见的各种预付费卡，因为企业更迭，新老企业皆不认账，最终让客户蒙受损失的情况经常出现。相反，有些企业，将重视承诺当作企业文化的重要组成部分，不但会在正常的业务范围内按承诺办事，还能在出现意外失误的情况下仍尊重承诺。例如，有一家企业在网站推出新品的时候标错了价格中的小数点，一个小时订单已经大量形成，该企业没有推诿责任，用致歉和取消订单来挽回损失，而是承认了此期间的所有订单，由公司自己来承担这一大笔钱。虽然公司有了一定损失，但对于员工和客户来说，重视承诺成为企业最好的一张名片，成为企业文化中最坚实的部分。

4. 服务永无止境

“没有最好，只有更好”，对于要铸造完美客户体验的企业来说，服务永无止境的理念应该贯穿整个企业文化。所有管理者和员工都不会因为为客户提供了标准化、流程化的优质服务而沾沾自喜，他们每天都会去思考怎样可以做得更好。我们知道，服务创新永无止境，很多创新的、优质的服务过程会随着时间的推移成为标配。同样的服务流程在10年前可能让客户充满惊喜，但当企业间学习和模仿使其趋于同质化之后，客户只会将之视为正常的服务状态，并不会有客户体验的提升。为此，只有企业的所有人员时时刻刻都对服务充满热情和探索精神，致力于提供给客户更好的客户体验，以客户为中心的企业文化才能不断发展，并取得丰硕成果。

（二）人员

为了实现更好的客户体验管理，企业需要具备以客户为中心的企业文化，但这种文化不是一蹴而就的，而是需要合格的人来践行和拓展的。这些人员应该具备以下几个方面的特质。

1. 积极

我们常说积极是一种心态，这种心态可以在企业中不断培养和强化，但由于成长经历和教育过程的差别，并不是所有人都可以有巨大的转变。所以从招聘伊始，就选择积极的人尤为重要。那些具有不自信、怨天尤人、容易悲观的性格的人，并不适合从事改善客户体验的工作；只有那些心态积极的员工，才能产生更加积极的行为，致力于打造更好的客户体验。

2. 乐于奉献

乐于奉献是一个人最优秀的品质之一，那些予人玫瑰，手有余香的员工，都有着乐于奉献的精神。这样的员工往往更加热情，以帮助他人为乐趣，对于工作流程以外的需要，如果力所能及，往往也能欣然提供帮助。有些令客户惊喜的体验，往往来自员工非工作时的援助和支持。因此，找到乐于奉献的员工，往往会让企业的客户服务方案事半功倍。

3. 有追求

要想让积极和乐于奉献状态能够长久，需要具备内在的推动力，这种力量往往来自一个人对自己不断发展的追求。只有员工不满足于现状，希望作出更大的成绩，实现个人的理想和价值，他的行为才会一直保持着向上的势头。所以招聘有追求的员工往往会带来更多的服务创新，这样的员工不甘于平凡，希望通过自己的努力创造更多的经济价值和社会价值。

（三）专业

要获得更好的客户体验，需要合适的员工、以客户为中心的企业文化，在具体实施操作上，让客户有更专业的感受非常必要。客户往往会依据以下几个方面评判员工是否专业。

1. 熟悉业务

熟悉业务是企业员工达到专业性的基本技能要求，我国这几年广泛提倡的工匠精神就是对专业精神和职业精神的更高要求。作为企业的员工，了解、熟悉自己的产品和服务是理所当然的事情，如果自身都无法对企业产品进行专业的解释，对客户的询问无法作出专业的回答，又如何能获得客户的信任呢？所以，熟悉业务是员工专业性的核心体现。

2. 预见需求

现代的客户关系管理不仅是要满足客户的需求，还要能够预见和引导客户需求，使企业占领先机。很多时候，客户自己也不清楚需要什么，往往是员工率先提供之后，客户心生愉快和感激。我们经常看到超市收银台会有一些口香糖之类的常用货品备放，酒店客房也会有一些食品和一次性用品供客户选择。在一些个性化选择方案上，预见性更加重要，如基金经理、商店导购如何向客户推荐更适合的产品，都需要员工有更强的以专业性为基础的准确预见性。

3. 语言着装

在很多企业，尤其是服务类企业，统一的着装和规范化的职业语言是其专业性的集中外化表达，如航空公司和银行。统一的着装和规范化的职业语言会凸显员工的专业性，带给客户更多的安全感和信任感。尽管语言和着装并不能区分专业化程度，但客户的第一印象都是从外在开始的。所以即使是小企业，发展到一定程度，都会注重员工语言的规范化和着装的统一性，来凸显企业的专业化能力。

4. 精神状态

在人与人交流时，自己的精神状态很容易影响对方的情绪，因而优秀的员工无不在面对客户时展示出最好的精神状态。员工的精神状态不仅体现在和客户见面时，接听电话时也能通过声音来显现，甚至文字交流也能反映一个人的精神面貌。精神状态良好的员工能传递给客户坚定的信心，让客户笃信企业的专业性。如果一个企业的员工弯腰驼背、神情萎靡，客户又怎么能相信企业可以提供绝对专业的服务呢？因此，员工的精神状态也是专业性的重要组成部分。

既然员工的专业性如此重要，那么如何提升员工的专业性呢？首先是企业培训，员工的言谈举止、业务流程都应该进行培训，使员工掌握正确的规范。对于一些具体的业务场景，应该有明确的脚本供员工练习。为了取得更好的效果，员工应不断进行演练，一旦与客户对接，员工应全程为客户提供令人愉悦和可信赖的服务，从而获得令人满意的客户体验。但有一点需要注意，让员工更专业，让每个员工都成为专家的理念不等于可以忽略沟通的技巧，只有能敏锐感知到客户情绪，让客户占据沟通的有利位置，才能令客户产生更好的交流体验。

（四）情感

良好的客户体验无不渗透着企业不断传递的关怀与善意，情感往往是形成卓越体验的重要因素。要求员工礼貌待客，实行标准化服务，客户体验管理中都很容易做到，难以做到又很重要的是为客户提供充满真情的服务。为此，企业可以从以下几个方面着手。

1. 家人服务

在一些企业的文化建设中，为了使员工有归属感，一般会打造家庭氛围，让大家像兄弟姐妹一般合作和相互支持，从而更好地完成团队业绩。员工也可以以己度人，把客户作为家人来对待，那么服务就会充满真情实感。例如，为人父母的员工，总会理解那些儿童顾客及其家长的心理；父母年迈的员工，也更容易对老年顾客充满耐心。因此，像家人一样对待客户，意味着员工希望自己的亲人得到什么样的待遇，就应该这样对待自己的客户，从而给客户营造完美的体验。

2. 认真倾听

有效沟通的最重要环节是认真倾听。有些客户可能并不善于表达，反复描述却不得要领；有些客户可能并不真正了解企业的产品，轻率地下了很多不正确的结论；有些客户可能情绪激动，偏激地充满指责。这个时候，应让客户把话说完，不要打断，听完客户全部叙述之后再回答；要把精力集中在客户身上，保持眼神交流，不要有任何不耐烦的表情和身体语言。

总之要全程用心聆听，并尽量体会客户没有表达清楚的内容，只有完全懂得客户的想法，才能有的放矢让其满意，才能实现良好的客户体验。

3. 真诚道歉

有些企业在客户关系管理中经常会犯一个常见的错误，即一切以利润为导向，一旦出现服务失误，严格划分员工的责任，并施以不同的惩戒。这些在实际操作中，往往会带来员工害怕承担责任、部门害怕承担责任，双方都不愿承担经济损失的后果。一旦客户有了不满和投诉，员工及相关部门第一时间总是希望自己不是责任的承担者，希望由客户来承担责任，所以即使是道歉也是流于形式，更多的是以调查和请示为名拖延和推诿，这样的态度自然很难获得客户的认可。实际上，绝大多数客户在问题出现的第一时间，都希望得到快速回应和真诚歉意，如果出现损失获得相应补偿。企业对于服务失误，也应该第一时间真诚道歉，主动提出作出补偿，来显示道歉的诚意。

4. 制造惊喜

惊喜是客户满意和高度满意的重要区别点，因此制造惊喜经常会有意想不到的效果，从而实现完美的客户体验。制造惊喜并不需要花费多少成本，而是需要更多创新的想法。例如，我们在网上购买零食的时候，店家附赠一些其他口味的体验装；在购买化妆品的时候，专柜附送其他品类的小样；商家发错了货品，补发的时候附赠了免费券和小礼物等，这些都是制造惊喜的常见细节。

（五）注重细节

良好的客户体验就是由一个个细节构成的，这些细节既包括与客户销售流程直接相关的环节，也包括那些看似与客户和销售没有多大关联的方面，如员工的精神状态、着装举止、语言神情等。维珍公司的创始人认为，差强人意的服务与卓越的服务之间的唯一区别，就在于对细节的关注。在网络时代，很多销售都采用在线平台进行，整个销售和服务流程就更要求在细节上准确无误，从而保证相对较好的客户体验水平。这种满足客户要购买的产品的准确无误至少包括：①产品在在线销售平台上有准确的描述与说明；②支付的价格与产品标注的价格一致；③能在承诺的时间内送达客户手中；④在打开包装后与订购的产品相符；⑤产品能实现客户所需要的用途。但从实践来看，要毫无瑕疵地实现以上任何一点，都会遇到不同程度的困难。例如，对产品描述的客观准确，需要更真实且有吸引力的图片和文字，二者之间的均衡程度决定了客户购前欲望与购后心理落差的程度。在这个需要越来越要求即刻满足的消费习惯驱动下，更短的送达时间也变得日益重要，这给企业的物流水平提出了新的要求，很多有实力的在线销售企业为了克服第三方物流的不可控性，不惜花费巨资打造自有物流系统，来匹配高速送达的物流细节。

为了实现细节处能确保良好的客户体验，企业应该有保证细节得以高水准实施的流程系统。通过这样的保障措施，避免那些看似微小的失误可能带给客户巨大的麻烦。例如，为了防止拿错货品，整个分拣和装箱过程都需要反复检查和确认，以确保产品和装箱单一致，这对于品类极其丰富的企业是很不容易的。为了确保细节得以有效实施，有时候清单管理可以起到很大的作用。将企业重视的细节列成清单，这种看起来很简单的做法，在避免失误和遗漏方面却能起到很大的作用。如同外科手术的安全清单可以有效地降低医疗失误率，在企业实施客户体验管理中，清单制定和核查必将改善服务细节，以赢得客户的信任和忠诚。

（六）权限

追求完美的客户体验，管理人员的职责固然十分重要，但与客户时时接触的经常是一线的工作人员。如何让一线的员工能带给客户非凡的体验，其中还有一个关键的因素，那就是员工权限的设定。传统的企业管理文化更强调员工的服从，模范遵守企业的各项规章制度，一般的企业会制定相应的问题处理流程和样板。但这种方式带来的弊端就是员工无法对不同客户作出灵活反应，只能依据流程进行处理，一旦客户出现新的要求，普通员工无法做主，只能向领导请示。很多客户不满甚至投诉往往都是在等待请示领导的过程中逐渐升级的，如果一线员工能在第一时间进行更妥善的应对和安排，能够将问题限制在可控的范围之内，以使事态不至于恶化，客户会因此获得更好的客户体验。

客户服务的主体并不是前台的客户服务中心或后台的客户服务部门，它包括客户服务人员在内的企业所有员工。每位员工都是客户体验责任的承担者，每个人都是客户服务代表，每个人都是客户服务经理，这就需要企业赋予一线员工更多的权限。例如，鞋类电商 Zappos 公司的绩效目标是 80%的来电必须在 20 秒内接听，但它会赋予员工与客户通话任何时长的权利，不会用接听来电的数量来考核员工，这对于网络时代的客户体验是尤为重要的。客户在网购时，会通过各种通信渠道与企业接触，这些渠道就成为客户体验的重要触点。有些在线交流困难或者更需要通过电话来交流的客户，绝大部分客户体验就来自接听电话的客服代表。Zappos 公司为客户和同行瞠目的最长一次客户通话记录是 8 个小时，这体现了为获得更好的客户体验所赋予员工更多的权限和责任。除此之外，这家公司的客户代表还有权作出更多的服务补救决策，如对发错货、物流延迟的客户，可以直接进行贵宾升级、赠予折扣券、给赠品、当次消费免单或抹零等多项操作，具体选择由客户代表根据自己对客户的认知和了解作出判断，以尽量达到更佳的客户体验为标准。

第三节 客户体验设计

在过去的几年中，客户的期待越来越高。他们希望得到快捷的服务，也希望在出现问题时，企业能够作出详细的解释，并表现出充分的同理心。客户的需求也表现出很大差异，有些喜欢不受干扰的自主服务，而另一些则希望得到更人性化的服务关怀。因此，客户体验的合理设计就成为所有企业需要根据自身情况认真思考的努力方向。

一、客户体验的原则

正确理解客户体验并非易事，企业要获得高质量的客户体验，需要熟练运行一套完整、标准化的体系。哈雷·曼宁和凯丽·博丁提出了客户体验需要遵循的六大原则。

（一）策略

策略原则需要定义客户体验策略，并能描述客户体验。例如，对于一个机场来说，它能为乘客提供怎样的客户体验，这需要企业定义自己的体验策略并能进行具体的描述。全日空航空公司在乘客评价低迷的时候，开始制定全新的客户体验策略。在细致观察乘客希望得到怎样的服务体验后，他们提出了机场要充当顾问、伙伴、英雄 3 种角色的体验策略。

1）顾问。做乘客渊博的资源顾问，协助乘客做好出行准备、到达机场，并在旅途中即时通知乘客重要信息。

2）伙伴。做乘客有用的向导，了解乘客喜欢什么，量身定制机场设施为乘客提供一次愉悦的机场体验。

3）英雄。在乘客遇到困难时挺身而出，及时提供各种帮助，保障他回到正确的线路上。

配合这样的客户体验策略，机场设计了一系列服务和互动形式来支持实现整套的客户体验，如旅行信息播放器、母婴更衣室、儿童游乐区等。

需要注意的是，客户体验策略的制定并不是随心所欲的，既来自客户需求，也同样要服从于企业战略，就像苹果公司成功的客户体验难以被其他企业复制，就是因为很多行业并不采用苹果的创新驱动战略。同时，客户体验策略还应该与品牌诉求相匹配，如不同酒店的餐饮体验就要匹配酒店品牌自身的客户定位，努力打造这一群体消费习惯的就餐氛围。最后，客户体验策略应该是具体、清晰和便于记忆的，无论客户还是员工都能够得到明晰的指示并印象深刻。

（二）认知

认知原则是了解客户的认知，实现对客户是谁，客户想要什么，客户对企业口碑的管理。客户认知是客户体验环节的基石，它包括以下一系列调研实践。

1）征求客户反馈：通过问卷或访问去了解客户对于其体验的总体感受。

2）搜集客户反馈：客户会通过 E-mail、客服电话、聊天会话、社交媒体等不断提供关于体验的主动反馈，企业要对这些非结构化的内容进行搜集和分析。

3）收集互动信息：收集员工同客户之间的互动信息，提供用户画像的特征信息。

4）观察研究分析：通过内测或暗访等进行观察性研究，从中发现影响客户体验的问题点并寻找改善的机会。

5）最后要记录和整理客户认知，并将客户认知共享给企业所有员工。

（三）设计

正确地改善客户体验并不会凭空产生，需要企业以正确的方式积极设计，这需要学习并坚持以人为本的设计过程。随着客户体验设计过程的确立，一项新的体验模式就被引入了，既有的体验模式会发生实质的改变。这个过程包括利用客户认知的成果及洞察分析，聚焦重点，定义客户体验的改造要求；将客户、合作伙伴、员工都作为客户体验设计过程的一部分纳入其中；原型构建和评估；测试和推广。

（四）测量

为了观察客户体验改进的效果，需要通过一系列量化标准来测量客户体验的质量。这包括选择特定的测量指标，继而定义这些指标包含的各个部分。这些指标通常包括以下几个方面。

1）描述性指标，即描述现实中发生的事情，如企业某一时段大量的客户投诉电话，反映一个问题，就需要企业不仅解决当下问题本身，还应该思考真正的问题所在，以期从根源上解决问题。

2）感知性指标，即了解客户的真实看法，如客户电话永远打不通、客户代表沟通的态度很好等。通过感知性指标了解客户对某一问题的满意程度，以此来跟踪客户体验的过程。

3）结果性指标，即了解客户会怎样做，是对预测业务结果的洞察，如净推荐值就是常用的结果性指标，用来了解客户向外推荐的可能性。

如果将这些测量指标结合在一起，企业就会了解与客户互动的整个过程，从中可以发现客户体验中存在的问题或机会。

（五）管理

为了保障客户体验的有效进行，需要一系列积极规范的方式进行管理。这种管理是通过责任分配和流程设定来实现的。责任分配是企业组织内部对客户体验管理任务进行细分。流程设定的内容包括：定义客户体验的标准；将对客户体验的影响纳入决策中的优先和决定性因素；专门的团队负责客户体验的提升；定期审查客户体验项目的进程及标准；依据客户体验标准来评估员工速度表现；根据时间变化积极调整影响客户体验的因素等。有效的客户体验管理会从多方面约束各级员工对自己工作的职责，也促使对客户体验的关注渗透到企业每天的业务决策当中。

（六）文化

文化原则帮助企业创造一种有共识的价值观和行动实践的系统，以促使员工创造出优秀的客户体验。总体来说，就是要建立以客户为中心的企业文化，这需要通过以下 3 种途径来实现。首先是要聘用拥有客户为中心的价值观的员工，只有选择那些热衷于服务客户的员工才能与企业缔造的文化相匹配。其次是要提供培训来帮助新员工获得保障和提升客户体验的技能，在这个过程中，要让员工了解企业的历史和价值观，并在此基础上培训员工的客户关系维护的技巧。最后，要通过激励机制来强化员工重视客户体验的行为，让那些在客户关系维护上做得出色的员工获得证书、称号、奖品、福利，甚至大幅加薪的机会，以此来创造以客户为中心、重视客户体验的文化。

二、客户体验设计框架

客户体验并不能简单理解为由头脑灵活、彬彬有礼的员工给客户提供人性化服务，设计完善的流程和技术支持是客户体验不可或缺的要素。约翰·古德曼提出了客户体验设计的框架。

（一）追求零缺陷的服务体验

客户体验设计框架的第一步就是追求“第一次就做对”，即我们这里讨论的追求零缺陷的服务体验。很多客户在购买产品和服务后，希望能够安享企业承诺的各项利益，他们中很多人并不奢求能够超越期待，只是期望能够满足基本的期待，如饭馆提供美味的饭菜、快递及时地送达包裹等。但意外随时可能发生，快递送达不及时可能不会带来什么严重后果，但如果是重要的文件传递的延误或丢失，将带来极糟糕的客户体验。因此第一次服务，追求零缺陷的服务体验是十分必要的。为实现这一目标，需要关注以下几个方面。

1. 设计能够提升客户体验的产品

绝大多数客户体验的改善都立足于解决现有产品的缺陷。例如，大型超市在节假日结账时经常需要排队很长时间，客户经常会怨声载道，现在很多企业都会设立客户自助结账通道，通过自助扫码、手机支付完成结账。这大大缓解了传统人工结账通道的人流压力，同时很多人因为新奇而更愿意尝试并在成功结账后倍感愉悦，从而提升了客户的体验。值得注意的是，产品设计一定要简单，使客户容易操作，化繁为简往往是设计的更高境界。

2. 提供给客户足够的便捷信息支持

便捷信息支持贯穿着客户与企业接触的全过程，从建立客户对产品及价值的认知开始，到为客户提供采购建议，简化其购买过程，准确地交付产品，以及最后的技术支持。建立产品认知的目的是以有利的方式向客户传递信息，让客户产生购买的欲望，这个过程需要企业通过客户愿意接受的渠道和频率提供实事求是的信息，这样才能避免客户日后产生过高的期望，降低服务体验。在为客户的购买决策提供信息时，应注重清晰和简洁，并鼓励优质体验的客户发表自己的感受和评价。客户在购买产品过程中，企业应尽量让购买过程快捷、准确，应尽量避免缺货信息的滞后、表单的复杂、附加的收费等。交付的过程应该注重时间节点、可预测性、可靠性及交付渠道等。与客户约定的时间尽量准确，需要客户配合的内容要及早通知，尽量避免提出突然的要求和变更约定好的时间和内容。当客户已经熟悉产品之后，要进一步提供帮助，尽量避免产品提前失效，不能使用产品的高级功能，后续服务费用过高等情况。

3. 灵活性是零缺陷服务体验的保障

要以灵活的方式兑现承诺，就要根据客户的具体需求对企业提供产品的过程作出适当调整，以更好地满足客户的个性化需求。这需要在满足合规性和流程要求的同时，赋予员工工作的灵活性。企业在制定解决问题的相关规则时就要保持一定的灵活性，预留一定的方案空间，以便一线员工能稳中求变，以灵活性满足客户需要，又以不变保持整个体系的稳定性。例如，航空公司对于航班取消的处理，对于精英客户，可能需要努力帮助其安排同等质量的航班以便准时飞往目的地，以免错过重要的国际会议；而对于其他普通乘客，可为其安排下一个合适的航班。

4. 建立零缺陷服务的度量标准

要让服务“第一次就做对”的理念能够真正实施，需要在整个过程的每个阶段都建立起正确的度量标准，这些标准尤其要能测量营销和产品在首次使用时的相关活动。具体指标包括客户评价、客户调查、运营数据、员工反映。其中，客户的抱怨是最引人注目的指标，但客户并不会对任何不满都明显抱怨。对客户进行深入调查，理解客户满意或不满的方面可以系统收集客户数据，同时也要通过系统收集企业运作过程中的数据。那些能够直接和客户接触的员工是最好的信息来源，通过该渠道获得的信息更容易发现问题。

（二）创建便捷的沟通渠道

我们正在进入一个客户沟通的新时代，客户的生活节奏越来越快，他们没有耐心通过冗长的投诉流程解决问题，如果问题没有迅速满意地解决，他们会在网上公开表达不满，给企业的口碑带来很大的负面影响。那么如何在客户公开抱怨之前，通过企业的服务体系来解决问题，就需要企业努力为客户创造更轻松易用的沟通渠道，并对所有沟通渠道反映的问题进行持续有效的回应。

1. 鼓励客户与企业正面沟通和联系

研究发现，相较于对感到不愉快的客户不闻不问，与那些需要帮助的客户沟通并协助他们解决问题，能够创造更多的财务价值。客户与企业正面沟通和联系的过程处理得当的情况下，会增加客户忠诚度、销售业绩、口碑效应。当企业能够通过创建积极的客户体验减少问题或增加销售时，价值就产生了。很多客户不愿意正面沟通，是基于觉得正面抱怨无用、投诉太麻烦、怕引起冲突、沟通渠道不便等原因，那么消除这些原因就可以达到鼓励客户正面沟通的效果。这就需要增加渠道的可见性、易用性。例如，可以将企业联系方式放在产品或服务资料的最显眼的位置；除了电话之外，客户可以发送网络语音留言等方式一键沟通；沟通渠道可以提供夜间和休息日的随时回应；电话排队系统繁忙未接通后的自动回拨等。

2. 规划客户与企业联系的路径

规划客户与企业联系的路径需要考虑多种因素。首先是客户细分，资源的有限性会使企业将更关注于价值更大的客户，在对全体客户提供优质服务的基础上，资源会向精英类客户有所倾斜，以保障渠道的畅通。其次是工作量，相对准确地预测不同沟通渠道的工作量，可以使人员组合更好地匹配客户需求。再次对于多渠道沟通来说，让客户能更方便自由地在不同渠道间切换，可以保障客户与企业沟通顺畅。此外，任何沟通渠道的运营时间都要尽量匹配客户的需求，企业对于呼叫中心成本的测算应该考虑到客户因为不满而退出沟通所带来的负面损失。因此，应该保证客户获得更好的体验，过多关注和压缩沟通渠道的成本只会得不偿失。

（三）保持始终的客户满意

保证客户获得良好体验的设计中应该包括让客户始终能够满意，并时而制造惊喜。一个好的服务系统不仅仅是简单地令客户满意，它要有助于与客户建立起情感联系，要能防范后续问题，有助于培育正面的口碑。为实现这一目标，客户体验设计中首先应力求与客户首次接触就能解决问题，据测算，当客户需要与企业再次接触来解决问题时，他们的满意水平至少会下降10%。与客户之间保持情感联系应该是每个员工都要努力的目标，这种情感维系有助于实现向上销售和交叉销售，而为了避免客户未来可能发生的问题，一线员工应从现状开始尽可能识别出未来客户可能出现的问题，主动向客户提出建议和预防措施，以避免未来真的出现问题。

要获得客户持续满意，甚至产生期待之外的惊喜，企业需要有效完成必要的服务职能。首先要对客户需要何种服务作出预测，然后再积极主动地向客户提供服务。其次能够将客户的要求信息全部接收到，才能理解客户并对未来可能出现的问题进行预防。再次是有效回应客户的要求，并借此进行情感的沟通。同时不折不扣地履行企业的承诺，并能记录与客户互动的历史，以防止再出现类似问题或用来预测未来。最后要对服务的整个流程进行评价和反思。

（四）积极倾听客户的心声

设计良好的客户体验离不开倾听客户的心声，通过把客户调查、客户投诉反馈、客户偏好、交易和运作过程都结合起来，就可以形成对客户体验的完整视野。客户之声就是一个系统理解客户的过程，它整合多种客户调研和反馈手段，深刻了解客户对于企业产品服务的需求、评价和期望。通过客户之声，设计人员会了解客户的真正需求是什么；营销人员会了解如何能吸引新客户，提升销售；而对于管理者来说，客户之声提供了更准确的反馈，完整描述了端到端的客户体验。一个有效的客户之声流程需要从客户体验的各个环节获得信息，而不仅仅是客户服务得到的反馈。一个有效的客户之声流程应该包括更高级别的主管领导，统一的数据采集，不同数据源的整合，量化客户问题给企业带来的经济损失，提出改善的目标和行动计划，追踪结果和有效激励。

小　　结

客户体验是当前所有企业都在强调的客户管理方向，但因其感受的差异性和难以模仿性，很难完全标准化。客户体验的影响因素是多方面的，产品、流程、员工、环境、期望都会影响客户的感受。在网络时代，客户获取和传递信息的便利性迫使企业更加注重客户体验。要创造全方位的客户体验，需要从企业文化、合适的员工、专业的服务、真诚的情感、注重流程细节、更多地下放一线员工权限等多方面来实现。企业的客户体验管理的设计需要遵循策略、认知、设计等六大原则，客户体验框架中更追求零缺陷服务、便捷沟通和客户倾听。

拓展学习

知识拓展：客户焦虑　　阅读资料：海底捞的客户关系管理　　案例分析：小乐的创业失败史

思考与练习

一、填空题

1．________是客户与企业在交互过程中，企业对客户心理所产生的冲击和影响。

2．客户体验管理认为客户关系的本质是由一系列个性化的________所组成的，因此需要________客户与企业交互过程中各个________的动态变化，从而对组织结构进行相应的调整。

3．追求零缺陷的服务体验，客户体验设计框架的第一步就是追求________。

4．绝大多数客户体验的改善都是立足于解决现有产品的________。

二、单项选择题

1．（　　）是客户与企业在交互过程中，企业对客户心理所产生的冲击和影响。

A．客户体验　　B．客户满意　　C．客户忠诚　　D．服务补救

2．客户体验的层次不包括（　　）。

A．需求满足　　B．容易性　　C．愉悦　　D．口碑

3．观察客户体验改进的效果需要选择的特定测量指标不包括（　　）。

A．描述性指标　B．感知性指标　C．结果性指标　D．过程性指标

4．研究发现，相较于对感到不愉快的客户不闻不问，与那些需要帮助的客户沟通并协助他们解决问题，能够创造更多的（　　）。

A．财务价值　B．信息价值　C．关系价值　D．沟通机会

5．绝大多数客户体验的改善都是立足于解决现有产品的（　　）。

A．质量　B．价格　C．服务　D．缺陷

三、多项选择题

1．客户体验的影响因素包括（　　）。

A．产品　B．流程　C．员工

D．环境　E．期望

2．以客户为中心的企业文化包括（　　）。

A．即刻满足　B．始终如一　C．重视承诺　D．服务永无止境

3．客户体验管理更需要具有（　　）特质的员工。

A．积极　B．乐于奉献　C．有追求　D．聪明灵活

4．客户往往会依据（　　）评判员工是否专业。

A．熟悉业务　B．预见需求　C．语言着装　D．精神状态

5．带给客户良好体验的真情实感可以从（　　）着手。

A．家人服务　B．认真倾听　C．真诚道歉　D．制造惊喜

6．规划客户与企业联系的路径需要考虑多种因素，包括（　　）。

A．客户细分　B．工作量　C．渠道切换　D．运营时间

四、思考题

1．什么是客户体验？客户体验有哪些特点？

2．有哪些因素影响客户体验，它们是如何影响的？

3．客户体验和客户满意是怎样的关系？

4．不同客户发展阶段如何进行客户体验管理？

5．网络时代的客户体验管理体现在哪些方面？

6．你认为客户体验管理哪个方面是最重要的？

7．客户体验需要遵循怎样的原则？

8．描述客户体验设计的框架。

第五章　思考与练习参考答案

创新创业能力训练

1．记录你作为一名客户的完整体验（表 5.1），如果某组有比较突出的体验经历，可排成 5 分钟以内的短剧表演，依据受欢迎程度获得加分筹码奖励。

表 5.1　作为一名客户的完整体验

<table>
<tr><td>好的体验</td><td></td><td>差的体验</td><td></td></tr>
<tr><td>对你决策的影响</td><td></td><td>对你决策的影响</td><td></td></tr>
<tr><td>对你来说，哪些因素更能影响你的客户体验</td><td colspan="3"></td></tr>
</table>

2．每个企业都应该有明确的商业模式，而商业模式与客户息息相关。回想调研过的企业，梳理一下其商业模式（表 5.2）。

表 5.2　____商业模式画布

<table>
<tr><td rowspan="2">重要合作
（客户伙伴）</td><td>关键业务
（制造产品/ 解决问题/ 平台）</td><td rowspan="2" colspan="2">价值主张
（能为客户提供什么）</td><td>客户关系
（开发、保持、重点客户）</td><td rowspan="2">客户细分
（目标客户）</td></tr>
<tr><td>核心资源
（竞争优势）</td><td>渠道通路
（客户接触点）</td></tr>
<tr><td colspan="3">成本结构（为客户付出什么）</td><td colspan="3">收入来源（怎样向客户收费）</td></tr>
</table>

小组名称：

3．看看每组的创业项目，梳理一下商业模式（表 5.3）。

表 5.3　____创业项目的商业模式画布

<table>
<tr><td rowspan="2">重要合作
（客户伙伴）</td><td>关键业务
（制造产品/ 解决问题/ 平台）</td><td rowspan="2">价值主张
（能为客户提供什么）</td><td>客户关系
（开发、保持、重点客户）</td><td rowspan="2">客户细分
（目标客户）</td></tr>
<tr><td>核心资源
（竞争优势）</td><td>渠道通路
（客户接触点）</td></tr>
<tr><td colspan="3">成本结构（为客户付出什么）</td><td colspan="2">收入来源（怎样向客户收费）</td></tr>
</table>

小组名称：

第六章　客户数据管理

教学目标

在了解客户数据类型、数据采集的基本步骤的基础上，掌握企业是如何通过管理客户数据来实现企业运营的。通过各组撰写项目计划书，增强其沟通协作意识，并从企业与客户的关系梳理中尝试设计获取和利用客户数据的方式。

教学要点

客户数据的类型；
数据隐私问题；
数据采集的基本步骤；
品牌态度的衡量；
跟踪购后行为。

关键词

客户数据　数据采集　数据隐私　接触点

导入案例

迪士尼乐园的客户数据管理

迪士尼乐园是孩子们的天堂，每个乐园都有 100 多个项目，但每个项目前排队等待的人群常常令人兴致大减。为此，迪士尼公司分析了 10 多年的历史数据，结合天气、旅游人数等数据，预测每支队伍每天每小时所需的排队时间，游客可以参考这个分析结果安排自己在园区内的游览次序。通过客户数据管理，可以使每位游客平均节省 4 个小时，提升游客们进园游玩的乐趣。

在这次数据管理获得成功之后，迪士尼公司又投资数十亿元打造度假计划系统 MyMagic，该系统能够追踪乐园里的游客去了哪些地方、如何进行消费、在什么时候用餐和喜欢吃什么。迪士尼采用这种系统的主要目的是对每年到主题公园游玩的几千万名旅客的数据进行收集，通过这些信息制定出更细致和更个性化的营销方案。这样，度假公园针对每位潜在客户所传达的信息和所制定的价格是不同的。

MyMagic 系统的核心技术是腕带，官方命名 MagicBand（魔法带），MagicBand 中嵌有无线射频识别芯片，并能与遍布迪士尼乐园的无线射频扫描设备进行通信。这样，游客戴上 MagicBand 后，其游览信息可以被遍布游乐园的数据读取器收到。短距数据读取器安装在明显的位置，游客在购买纪念品或打开酒店房门时，可以在上面挥一挥自己的腕带读取数据。长距读取器安装在隐蔽位置，游客无须任何操作，这些设备也能读取数据。

尽管迪士尼已经是世界级的大公司，但仍能像初创公司一样，不断创新和突破。

MyMagic 的分析功能成为迪士尼的另一个增收工具，它能鼓励游客提前安排好行程细节，这样就可以在公园里待更长时间及使用电子支付手段来便捷消费。

（资料来源：李军，2015．实战大数据[M]．北京：清华大学出版社．）

第一节　客户数据概述

在竞争日益激烈的市场环境中，客户数据的准确、真实、即时性已经成为企业扩大市场、增强竞争优势的一大法宝，客户数据是客户关系管理系统的灵魂，对数据的处理和分析是客户关系管理的主要任务和功能。客户数据可以帮助企业完成消费者分析，确定目标市场，进行销售管理，跟踪市场产品销售状况等多项任务，为企业决策奠定坚实的基础。

一、客户数据的类型

客户关系管理的客户信息一般从销售过程、客服过程、业务推广过程或其他多种形式中获得。商业活动行为需要有一个定位客户、针对性促销、产生交易的过程，如图 6.1 所示，行为过程产生了不同的数据类型，据此把客户数据分为 3 类。

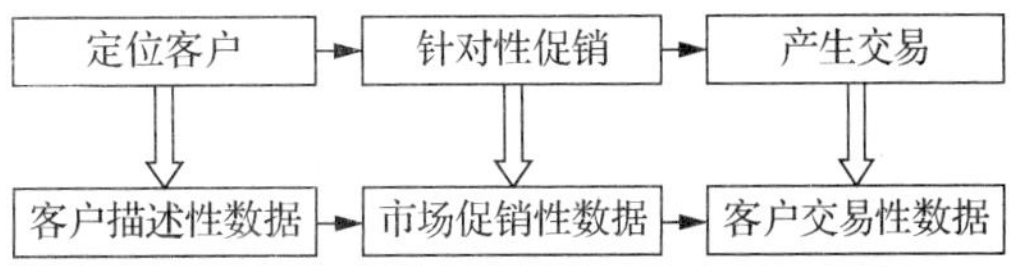

图 6.1　3 类客户数据

1．客户描述性数据

客户描述性数据是描述客户或消费者的数据类型，它通常是表格型的摘要数据，是一个客户数据中的不同列。除了数据库中的地址或者电话号码信息可能在一段时间内会有变化，其他的客户基本信息变动不是很快，可在较长一段时间内使用。通常在客户关系管理中把客户分为个人客户和团体客户两类，二者收录的信息有一定差别，如表 6.1 和表 6.2 所示。

表 6.1　个人客户信息模型

<table>
<tr><th>分类信息</th><th colspan="2">详细信息</th></tr>
<tr><td rowspan="5">客户属性</td><td>自然因素</td><td>姓名、地址、性别、出生年月、健康情况、文化程度、国籍、民族、宗教、电话、工作类型、收入水平、婚姻状况、家庭成员情况</td></tr>
<tr><td>地理环境因素</td><td>所在国家、地区、城市、居住区域的气候、人口密度</td></tr>
<tr><td>心理因素</td><td>生活方式、特殊爱好、优点、缺点、价值观、道德品质、个性、习惯</td></tr>
<tr><td>行为因素</td><td>进入市场的程度（现有客户、潜在客户、流失客户）、对企业产品和服务的偏好、对问卷和促销活动的反应、其他产品偏好、试用新产品的倾向</td></tr>
<tr><td>经济状况</td><td>收入水平、可支配收入、收入来源、储蓄和借贷、交往群体、模仿群体、否认群体、家庭类型、家庭主要成员的职业文化程度及家庭分工、信用卡号和信贷限额、忠诚度指数、潜在消耗指数</td></tr>
<tr><td>购买商品的特征</td><td colspan="2">商品档次、款式、价格、包装、数量、对某商品的特别喜好</td></tr>
<tr><td>购买动机及谁参与购买过程</td><td colspan="2"></td></tr>
<tr><td>购买方式</td><td colspan="2">是否有购买决策权、购买行为的类型、是否了解该类产品、是否有过消费经历、对公司促销或提价等营销手段的反应</td></tr>
<tr><td>购买时间及购买地点</td><td colspan="2"></td></tr>
</table>

表 6.2　团体客户信息模型

分类信息	详细信息
公司基本情况	公司名称、总部及相应机构营业地址、电话、传真；主要联系人姓名、头衔及联系渠道；关键决策人姓名、头衔及联系渠道；公司其他部门和办公室；行业标准分类代码及所处行业；公司基本情况（注册资本、员工数、年销售额、收入及利润等）
公司行为情况	客户类型（分销商、咨询者、产品协作者）；银行账号、信贷限额及付款情况；购买过程；与其他竞争对手的联系情况；忠诚度指数、潜在消费指数；对新产品的倾向

2. 市场促销性数据

市场促销性数据表示对每个客户进行了哪些促销活动，如商品目录、免费的样品或赠券等。另外，也包括一些不太精确的促销活动，如在广播、电视、网络、报纸和杂志上所做的广告。市场促销性数据模型如表 6.3 所示。

表 6.3　市场促销性数据模型

分类信息	详细信息
促销活动的类型	降价销售、电话促销、业务推广活动、纸媒广告、广播型广告和 Web 广告
对促销活动的描述	内容很多，根据厂家促销活动组织形式，如寄明信片的颜色、业务推广人员的性别、礼品发放形式等
促销媒体	电视、报纸、广播、网络等
促销时间	进行促销活动的日期，包括年、月、日，以及促销的精准时间
市场促销活动的意图	对该活动的目标客户的简单说明，以及为什么采取这样的促销活动，如为什么选择这样的促销地点、促销时间及背景音乐等
成本信息	包括促销活动的固定成本和变动成本

3. 客户交易性数据

描述企业和客户相互作用的所有数据都属于客户交易性数据，如表 6.4 所示。从与客户的通话到服务中心所得的数据及对客户所购商品的描述都包括在内，这类数据和促销活动的数据一样，都会随时间迅速变化。因此，通常是将这类数据存放在特殊的数据库结构中，要求这种存储结构能方便地支持带有时间标记的交易数据的更新和改变。

表 6.4　客户交易性数据模型

分类信息	详细信息
购买商品类数据	过去的购买记录、购买频率和购买数量、购买金额及金额累计价格、交货要求、产品规格、商品的购买过程及付款方式
商品售后类数据	售后服务的内容、使用后对产品的评价、对服务的评价、曾有的问题和不满、要求退货的记录

二、优质数据是客户关系管理实施的基础

对于分析型客户关系管理来说，数据分析是其运作的核心部分。企业在实施客户关系管理时，首先要构建一个结构科学、数据模型合理、可扩充性强的客户数据库，在实际运作中不断纳入新的数据。因此，数据质量对客户关系管理至关重要，是客户关系管理成功的关键。优质数据是一种资产，如果数据不准确、不及时、定义不恰当，这种劣质数据可能对系统造

成破坏性影响。如果医院关于患者的信息不正确或是不完整，医院就可能同意让患者服用可能致死的药物；如果航空公司有关剩余座位的数据是错误的，就会订出去太多机票，导致有的旅客登机后没有座位；若房地产销售中的销售数据是错误的，则会导致空余楼盘重复销售；如果教学系统的数据出现错误，就会使考场安排出现差错。劣质数据可以造成以下影响。

1）由于错误数据造成决策失误。

2）由于所需的数据要么无法得到、要么不可信，从而失去了机会。

3）受劣质数据的影响未能遵守或违反了政府的法规政策而被司法机关处以罚款。

4）冗余数据造成的软件、硬件和程序员/分析员的开支。

5）由于劣质数据或数据不一致而造成恶劣公共关系的开支和影响。

6）由于收费过多、付款不足、信件错误等原因造成与业务伙伴、供应商、顾客等的关系恶劣。

错误数据会使业务数据系统不正常地终止，使运行发生故障，使系统失去效力。一旦劣质数据进入数据仓库，数据清理就将成为一项重大而永无止境的工作。

要想获得优质的客户数据，客户数据质量管理必不可少。数据整合及数据管理软件给客户数据质量的管理带来了很多方便。但实际上，在整个客户数据质量的控制过程中，人仍然是关键因素。例如，仅客户数据的录入就涉及很多人：销售人员会录入客户信息和交易数据；客户服务部门的工作人员除了录入交易数据外，还会录入所服务公司的新的联系人；订单录入人员会输入客户的身份信息等。同样，出于销售、市场推广、计费等原因，在企业内还会有很多人对这些数据进行修改、更新。借助客户数据整合软件等的帮助，人们可以把上述各种在不同时期因为不同目的而生成的数据进行一定程度的整合和清理，但是要想真正长期保证数据的高质量，还必须从以下5个方面着手。

（1）建立数据的标准，明确数据的定义

通常，独立的应用系统会有一个比较模糊的、有时也会比较清晰的数据标准和数据定义。为了保证系统的正常运行，这些系统的用户必须在数据的标准和数据的定义上达成一致。不过，这些标准和定义大多数时候与企业中其他系统的数据标准和定义并不一致。因此，需要从整个企业的角度出发，建立统一的数据标准和数据定义，同时，整个企业必须就这个数据标准和数据定义达成共识。这一点并不容易做到，因为人通常本能地会拒绝改变，改变数据标准和定义并不是轻而易举的。为此，在企业中除了设立一个高管级别的数据质量管理委员会外，还需要选定一个执行能力强的项目负责人，需要他推动相关人员接受新的数据标准和定义。

（2）建立一个可重复的数据收集、数据修改和数据维护流程

数据管理面临的两个主要挑战是企业本身的复杂性和身份信息的不断变化。这两个客观原因的存在意味着企业的数据质量保证行动永远没有结束之日。因此，企业在制定客户数据质量的保证措施和客户数据质量指标时，必须保证这些措施和指标能够不断重复。

（3）在数据转化流程中设立多个性能监控点

客户数据的质量高低可以根据最终用户的需求来评价，也可以通过与同类数据源的比较来评价，还可以通过与前一阶段的数据质量进行比较来评价。但在制定数据质量的战略时，比较理想的办法还是根据最终用户的需求来进行。不过这里存在的一个问题是，等到最终用户拿到数据时再针对数据的问题进行修正已经太迟了。一个有效的数据质量的保证办法是每当数据发生转换后就与前一时期进行比较，从而对数据质量进行评估。

（4）对流程不断进行改善和优化

很多时候企业制定了很多办法来迅速且大幅度提升客户数据的质量，但经常没有得到满意的结果，其原因就在于客户数据的质量改进绝非一朝一夕的事情，而是一个持续的过程。正确的办法是通过一个不断改进的流程，持续不断地排除错误，对数据进行整合和标准化，最后达到流程的自动化，从而降低数据质量保证计划的总体开销。实际上，排除错误、数据整合和数据标准化从来就不是一件容易的事情。客户数据质量管理计划的负责人将配合公司高管组成的数据质量管理委员会来保证这个流程的顺利执行。

（5）把责任落实到人

由于数据质量与客户数据的产生和维护相关的人员关系密切，因而需要加大他们的责任。对于那些负责客户数据的产生、客户数据的合理化及对客户数据进行清理和维护的人，应该给他们的活动制定明确的指标，并针对这些指标细化要求。同时，客户数据质量管理计划的负责人要针对具体情况适时地调整客户数据质量的目标。

三、客户数据的隐私问题

如今我们经常会接到陌生的营销电话，这都与客户数据隐私没有得到充分保护有关。客户关系管理以数据库营销为技术基石，隐私问题不可避免。企业经常利用信息技术通过客户关系管理获取、保持和增加可获利的客户，进行一对一营销。一对一营销要求企业在进行销售和营销活动时，根据客户的细分情况制定和实施不同的战略。在对客户进行细分之前，企业必须广泛地与大量客户进行直接的接触，深入了解有关客户的详细情况，不仅是客户的姓名、家庭住址和联系方式，还应该收集有关客户的习惯、兴趣、业务状况等信息。掌握客户资料，了解客户需求是客户关系管理运行的基础。

客户提供个人资料，其目的是希望企业真正了解自己的需要，为其提供更多的方便。然而，现在出现了企业将获得的客户信息用于大量广告推销或转卖给第三方等对客户数据滥用的现象。这种侵犯客户个人隐私权的行为使客户产生戒备心理，对于信息收集采取较为谨慎甚至排斥的态度，拒绝提供信息甚至提供虚假资料。这与企业通过实施客户关系管理达到一对一营销的目标相违背。因此，客户的隐私权和客户关系管理系统对客户数据的收集成为一对矛盾。以客户为中心的企业必须处理好这对矛盾，使用客户信息时要尊重客户的意见，平衡二者之间的关系，在获得客户分析数据的同时不让客户觉得他们的隐私权受到侵犯。隐私问题的妥善解决将会给企业带来更多的业务，并且为其长期发展提供巨大的机会，否则客户关系管理系统的实施只会产生消极的影响。不管如何为客户数据建立内部数据结构，在从外部获取客户数据时，客户的隐私问题永远是企业应考虑的重要问题，它是客户最为关心的问题。随着客户关系管理系统功能的更加强大，这个问题变得更加重要。

1. 客户关系管理中客户数据隐私的保护

在建立针对客户关系管理的数据库时，要有一些针对性的指导方针作预防来保护客户数据隐私。具体运作时，可采取以下措施。

（1）匿名身份信息

客户身份最明显的是完整的姓名或身份证号。为避免直接与具体个人姓名相对时引起消费者的反感，可采取创建匿名标识符的方式组建数据库。给每个客户分配一个唯一的、经过加密的标识符，而且只有合法授权才能够将其转换成客户的姓名和地址信息。

（2）具体数据与汇总数据

尽管使用的客户数据是匿名的，但是这些数据仍然描述了一个客户的具体信息，因此某些人仍然可能被辨认出来。要想更好地保护客户的隐私，一个办法是只对汇总数据进行挖掘。例如，根据客户的年龄和性别来划分目标客户群，并考察对这些客户群进行市场促销活动的效果。这时，需要分析的数据是在年龄和性别的不同组合下，客户群对促销活动的响应率及其购买量。年龄和性别大约有 120 种组合，对一个含有 100 万条记录的客户数据库来说，这意味着平均 8000 个客户的购买行为将被合并成一条记录。这样分割的结果使客户的汇总数据仍然可以用来进行数据分析，用于市场定位或其他战略方针，同时个人信息得到了最大限度的保护。

（3）信息用于市场定位或评估

客户对于企业了解他们在做些什么，并且评估他们对促销活动的反应不太在意。然而，如果客户认为在这些信息的基础上，企业采取了进一步的行动，他们就会不放心了。当客户接收到针对私人生活中的事件（如孩子的出生时间）或者信息（如治疗客户所患疾病的新药物）的促销行为时，他们会感到担心，不知道自己隐私的外泄程度。因此，企业在准备使用客户数据来进行市场定位而不是只进行简单的评估时需要格外小心。

（4）合并数据源

另一个引起客户对隐私安全担心的原因是合并数据源的使用。过去，这个问题一般不重要，因为从很多数据源收集客户数据比在小范围内收集数据要困难得多。现在，由于计算机和数据库技术的发展，可以很容易地从多个数据源收集客户数据，然后得到每个客户的完整信息。这通常意味着可以掌握客户在产品市场之外的行为，因而企业需要对这些整合后的数据源谨慎使用。

（5）匿名系统结构

在法律对如何使用客户隐私数据作出更好的规定前，不存在一个可以解决所有相关问题的方案。但是，存在一个通用的体系结构可以为数据分析提供帮助，它在客户身份信息和所有其他信息之间提供了一道防火墙。当然，这个结构也不能绝对保证客户的隐私安全。但是，它保留了在个体层次上进行评估和市场目标定位的能力，同时数据分析仅仅对匿名数据进行处理。采用这种体系结构，同时注意隐私保护法中那些已经成熟、完备的条款，就能够保证企业不会因为侵犯个人隐私而受到法律的制裁，同时也会让客户感觉企业处理数据的方式是安全的，不会破坏他们的隐私，从而增强客户对企业的信任。

2. 客户数据隐私的法律保护

面对信息时代对数据隐私权构成的威胁，各国均采取加强立法的方式来保护个人资料。早在 1970 年，德国的黑森州就出台了数据保护法，现行的《联邦数据保护法》于 2009 年修改并生效，约束范围包括互联网电子通信领域，旨在防止因个人信息泄露导致的侵犯隐私行为。1995 年，欧盟制定了《计算机数据保护法》，在此基础上，2018 年 5 月，欧盟出台了《通用数据保护条例》（General Data Protection Regulation，GDPR），任何收集、传输、保留或处理涉及欧盟所有成员国内的个人信息的机构组织均受该条例的约束。同年，美国加利福尼亚州通过《加州消费者隐私法案》（California Consumer Protection Act，CCPA），于 2020 年 1 月生效，对所有和美国加利福尼亚州居民有业务的数据商业行为进行监管。数据隐私的专门法律保护已成为国际立法的趋势，我国必将使其法律与国际立法相接轨，因此制定一部专门的个人数据保护法具有一定的现实意义，同时，我国对电子商务的隐私权保护的积极研讨也为个人数据保护法的制定提供了一定的理论基础。如何通过立法保护个人数据，应考虑从以下几方面着手。

（1）个人对资料数据的权利

1）知悉权：任何数据主体有权向数据持有者了解自己的个人数据是否被储存及储存的内容和被传播的地点，有权查看和提取。

2）更正权：数据主体如果发现储存的数据已经过时、不正确、不完整，有权要求更正或删除。

3）公开权：数据主体有权决定是否对其个人资料进行公开，个人资料非经本人同意，不得随意公开。

4）要求赔偿权：数据使用者遗失、毁坏有关数据或未经允许而透露或传播有关数据造成数据主体损害的，数据主体有权要求其赔偿。

（2）个人数据的收集和持有

首先，收集和持有数据应当有法律依据。政府必须依据宪法并根据其职责和工作需要来决定数据的收集及其范围，而私人机构及社会团体必须在征得当事人的同意后才能进行数据收集，并且这些数据是社会发展所需要的，不会对当事人造成不良影响及损害。其次，数据的收集和持有必须符合一定的法律程序。收集数据时，应当向当事人说明收集行为的权限及依据、收集数据的目的等方面的内容，并向特定的机关（如数据保护管理机构）履行适当的登记程序。

（3）关于个人数据的使用

数据持有者使用的个人数据必须是合法收集和持有的，并且使用时需得到个人的许可或法律的授权。使用者在使用个人资料时，不应当超越法定或业务范围，利用个人资料从事侵犯他人合法权益的行为。例如，利用已持有的个人资料从事商业交易，任意歪曲和篡改他人的个人资料，对其人身进行攻击等。

（4）个人数据的披露和公开

个人资料涉及个人隐私，任何个人数据的持有者都有对其保密的义务，未经数据主体同意，任何人不得披露和公开他人的个人资料。即使是合法的公开，也应当将公开的时间、地点、性质和目的等情况记录下来，并保存一段时间。

（5）侵权赔偿

我国应设立专门的数据库管理机构，批准对个人资料的收集并进行登记，审查当事人的权利主张，监督数据资料的使用。一旦发生数据的使用不当并造成相应人格权的损害时，当事人可请求停止侵害，专门机构宣告某项侵害违法及索取损害赔偿。

由于历史及文化传统等方面的原因，我国隐私权的法律保护处于滞后状态，完善和发展隐私权的法律保护，既要加强对隐私权的传统法律保护，又要重视对信息时代下的数据隐私权的研究和立法。

四、客户数据采集

1. 数据采集的定义

所谓数据采集，就是将系统需要管理的所有对象的原始数据收集、归类、整理、录入到系统当中去。数据采集是计算机管理系统使用前的一个数据初始化过程，是必要条件。它不但是一项工作量巨大的系统工程，而且也是一项对专业技术和经验都要求非常高的工作。

数据采集中最基本、最简单的分析步骤就是描述数据。数据采集可以用来对问题进行归类并逆推问题。在问题归类方面，可以预测问题属于哪一类，如某一个人是否有信用风险或者几个提议中哪一个最可能被接受。在逆推问题方面，可以测定一些数据，如对某一个提议响应的最大概率。数据采集也常常用来识别客户的特征，并按照相似行为对客户进行分割归类。

2. 数据采集的特点

（1）采集渠道的多样性

客户向企业提供信息数据的方式是各种形式的，有些是显性的，有些是隐性的。显性的信息如客户通过互联网（这里的客户包括公司内部的员工和公司的供销商）、E-mail、公司网站的即时交互和技术支持，还有电话咨询、传真或亲自到访告诉企业一些珍贵的信息。隐性的信息，如客户与企业现场交互时许多的心理和行为信息、客户上门投诉企业的不足或要改进的地方，这都是隐性的从客户那里得来的重要信息。但是有很多服务人员，无论是销售、营销或是客服人员都缺乏这种获取信息的能力，这对公司来说是一个很大的弊端，并且让企业面对市场处于被动的形势。此外还可以从合作伙伴及各大综合性网站、传统报纸杂志的报道中得到信息、数据。

要想有效地采集客户数据，首先企业必须从自己做起，尽可能地培养企业员工获取信息的能力，利用各种合理有效的方式去获取信息，不要轻易流失这类资源。

（2）采集文件形式的多样性

因为通过不同渠道采集回来的客户数据，所以产生不同的文件形式，如 E-mail 是电子文档的形式，销售工程师从客户那里得到消息后，再由他总结出来的信息数据是记录文本形式，以及从网络上得到的市场信息，它是以多媒体形式保存的。还有许多其他形式的客户数据，要想有效地处理这么多不同形式的客户数据，必须培养这方面的能力，否则，客户数据的全面性将得到很大的质疑，对企业将来的投资造成很大的偏差，造成重大损失。

3. 客户关系管理中数据采集的基本步骤

一般数据采集包含以下几步：定义企业→储存与选择数据→为建模准备数据→数据建模→评估和部署数据。

（1）定义企业

数据采集本身就是解决实际的业务问题。首先数据采集的目标应该根据公司的商业需求及对原始数据和实际操作的分析来定义。企业必须清楚自己的目的才能更好地利用数据采集。例如，根据“提高反应速度”或“增加反应价值”的特定目标，企业需要建立一个截然不同的模型以加强服务中心的反应。数据采集在客户关系管理中通常应用于保留客户、客户服务与支持、市场研究、提高客户忠诚度 4 个领域。

（2）储存与选择数据

在数据储存阶段的主要任务是收集数据。为了客户关系管理的应用，数据通常通过客户、产品、市场来收集。客户的资料通常包含名字、年龄、性别、收入、工作、信用等级、是否结婚、是否有孩子等。数据选择是数据采集步骤中最重要的阶段之一。前一个阶段收集的数据当然不是全部有效的，它可能包含噪声数据、不一致的数据和模棱两可的数据。如果要得到精确的结果，数据选择是必要的。它通常由数据提取、数据处理、数据集成和转换 3 个步骤组成。

（3）为建模准备数据

为建模准备数据是建立模型之前数据准备的最后一步。首先，为建立模型选择变量。将拥有的所有变量加入数据采集工具中，找到那些最好的预测。其次，从原始数据中构建新的预测依据。再次，从数据中选取一个子集或标本来建立模型。建立模型有两种选择，使用所有的数据建立一个模型或者建立多个以数据标本为基础的模型，后者常常能建立更准确有力的模型。最后是转换变量，使之和选定用来建立模型的运算法则一致。

（4）数据建模

数据建模是一个重复的过程，需要探究许多模型，从而找到一个最适当的模型来解决实际存在的业务问题。在探索模型时，有时需要重新对先前的数据进行改动。在决定所做预测的类型（如分类、聚类、联合规则、回归）以后，必须选择一种模型类型（如决策树、神经网络）进行预测。要应用客户关系管理系统解决业务问题，分类和聚类、回归分析、联合规则是常用的 3 类方法。

（5）评估和部署数据

建立模型以后，要评估和验证结果。因为所收集的数据分为两组，一组用于建立和训练模型，而另一组则用来评估模型的有效性。在评估模型时，应该考虑问题的所有方面，从而得到最有价值的模型。在评估和验证模型之后，可以选择最佳的模型并运用其解决具体的业务问题，这就需要对模型进行实际部署工作。

建立模型是使数据采集获得成功的关键。一旦模型被建立并投入实施，将对企业数据的收集和利用产生重要的作用。但世界每天都在变化，因而需要间隔性地对模型进行核对。唯有如此，通过建立适当模型的企业才能获得更多有用的信息。

第二节　客户数据管理概述

在数据环境下，客户管理必然遵循更科学的规律，采用更有价值的方法来进行。客户与企业的交互是个过程，在事前、事中、事后的客户满足过程中，企业都会也必须通过数据使整个过程更加可控和有效，而不是盲目地依靠经验来完成所有环节。

一、开发客户所需产品

如何能够获得客户的认可，让客户选择企业提供的产品和服务，首先就要有客户喜欢的产品。要了解客户需要什么，这需要做大量的数据分析，以最终实现能提供给客户比竞争对手更满足需要、性价比更高的产品。很多时候，开发客户所需要的产品，往往不是直接来源于客户需求，而是来自对现有产品和服务问题的充分解决。

（一）优化现有功能

原有的产品必定有其原有的功能，要开发客户所需的产品，必定要从这些功能入手，进行优化整合，以取得更好的效果。但即使企业研发部门已经有了产品功能列表和需要优化的清单，仍然要从客户实际需求角度，重新发现和理解客户需求，以实现客户需要的现有功能优化。这个过程可以从以下几个方面来获得有用的数据信息。

1. 企业相关人员访谈

企业相关人员访谈是从最了解企业产品的人入手，主要是针对销售人员和售后服务人员。因为他们最了解客户的需要，也经常会听到客户的抱怨。将这些人了解的客户对产品功能的要求、漏洞的修复、产品的改进、客户的愿望等各方面的数据收集起来，进行综合分析和挖掘，就能生成一个客户需求的列表。

2. 客户调查

客户调查包括直接询问客户和让客户填写调查表。在直接询问客户的时候，客户可能无法准备表达现有产品有什么问题及自己想要什么样的产品，这需要提问者有更多技巧来询问触及本质的问题。在设计调查表的时候，要能让客户提供对现有产品的直接反馈，以收集客户体验产品和服务后的详细数据。

3. 跟随客户观察

跟随客户观察是跟随客户去家里或办公的地方，花费一定的时间观察他的产品和服务使用情况，找到这个过程中存在的难点和问题，并寻找改进的机会。在这一过程中，观察者往往会发现客户在流程衔接、操作、转换过程中的麻烦或容易失误的点，针对此进行改进，将会直接解决客户自己还未发现的痛点。

（二）发现优先需求

现在绝大多数的产品都是多功能的，但绝大多数客户不会用到产品的所有功能，如智能手机和办公软件，更好地满足客户的优先需求就可以使产品更贴近于客户需要。为达到此目的，有两种获取数据的方法。

1. 技术统计

很多企业为了实现自主服务支持，会有自己的网站或其他软件服务终端，这样就可以通过一些日志文件来进行客户访问的技术统计。这些文件可能会记录客户访问并停留时间更长的页面，这样会更方便地获得客户查询的重点，从而获得他们需要解决什么问题。但也会有些例外的情况，那就是如果很多内容都集中在一个子模块或页面上，企业就很难判断客户到底想满足哪些优先需求。

2. 选择需求清单

相比较于技术统计的局限性，让代表性客户对需求清单进行选择可能会获得更加具体直观的数据。这需要企业列出产品功能的清单，让客户在众多的选项中选出首要的几项功能需求，从而得到更多客户选择的功能需求。这种方法需要克服的问题在于，客户的选择应该更具有代表性，从而保证所得到的数据更能反映整个客户群体的需求；此外功能需求清单上的可选项应该足够多，顺序随机排列，从而得到更贴近客户真实需求的最终选择。那些选择票数更多的几项需求往往就是企业需要极为重视的客户关注点。

（三）进行差距分析

差距分析是对选择清单进行补充，通过这种方式获得某种功能对客户的重要性，以及客户对该功能的满意程度。因此差距分析要对重要性和满意度两方面进行评级调查，最后得出更优先的功能需求。例如，采用 7 分量表（从“完全不”1 分到“非常满意”7 分）对西子足道的足疗产品评分，如表 6.5 所示。

表 6.5 足疗产品评分表

项目/关注点/要素	重要性	满意度	差距（重要性-满意度）	优先化（重要性+差距）
足底按摩的舒适度	7	4	3	10
技师的外貌	4	3	1	5
房间的装修和陈设	3	4	−1	2
按摩过程沟通的愉悦度	5	2	3	8

从表 6.5 可以看出，第一项“足底按摩的舒适度”和第四项“按摩过程沟通的愉悦度”有相同的差距，但由于第一项的优先级得分比第四项高，因此属于需要优先改进的需求。

（四）转换客户需求

转换客户需求主要是要将客户的需求与企业的需求进行统一，并在企业资源调配合理的范围内进行功能的改进。如表 6.5 中第一项“足底按摩的舒适度”的改进必然需要企业加大技术的手法培训，从技术上提高该项的满意程度。对于第四项“按摩过程沟通的愉悦度”则更取决于技师先天的沟通能力，后天的培养效果有限，这需要在招募技师的过程中，将外向的、善于沟通的特质作为选择的重要标准。如果第三项“房间的装修和陈设”是客户最重要的需求的话，能否满足这个需求则取决于企业的资金储备情况，这部分硬件投资会耗费企业大量的现金流。因此如何解读客户需求，并在企业资源允许的情况下将客户需求转换成企业的行动，这在产品开发过程中尤为重要。

二、识别客户需求

对于一个创新的国度来说，所有的创业机会都来源于对客户需求的识别和把握。无论对于初创企业还是老企业，生存和发展的关键依然是不断地创新，因此有效识别客户需求会贯穿企业运行的整个过程。从宏观上，客户需求来自以下几个方面。

1. 未满足的需求

识别客户需求的一个重要途径是善于发现和体会自己和他人在需求方面的问题或生活的难处。例如，产妇需要专业人士照顾自身和孩子，就有了月子中心；年轻人没空做饭，就有了美团外卖。就在这些满足社会大需求的行业里，又会不断地派生出新的需求，形成更多的细分领域。有些需求则会针对需求满足本身的问题创造出新的需求，如 Uber 在发现了人们交通方面的需求之后，并没有增加新的更好的出租车，而是另辟蹊径，用共享解决问题。

2. 新技术的产生

新产品和新服务的出现可以更好地满足客户需求，同时给企业带来新的机会。例如，蒸汽机推动了第一次工业革命，催生了众多产业。发电机、汽车、电话出现在第二次工业革命，引发了全球创业的高潮。计算机和互联网的出现将人类带到了崭新的时代，开创了众多的产业。近年来的移动互联网和3D打印技术的出现也必将带来无限的创业机会。企业自身的产品如何融入这些新的领域，采用这些新的技术，对新创企业来说更为重要。例如，支持多种支付形式的收银系统的改进会使很多服务行业的小软件提升竞争能力，也使更多采用新技术的小企业脱颖而出，后来居上。

3. 社会变革

新的行业、新的产品往往产生于不断变化的环境，因为环境变化会带来市场需求、结构的必然变化，从而带来新的商机。这种变化可以是经济的变化、技术的变化，更可能是社会的变革，这往往是发现客户需求、实现创业机会的重要来源。我国早期的改革开放及后来的政治经济改革，都催生了很多新的机会。现在我国正处于经济社会的新常态，改革也处于攻坚阶段，这种变革必然带来产业结构的调整等巨大的变化，因而我国现在拥有其他国家所无法比拟的创业机会。

4. 激烈的竞争

激烈的竞争会带来企业对客户需求的深层次理解，会从多个维度来引导和开发客户的需求，在这个过程中，会衍生更多的满足客户需求的机会。例如，快递行业在激烈的竞争中会不断寻找更快、更安全、更高效的运行方式，这也催生了信息化产品、智能柜、末端配送车等多种满足客户需求的方式。实际上，越是激烈的竞争环境，企业对于分析和发现客户需求的动力就越充分，能提供的满足方式也会更加多样化。

5. 个性化差异

在个性化的时代，保持产品和服务的独特性，培养自己的核心竞争优势一直是企业追寻的目标。客户的个性化差异衍生了多样化的客户需求，如何发现客户的个性化，并能将这种个性化需要尽量规模化，以便达到低成本地满足，是企业不得不时时面对的课题。面对越来越多的客户细分，如何满足每一位客户的个性化需求，催生了企业对柔性化生产的强烈需求和定制化的需要。例如，现在生活中常见的各种礼品的DIY定制，就是满足客户个性化需求的体现。

在识别客户需求方面，如果企业已经有现成的数据，只须重温过去的调查、访谈、客户服务记录，不需要重新花费人力物力进行大规模的数据采集。除了对客户的需求进行直接的数据采集和分析之外，也会有一些间接但有效的数据获得方式。例如，对竞争者的情况进行调查和分析，通过了解竞争者的优势品牌、产品和服务体验方面的信息，进一步获取客户的需求偏好。

三、了解客户

在这里，我们主要通过5W1H的提问方法更好地了解客户。

（一）Who（客户对象）

首先了解你的客户是谁，即了解客户群的构成特征。这些核心特征就包括客户性别、客户年龄、收入水平、教育水平、职业状况、婚姻状况、家庭成员状况等。这些数据是很多企业经常使用的搜集项目，主要目的是勾勒出客户群的特征。这类信息有助于确认广告投放的有效群体或有产品购买意向的有效群体。

（二）Where（客户地点）

了解客户所处的地点，即了解客户的地理特征，包括农村还是城市、国内还是国际、城市名称、所处省份、邮政编码等。了解客户所处的地理区域，除了要在地图上进行标记外，更要了解客户所处区域的市场状况及客户集中度。这有利于企业作出更合理的决策，如办公地点的选择、仓储位置的选择、销售终端地点的选择等，能够更靠近大部分客户，无论是营销成本还是物流成本都会大幅度降低。

（三）What（客户行为）

了解客户行为的内容，在过去、现在和未来，客户做过什么、思考什么、正在做什么、准备做什么。

1. 客户的过去

客户曾经做过什么，什么样的行为使其得以区分？主要包括最近一次购买、过去交易的总额、过去对产品的体验、从客户身上获得的利润总额、在客户身上花费的时间。通过这些数据，企业就可以知道客户过去是如何与企业交易互动的，谁是企业的黄金客户，谁又是收益最低的客户，谁是老客户，谁是有价值的新客户等。

2. 客户的现在

客户现在在做什么，他会怎样思考？要想确定客户的态度和心理，需要掌握更多的客户具体数据。如生活方式，是喜欢旅行还是宅在家里？对金钱的态度，是崇尚节俭还是喜欢奢华？对技术的态度，是喜欢尝试还是不了解新技术？对风险的态度，是敢于冒险还是保守安定？对产品的满意度是高还是低？是积极的投资态度还是偶尔投资？这些方面的不同，会使客户对企业的产品或服务呈现出不同的需求等级。

了解客户的背景、目的和购买动机能够帮助企业确定产品的功能是否需要改进，以及向何种方向改进。如一款个人电脑产品，是用于办公还是娱乐，其功能是不同的。一款运动装备，资深用户和入门用户的需求是不同的。一个法律相关的网站，普通的法律咨询和寻找律师代理官司，其解决问题的路径也是有差别的。

3. 客户的未来

如果过去和现在已经是企业的客户，那么未来还会不会是企业的客户？还有没有可能给企业带来新的客户？这就涉及长期的客户关系和客户终身价值的问题。无论是通过调查问卷还是过去消费行为统计，都需要评估客户的再次购买和将企业的产品或服务推荐给他人的可能性。重复消费和乐于推荐是忠诚客户的两大标志，通过一些激励措施不断培养和强化客户的忠诚度，从而使企业获得更高的客户终身价值，这在很多企业已经广泛执行，如通过积分、折扣、其他的优惠或免费政策来使客户克服竞争对手的诱惑再次选择本企业的产品或服务。

（四）When（购买时间）

在什么时间进行客户调查，可能会出现完全不同的结果。季节性因素、节日性因素、个人生命周期因素都会影响客户群的构成。例如，重要节日和打折季、周末的客户状况会与日常时间、工作日时有很大差别。上学、结婚、生子、乔迁等人生重要的节点带来的客户消费也会与正常时段呈现出很大的不同，因而调查的数据应该尽量克服一些非常规因素带来的重大影响，以避免出现决策的失误。

（五）Why（购买原因）

客户为什么会购买企业的产品或服务？背后深层次的原因是什么？什么样的产品和服务会吸引哪一类客户？如何通过沟通能更好地解决客户需求？哪些客户会喜欢互动交流？这些问题的答案就是客户真实需求的集中反映。客户购买总会是有原因的，即使客户自身可能也说不清原因，只归结为需要或喜爱，但通过购买原因的深度剖析，往往会呈现企业不断改进的动力和方向。

（六）How（到达客户的方式）

也就是企业如何能接触到客户，具体会包括线上交流或线下交流、电话交流或面对面交流、直接接触客户或通过经销商接触。了解和理解与客户接触互动的方式，有助于发现沟通渠道存在的问题。如企业拥有直接销售的渠道，但客户仍然愿意通过经销商购买，则可能说明这种直销渠道存在某种不便利性，是操作的复杂性，还是难以建立起客户的信任，又或者渠道不畅？这就需要改善企业现有的直销渠道来满足更多客户的需求。

四、衡量客户品牌态度

在不考虑其他因素的情况下，客户一定会倾向于选择熟悉的品牌，而不是陌生的品牌。客户总是从熟悉品牌开始，通过反复使用形成对产品的喜爱，最终形成对品牌的忠诚。

（一）对品牌的熟悉程度

要衡量客户对产品或服务的认知可以从其对品牌的熟悉程度开始。可以对现有客户或潜在客户问卷询问，如客户有哪些最钟爱的品牌，以及让客户对企业提供的品牌清单进行选择或排序。以手机产品为例，如表 6.6 所示。

表 6.6　手机品牌熟悉程度表

了解客户最钟爱的手机品牌	列举手机生产企业
	列举 3 款手机产品
	列举 4 家手机生产商
要求客户选择多项熟悉的品牌	三星
	OPPO
	华为
	VIVO
	小米
	iPhone

注：手机品牌排名不分先后。

通过了解客户的品牌意识，同时询问客户的品牌了解渠道，对于更好地了解投放广告的效果和途径非常有效。

（二）对品牌的亲和程度

对品牌的亲和程度是识别客户最容易联想到的与品牌体验有关的属性，以利于企业在客户心目中打造出正面积极的形象。如对一款手机的联想，正面联想可能是机身轻薄、功能强大、容量大、续航能力强；负面联想可能是价格昂贵、颜色单一、操作复杂、怕摔。如果询问客户联想到一个品牌或一款产品会用什么文字描述，可以提供一份正面和负面的文字清单供客户选择，之后对调查结果进行统计。如前面手机的例子，如果大多数人更多选择某种正面表达，说明品牌传递出的某种理念是成功的，而对于选择较高的负面表达，则需要企业势必作出重要的改进。

（三）对品牌的喜爱程度

客户对品牌的喜爱程度和情感有重要的关系，测量客户与品牌的情感关系要围绕情感依恋程度展开。马修·汤普森认为应从联系、热情、喜爱 3 个方面进行测量。如表 6.7 所示，按照 7 级分制对自己的喜爱程度进行评价（1 完全不符合、2 比较不符合、3 有点不符合、4 一般、5 有点符合、6 比较符合、7 完全符合）。

表 6.7　对品牌喜爱程度测量

测量项目	子项目	分数
联系	有联系	
	黏结	
	依恋	
热情	有热情	
	愉悦	
	被吸引	
喜爱	喜欢	
	友好	
	挚爱	
	平静	

如果要计算测量项目的得分，就用对应子项目的平均值；如果要测量整体的情感，就取所有子项目的平均值。

（四）对品牌的渴望程度

当一款产品价格合理、使用方便，客户会普遍感到满意。如果产品功能强大到超出了客户预期，客户可能就由普通的满意上升为感到愉悦，愉悦感会带来产品的渴望程度，从而最终实现重复购买。微软的研究团队开发出一种测试客户渴望程度的方法，用 118 个描述客户产品态度的词来衡量。客户被要求从这既有褒义词又有贬义词的 118 个词汇中选择 3～5 个与产品或服务相符的形容词，如创新、有价值、吸引人、困难、老套、过于简单等。从而计算客户选择褒义词和贬义词之间的比例，来进行同一款产品的不同时段或不同产品之间的对比。

五、分析客户购买行为

客户在与企业的整个关系生命周期里，会有很多机会与企业进行互动，从而形成各种各样的接触点。在客户形成购买行为的过程里，有些接触点起了决定性的作用。

（一）了解接触点

1. 企业驱动的接触点

客户与企业的接触点可能是由企业方面驱动的，由此发生的费用由企业来负担，具体来说有两类。

（1）广告类接触点

广告类接触点包括企业发布的各种类型的广告，除了传统媒体广告，如电视、广播、报纸、杂志之外，现在的企业更愿意通过网络来发布广告，第三方网络平台和电子邮件是企业常用的渠道。此外，还有企业愿意采用传统邮寄发布直邮广告。在如今传统媒体的吸引力日益逊于网络的状况下，企业一直在寻找性价比更高的触及客户的渠道和方式，电梯广告、影视植入、赞助及公益等各种方式正在日渐增长。

（2）销售终端

销售终端主要指企业的线上和线下销售渠道。企业的线下渠道除了门店之外，还有可能组织一些宣传促销活动。线上渠道主要就是网站和 App 等。为了发挥线上终端的作用，企业往往与各大搜索引擎相连，并努力通过口碑或销量竞争等将自己处于更有利的展示位置。

2. 客户驱动的接触点

除了企业驱动的接触点之外，客户也可能驱动接触点，而这些渠道往往是企业无法掌控的区域。

（1）亲朋好友推介

口碑是效果最好的广告，尤其是熟悉的亲朋好友的无利益推介，往往会使客户迅速越过犹豫期，实现真正购买。所以现在的企业越来越重视口碑营销，但这种方式更依托于企业产品或服务自身过硬的品质及体验。

（2）其他人的评价

随着互联网技术和移动通信技术的日新月异，网红企业或产品传播的速度越来越快。很多社交媒体和自媒体都可以自由传播对产品和服务的体验，围观并参与这些讨论会在很大程度上改变客户的购买决策。所有的网购平台都附有评价功能，越来越多的客户在购买前都会参考其他人购买后的评价，以减少自己的试错成本。

（二）衡量接触点

对于企业驱动的接触点衡量起来相对容易，覆盖的客户总量有据可查，如报纸杂志根据发行量、网站根据浏览量等。但具体到某种媒介的某个广告的效果，则需要通过问卷调查来衡量广告前和广告后受众心理的改变。对于客户驱动的接触点的衡量相对困难，但仍可根据网络平台的排序和好评率来测算，二者往往也关系密切。企业通过不断改进产品和客户体验来提升企业的口碑和好评率，必然会带来销量的不断增长。

（三）跟踪购买过程

关于购买过程的记录，可以分为购前和购中，一旦客户决定购买，需要跟踪的主要是购买的品类、价格、数量，属于确定性的数据，企业对这些数据可以进行一定的统计和分析。但对于企业的利润来说，至关重要的往往是购前阶段，这时候的跟踪和干预，完全可能使潜在客户转化成现实客户，企业跟踪和干预措施的有效性直接决定了转化率的高低。这对于在线购物来说，效果尤其明显。

跟踪网站互动有许多现成的分析工具，这些分析工具主要收集以下数据。

1）页面浏览量：客户正在浏览的网页和浏览次数，这是跟踪的关键指标。

2）网站停留时间：客户停留的平均时间，企业网站更新内容后，可以通过停留时间对比，发现更新的内容对客户的吸引力。

3）单次停留网页数：这是对上一个指标的补充，除了知道客户每次停留的时间多少，还要知道客户如何花费这些时间。

4）跳出率：观测客户从浏览首页离开网站不再浏览的指标，高跳出率有两种可能：一种是客户迅速在首页找到可用信息，另外一种是客户无法在首页找到可用信息。跳出率低于某个水平则表示大多数客户进行了多页浏览。

5）新客户和老客户比率：这是指访问网站的新老客户的对比，一般来说，老客户浏览网页的时间更长，转化成现实客户的可能性更大。

为了更好地促使潜在客户转化成现实客户，经过企业长期持续地跟踪之后，应根据需要不断干预，创造出利于客户转化的便利。如要方便客户询价和咨询、要方便客户邮件或联络客户、要方便客户下载相关资料、要方便客户获得视频播放或演示、要有客户进行计算和对比的实用工具等。

因此客户购买前的跟踪过程就是一个不断收集数据、获得客户喜好、提升客户对企业及产品的兴趣、给客户创造一切便利去接近企业的产品或服务，最后吸引客户尝试下单购买的过程。

六、跟踪购后行为

及时潜在客户实现了最终购买，也不等于万事大吉，只有购买之后满意，并不断进行重复消费和向外推荐，才能真正成为企业的忠诚客户。因此交易完成之后，客户就进入购后行为阶段。在这个阶段，企业需要兑现购买前的承诺，如服务支持、免费退换等内容，而这个过程可能相对较长，尤其是购买频率不高的产品和服务。处于这一阶段的客户变动会很大，可能因为满意而成为忠诚客户，也可能因为转向竞争者并进行负面口碑传播。因此，购后阶段仍要进行跟踪和态度衡量，以及时发现并纠正这一阶段可能出现的问题。

（一）处理客户后悔行为

客户在购买之后，实际体验和之前预期可能一致也可能有一定的偏差。如果体验和预期基本一致，客户会感到满意；如果大大超过预期，客户会感到愉悦；但如果实际体验和客户预期产生强烈反差，客户会感到后悔，并可能采取一系列的行动。实际上，客户并不都是感到后悔就会采取行动，很可能保持沉默，但这样的客户总是很难忘记这种体验，负面影响会持续很久。往往是强烈后悔的客户才会采取取消或退货的行为，一旦得不到满足，甚至可能诉诸法律，这些都给企业带来逆向物流的麻烦和经济上的损失。让客户后悔的因素主要是3个：一是不值，即价格高于价值；二是质量欠佳，即产品或服务的质量未达到预期；三是有更佳选择，这在客户千挑万选之后，发现最终的选择令人失望，这时候的后悔程度更加强烈。企业对这种行为能做的工作主要集中在以下两个方面。

1. 降低客户后悔程度

企业可以通过事前的产品保证书、自由退货政策、退货包邮等承诺有效减少客户购后心理失衡的情况。针对具体的客户，可根据实际情况，提升其购买价值，如改动价格或提供更多的附加值。例如，某银行会针对申请信用卡销卡的客户提出一些有吸引力的建议，尤其是针对信用良好的客户，如额外赠送积分、减免年费等。

2. 跟踪退货率

退货是令企业成本大增的项目，不仅带来本次销售损失、往返物流费用，还有二次销售的包装费用，甚至无法重复销售时的更大损失。因此一旦有客户退货，除了挽回局面，更重要的是要防止类似事件再次发生，所以跟踪退货率是必不可少的。具体包括：统计退货率、退货日期及细节；寻找能够发现退货根源的其他线索；依据退货根源预测退货率。对于退货率过高又短时间内无法找到解决办法的产品应尽量停止销售。

（二）测量购后接触点

提高客户体验水平的最快方式之一是了解客户对每一个接触点的满意程度。从购后环节来说，一些常用的接触点包括物流环节、拆箱环节、安装调试环节、服务支持环节、性能使用环节。客户一旦购买，总是希望立等可取，这在门店的现货销售才能做到。对于需要库房送货或网上购买的场景，物流就成为客户购后首个重要的接触点，在淘宝上给出差评的客户很大比例是因为物流的速度问题。因而那些有相对稳定的物流合作伙伴或物流服务能力的企业就更容易给客户更好的购后物流体验。客户在收到产品后，会有拆箱环节，这个看似简单的环节也会让客户产生较好的心理感受，那些包装精巧、容易拆开、干净悦目的包装总会收到对审美要求更高的客户的青睐，如苹果产品的包装一直被客户觉得材质精良、简单方便、干净整洁的代表。许多产品在拆箱之后都要经过一定的安装和调试过程，这是购后非常重要的一个阶段。在没有专业人士指导的情况下，初学者往往感到复杂，经过很长时间努力依然无法让产品正常工作会让人气馁和焦躁，从而失去了对产品原有的热情。通过对购后这一环节的询问和关注，有助于及时发现问题和解决问题。在购后的客户支持部分，自有的有责任的员工组成的支持团队将比外包支持更好地关注客户在这一环节的体验。在性能使用的触点，客户会发现当初购买的决策往往源于功能的多样性，而在购后则出现实际使用的功能单一的情况，因此企业需要收集常用功能和非常用功能的数据，以发现哪些功能是存在而非必要的，哪些是必要但缺失的，以在产品的升级换代中予以解决。

（三）利用呼叫中心发现问题

现代呼叫中心在企业中的地位不再是单纯的成本中心，而是重要的利润中心。呼叫中心很容易获得客户的购后体验感受，并正向引导和提升客户体验。通过呼叫中心可以分析以下6个方面。

1）客户满意度。通过与客户各种渠道沟通接触，确切了解客户的满意程度。

2）呼叫解决情况。客户与呼叫中心沟通绝大多数是为了解决问题，那么问题解决得怎样，呼叫解决率是呼叫中心重要的衡量指标。

3）呼叫等待时间。客户不喜欢等待，其等待时间过长会放弃呼叫，从而使企业错过提升客户体验的机会。

4）呼叫放弃。这往往是由于呼叫等待时间过长引起的，呼叫放弃会引发客户的负面情绪。

5）呼叫持续时间。理论上这个时间越短越好，这样会提高呼叫中心效率和节省成本，但如果过于强调缩短时间，可能会带来客户负面感受或引发再次呼叫。

6）呼叫原因。应该记录和统计客户呼叫的原因，从中发现哪些问题高频次出现，可促使企业针对高频次的常规问题构建知识库。

（四）通过鱼骨图分析根源

购后阶段出现的问题必定是一定的原因导致的，通过呼叫中心等各接触点发现问题之后，企业更应该做的是找到问题的根源，以利于问题的及时解决。可用鱼骨图来进行因果分析，鱼骨图的基本模型如图 6.2 所示。

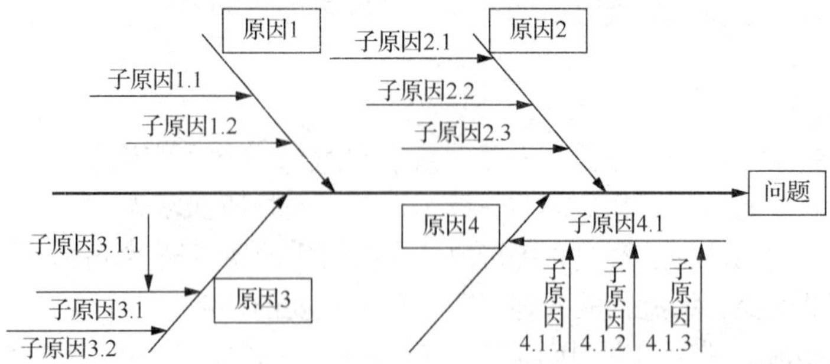

图 6.2　鱼骨图基本模型

使用鱼骨图时，要首先明确想要解决的问题，即鱼头部分，如要解决的是“退货率居高不下的问题”，就要将其放在图 6.2 的“问题”位置。接着就要分析造成这个问题的原因，如原因 1，到货时间太长；原因 2，产品已损坏；原因 3，客户觉得价格高；原因 4，客户无法正确安装等诸如此类的原因。到了这个步骤，分析才刚刚开始，企业接下来就需要问自己，是什么原因造成了原因 1 到货时间太长？可能是因为子原因备货出库时间太长、子原因物流部门效率低下等。如果还要继续挖掘，是什么原因导致了备货出库时间太长？那可能是信息系统的效率问题、分拣人员短缺问题等，接下来还可以继续追问。最后将所有问题整理归纳好，形成一个完整的鱼骨图之后，就可以清晰地看到问题之间的相互联系，为最终解决问题理出清晰的思路。

七、改进客户体验

客户体验是客户在使用企业产品或服务时的主观感受，通过对客户各种数据的收集和整理，企业能够了解这些感受的水平和状态，及时通过调整各环节的内容或流程，以达到改进客户体验的目的。

（一）通过数据倾听客户声音

了解客户永远是改进客户体验的基础步骤，如哪些人会喜欢哪些产品，哪些人进行了向外推荐，哪些人进行重复消费。这些信息可以通过各个数据入口进行收集，经过分析评估后进行有目的地引导，更多地推荐客户可能感兴趣的品类，更多地了解客户真实的想法。

（二）根据客户要求合理定价

关于定价策略，理论上有多种方法，但现在很多企业更愿意关注客户的期望价格。价格是影响客户满意程度的重要因素，价格低于期望值，则满意的可能性就越高。因此，企业会从各种渠道收集数据，了解客户的期望价格，根据大部分客户接受的价格区间，对产品进行定价，以期提高客户体验。

（三）通过数据感知客户状态

尽管客户体验是主观感受，但情绪也是能够被数据感知的。客户的不满的状态，客户欲离开的状态，都可以通过各种数据表达出来。例如，淘宝、美团等平台的差评就是对很多企业产品或服务的最直接的表达，企业完全可以通过自营的销售终端或第三方平台获得这些数据，来感知客户的愉悦心情或懊恼的状态，及时加以鼓励或补救。

（四）提供以数据为基础的个性化服务

企业在有了数据技术之后，根据客户的设定来满足个性化需求越来越容易。依据各种渠道对数据进行收集、整理、分类，向客户提供和推荐相关信息，以满足其需求。要提供理想的个性化服务，需要做下列工作。

1. 了解客户个性

了解客户个性，即找出客户最需要什么样的产品或服务。这需要提取海量的基础数据，企业要从这些数据中提出最基础、最有用的数据，然后挖掘有用的核心数据，这个步骤可以通过专业数据公司来操作。再根据提取的核心数据，对客户的个性进行全方位分析，为个性化服务打下基础。

2. 设计个性化服务方案

客户的个性化需求可能很多，甚至极端情况下可能每个客户都有不同的需求，这从管理成本和服务复杂程度来说是无法实现的，因而需要结合企业对自身资源的把控和客户的等级进行综合考量，设计出相对合理的个性化服务方案。

小　　结

客户数据是客户关系管理系统的灵魂，可分为客户描述性数据、市场促销性数据、客户交易性数据，优质的客户数据是客户关系管理成功的基础。在保证系统能够得到优质数据的同时，要重视客户的隐私问题。数据采集是将系统需要管理的所有对象的原始数据收集、归类、整理、录入系统当中。客户数据管理贯穿着对客户认知的整个过程，包括开发客户所需产品、了解客户心理、衡量客户态度、分析客户购买行为直至最后改进客户体验。

拓展学习

知识拓展：数据仓库　　　　数据挖掘

思考与练习

一、单项选择题

1．客户数据的类型不包括（　　）。

A．客户描述性数据　　B．市场促销性数据
C．客户交易性数据　　D．分析性数据

2．客户生活方式属于（　　）。

A．描述性数据　　B．市场促销性数据
C．客户交易性数据　　D．以上都不是

3．赠品的发放形式属于（　　）。

A．描述性数据　　B．市场促销性数据
C．客户交易性数据　　D．以上都不是

4．售后服务的内容属于（　　）。

A．描述性数据　　B．市场促销性数据
C．客户交易性数据　　D．以上都不是

5．描述企业和客户相互作用的所有数据都属于（　　）。

A．描述性数据　　B．市场促销性数据
C．客户交易性数据　　D．优质数据

6．劣质数据不会造成（　　）。

A．决策失误　　B．被司法机关处以罚款
C．恶劣公共关系的开支和影响　　D．信息爆炸

7．任何数据主体有权向数据持有者了解自己的个人数据是否被储存及储存的内容和被传播的地点，有权查看和提取。这属于（　　）。

A．知悉权　　B．更正权　　C．公开权　　D．赔偿权

8．（　　）是将系统需要管理的所有对象的原始数据收集、归类、整理、录入系统当中去。

A．数据采集　　B．数据整理　　C．数据分析　　D．数据清洗

9．相比较于技术统计的局限性，让代表性客户对（　　）进行选择可能会获得更加具体直观的数据。

A．需求清单　　B．功能　　C．方案　　D．多样性

10．（　　）过程主要是将客户的需求与企业的需求进行统一，并在企业资源调配合理

的范围内进行功能的改进。

A．转换客户需求　　B．客户调查
C．跟随客户观察　　D．技术统计

11．企业如何能接触到客户是5W1H中的（　　）。

A．Why　　B．Where　　C．What　　D．How

12．愉悦感会带来产品的（　　），从而最终实现重复购买。

A．渴望度　　B．转换需求　　C．功能改进　　D．亲和度

13．呼叫放弃往往是由于（　　）过长引起的，呼叫放弃会引发客户的负面情绪。

A．呼叫等待时间　　B．呼叫持续时间
C．客户不满　　D．客户体验不佳

二、多项选择题

1．优化现有功能可以从（　　）来获得有用的数据信息。

A．企业相关人员访谈　　B．客户调查
C．跟随客户观察　　D．技术统计

2．发现优先需求可以从（　　）来获得有用的数据信息。

A．企业相关人员访谈　　B．客户调查
C．选择需求清单　　D．技术统计

3．跟踪网站互动可以收集（　　）数据。

A．页面浏览量　　B．网站停留时间
C．单次停留网页数　　D．跳出率
E．新客户和老客户比率

4．让客户购买后悔的因素包括（　　）。

A．价格高于价值　　B．质量欠佳
C．有更佳的选择　　D．取决于购买时的心情

5．降低客户后悔程度可以采用（　　）。

A．产品保证书　　B．自由退货政策
C．提供更多附加值　　D．设定退货壁垒

三、思考题

1．客户数据有哪些类型？
2．客户关系管理中数据采集的基本步骤有哪些？
3．如何进行客户数据管理？
4．在宏观上，客户需求主要来自哪些方面？
5．如何衡量客户的品牌态度？
6．如何跟踪客户购后行为？

第六章　思考与练习参考答案

创新创业能力训练

1．用一句话来描述你的项目（你要为什么样的客户提供什么样的产品或服务）。

2．写 3 句话给十年后的自己，并留下十年后你最可能还使用的联系方式。

姓名：

3．各组成员通力合作为本组的创业项目撰写一份用来融资的商业计划书，格式不限、风格不限。但要求内容必须包括详细说明该项目的目标客户、客户开发方式（尤其是第一批天使客户的获取方式）、保持客户忠诚的举措、如何获取及利用客户数据。外观呈现要有创意，让人印象深刻。

第七章　客户服务创新

教学目标

在理解客户服务创新的基本内涵的基础上，了解客户服务创新的影响因素和创新步骤，能绘出熟悉企业的基本服务蓝图。能阐述共享经济下客户服务创新的领域，了解共享经济的平台盈利模式，能对具体企业提出改进服务、实行客户服务创新的思路和可能的方法。

教学要点

客户服务创新的定义及分类；
客户服务创新的步骤；
共享经济概念和特征；
共享经济下客户服务创新的领域和盈利模式。

关键词

客户服务创新　服务蓝图　共享经济　盈利模式

导入案例

万豪酒店的客户服务创新

如何消除酒店的闲置房间，一直是万豪酒店销售部门的重要工作。其中，闲置会议室的处理尤为让人头痛，因为一方面酒店会议室的销售渠道有限，另一方面酒店也难以快速捕捉到市场的变化与客户的需求。万豪酒店在2012年开始了一项针对新世代(指在1980～1995年出生的人）的消费者研究，研究结果让他们大吃一惊，原来存在那么多年轻人喜欢移动办公，有着超期办公需求，并愿意与别人共享办公空间。但是万豪酒店原来的销售体系针对的都是大公司，根本无法接触到这些客户群。于是，时任万豪酒店亚太区销售总监的佩吉·方问了自己一个问题，为什么不去利用新渠道来获得新客户群体，从而提高会议室的利用率？

LiquidSpace公司是一家成立于2010年的企业，立志成为私人与初创办公场所领域的Airbnb（AirBed and Breakfast，爱彼迎），其提供的办公场所空间可以按天甚至按小时计，主要客户群体是30岁以下的年轻人和初创公司。LiquidSpace公司成立以来已经接受了2 600万美元的融资，但是与年营业额超过130亿美元的万豪酒店相比，无疑万豪酒店是“高大上”的代表，而LiquidSpace公司则是地道的草根。2013年，万豪酒店终于放下身段，与LiquidSpace公司达成联盟。目前万豪酒店在全球已经有超过430家酒店的空余会议室在LiquidSpace公司网站上进行展示出租，经营效果非常好。这不仅大大降低了会议室的闲置率，也带动了饮料食品等的销售，并使万豪酒店在市场上的行动与新世代移动办公的趋势保持一致，这也开辟了酒店行业的先例。

（资料来源：倪云华，虞仲轶，2016. 共享经济大趋势[M]. 北京：机械工业出版社.）

第一节 客户服务创新概述

创新没有统一的定义，它起源于拉丁语，简单地说就是利用已经存在的资源创造新事物的一种手段。创新是指以现有的思维模式提出有别于常规或常人思路的见解为导向，利用现有的知识和物质，在特定的环境中，本着理想化需要或为满足社会需求，而改进或创造新的事物、方法、元素、路径、环境，并能获得一定有益效果的行为。创新是以新思维、新发明和新描述为特征的一种概念化过程。创新是人类特有的认识能力和实践能力，是人类主观能动性的高级表现，是推动民族进步和社会发展的不竭动力。一个民族要想走在时代前列，就一刻也不能没有创新思维，一刻也不能停止各种创新。创新在经济、技术、社会学及建筑学等领域的研究中举足轻重。根据拉里·基利的说法，创新是创造出可行的、崭新的提供形式。

长期以来，人们更关注于制造业技术创新的研究，将创新研究打上了深深的技术烙印。随着服务经济时代的到来，服务在国民经济中地位日益提高，在生产生活中起着越来越重要的作用，服务创新成为企业提高核心竞争能力的重要手段。

一、客户服务创新的含义

服务创新并没有统一的概念，随着经济和技术的不断进步，服务创新的概念得到了不断阐释。欧盟在 1995 年开始实施的 SI4S 项目（欧洲服务业创新系统研究项目）在对欧洲国家的服务型企业进行调查后认为，服务创新是新的或提高的产品或服务，或在服务中使用新的技术，或在服务中对现存技术的新应用。国内一些学者认为，服务创新是指服务企业引入一种更有效而尚未被采用过的新的服务手段或方法，在服务过程中应用新思想和新技术来改变和变革现有的服务流程和服务产品，提高现有的服务质量和服务效率，为客户创造新的价值，并实现其市场价值的活动过程。也有学者认为，服务创新就是使潜在客户感受到不同于从前的崭新内容。服务创新为客户提供以前没有能实现的新颖服务，这种服务在以前由于技术等限制因素不能提供，现在因突破了限制而能提供。服务创新具有 4 个维度：服务概念，即企业以什么概念吸引新老客户；客户接口，即企业与客户端交互平台；服务传递，即企业和客户间有效传递所共创或获取的价值途径；技术选择，即如何开发新技术并应用于服务系统中，推出新服务概念，设计更先进的客户接口、建立更有效的传递系统。

总体来看，服务创新有广义和狭义之分，广义上的服务创新是指一切与服务相关或针对服务的创新行为或活动，狭义上的服务创新是指发生在服务业中的创新行为或活动。我们知道，客户服务遍布各行各业，无论生产销售任何实体产品，服务都是不可或缺的组成部分，因此我们这里的客户服务创新是从广义上来界定的。当前，关于客户服务创新研究的共识包括：①客户服务创新不仅是企业内部进行的创新，而且是涉及多个创新主体参与的创新；②客户服务创新既包括技术创新维度，也包括非技术创新维度；③客户服务创新因具体的行业的不同具有明显的差异性；④客户服务创新的目的是创造价值。

二、客户服务创新的分类

按照创新程度的高低，客户服务创新有以下几种类型。

1. 全新型服务创新

全新型服务创新是指在服务内容和服务方式上创造新的与原有服务完全不同的服务，如电视播放、快递、移动电话、电子商务等都是全新型服务创新。全新型服务创新具有革命性，它给人类生活方式带来了巨大的质的变化。这种服务创新具有技术关联性，往往是伴随着技术进步而产生的。全新型服务创新也具有行业启动性，它们的产生都意味着一个新的服务行业或子行业的兴起。

2. 替代型服务创新

替代型服务创新是指通过服务手段的替代而创造出的与原有服务不同的服务，如自动取款机替代银行传统的出纳服务。与原有服务相比，替代型服务创新的服务内容是相同的，创新的是服务手段，所以一般不是质的创新。它与技术的关联度也比较大，但一般不会兴起新的服务行业或子行业，却会加剧原有的行业内部竞争。例如，微信替代了大量通话和短信，使网络与通信行业的竞争进一步加剧。

3. 延伸型服务创新

延伸型服务创新是指在原有服务的延伸领域（或相关领域）开发不同于原有服务的新服务，如顺丰从事电商业务，阿里巴巴从事金融业务。延伸型服务创新在服务业比较普遍，因为服务业各行业包括子行业之间的交叉、渗透和相互延伸比较容易。企业推出的延伸型服务对自己而言是新服务，对市场而言却是其他服务行业或子行业已有的服务。

4. 拓展型服务创新

拓展型服务创新是指在原有的服务品类里开发新的服务品种，如大学里开设新的专业和课程、饭店里推出新的菜单、足疗行业推出新的手法或服务套餐，都属于拓展型服务创新。这种创新在提供产品和服务的行业都很普遍，它与延伸型服务创新相比，相同之处是两者都是企业原有服务的拓展；不同之处在于延伸型服务创新是向不同的服务种类延伸，拓展型服务创新是在同一服务种类内部向不同品种拓展。

5. 改进型服务创新

改进型服务创新是指对原有服务的程序、方式、手段、时间、地点、人员等服务要素进行改进，如银行的等候“一米线”就是一种改进型服务创新，这是对等候方式的一种改进，目的是增强客户服务的安全性和可靠性。这种服务创新比较普遍，但作用不可低估。从改进型服务创新到全新型服务创新，是一个从量变到质变的过程。一项全新型服务创新往往是建立在大量改进型服务创新的基础上的。

6. 包装型服务创新

包装型服务创新是指对客户服务的包装进行创新，主要是服务机构的环境形象。这种环境可能是硬环境，也可能是软环境。这种创新的特殊之处在于它本身不算什么创新，但可以带动其他种类的服务创新，如一家饭店经过全面装修再开业之后，服务团队的配备和服务能力都可能得到提升，也会推出新的菜品、新的会员卡制度等。

这些不同的创新方式并没有本质的优劣之分，完全的突破性创新都是随着时代和技术的发展经过无数人的努力和失败后实现的，企业日常生产经营中的小的创新才是客户服务创新的常见形式。这些小的创新往往能给企业运行和客户消费理念都带来更大的影响，如现在市面上有一款价格不菲的裸酸奶，迎合了当下我们对天然安全食品的强烈诉求，无添加和幽默的宣传既属于产品创新也属于营销创新，都属于客户服务创新的范围之内。

三、客户服务创新的影响因素

客户服务创新主要是由内部推动的，外部环境也会对其施加不同程度的影响。

1. 战略和管理

具有创新意识的企业会将客户服务创新作为战略规划的重要组成部分，以此作为形成良好企业形象、占领市场和获取竞争优势的根本手段。管理是推动客户服务创新的另一种关键因素，主要是指企业高层管理和基层部门的管理活动。客户服务创新经常是由市场驱动的，以营销部门为首的基层部门因为与客户直接接触并拥有丰富的市场知识，它会根据市场和客户需求的变化及时作出适当反应，并激发某种形式的服务创新。高层管理不仅针对市场需求作出反应，还会通过组织变革、新市场开发、信息传递过程的改进而促使服务创新的发生。

2. 一线员工

客户服务创新的过程是企业中一线员工和客户间一系列的交互作用过程，一线员工因此成为一种有价值的内部驱动力。一线员工在客户服务创新过程中具有独特作用，他们不仅为企业提供创新思想，而且经常在工作实践中推动客户服务创新的出现和发展。

3. 专业规范

在不同行业，都会存在属于这个行业的专业性一般知识、基本方法和行为准则。每个行业都有自己通用的专业规范，并在行业内普遍自觉遵守。企业置身于不同的行业，需要不同的专业，其客户服务创新也要受到这些专业知识和准则等的制约。

4. 技术环境

现在所有行业都会应用 IT 技术，在很多服务行业，IT 技术让很多不可能的服务成为可能，如远程诊断、远程监控、电子商务等。很多企业都在技术的进步中主动或被动地进行着客户服务创新。

5. 制度环境

制度环境包括市场结构和现有的法律法规。制度环境可以推动客户服务创新，也可能阻碍创新。例如，当前税收制度改革的变化，对创新创业企业的大力扶持，就给一些新创企业提供尝试创新的利润空间，就会推动一部分企业进行客户服务创新。

6. 其他相关者

其他相关者包括客户、竞争者、政府等。客户是信息及创新思想的重要来源，而且客户直接参与企业的服务创新，因此客户会影响客户服务创新是否成功。因此，每一次客户服务创新的成功都是企业与客户良性互动的结果。同行业的竞争者之间永远存在着创新和模仿的关系，成功者的示范效应往往拉开新一轮服务创新的比拼。政府等公共部门也会影响客户服务创新，其鼓励或限制的政策都可能激发或迫使企业为了获得更有利的运营优势而开展客户服务创新。

四、客户服务创新的步骤

（一）建立服务创新战略

企业要根据自身的优势和利润计划建立客户服务创新战略，包括服务创新的市场目标、服务创新的类型、服务创新的时间计划、利润目标等。要明确是在原有市场进行服务创新还是针对新市场进行服务创新，二者对创新程度的要求是不同的，对新市场的服务创新要求较高的创新程度，否则不足以吸引新的客户。

（二）产生新服务的构想

产生新服务的构想是客户服务创新的关键一步，新服务的构想来源主要是员工、客户、合作伙伴和竞争对手。企业可以通过合理化建议等活动鼓励员工推出客户服务创新的构想，也可以通过客户满意度调查获得新服务的灵感。

（三）定义和评估新服务

经过各方反复商讨，最后应该给新服务一个大家都相对认同的定义，并说明新服务的特征、针对的问题、推出理由、销售规则等。新服务定义后，还要经过员工和客户对其进行评估，评估员工和客户对新服务的理解程度、喜欢程度、必要程度等。

（四）新服务的商业分析

新服务的商业分析是指对新服务的可行性分析和盈利性分析，包括需求分析、收益成本分析、操作可行性分析等。新服务的成本包括前期为开发新服务产生的所有成本，包括人员招聘和培训、服务系统加强、设备更换等成本。

（五）新服务的蓝图设计

在服务创新的步骤中，服务蓝图（service blueprint）的设计是关键的一步。通过服务蓝图，企业的服务人员、管理人员、客户可以看到企业提供什么，自己在服务中的地位和作用，以及服务的全部流程。由于客户服务的无形性和不可分性，新服务用一般语言很难表达，可以采用蓝图加以表述。服务蓝图可以形象地表述参与新服务的各部门、人员之间的互动关系。新服务的蓝图设计完成后，需要将它变成相关部门和人员的执行计划。

1. 服务蓝图的概念

服务蓝图是指能准确地描述服务系统和便于系统参与人员客观理解、操作的视图，如图 7.1 所示。服务蓝图的结构由 4 个区域和 3 条界线组成。4 个区域包括顾客行为、前台员工行为、后台员工行为和支持过程。顾客行为部分包括顾客在购买、消费和评价服务过程中的步骤、选择、行动和互动。这一部分紧紧围绕着顾客在采购、消费和评价服务过程中所采用的技术和评价标准展开。与顾客行为平行的部分是服务人员行为。那些客户能看到的服务人员表现出的行为和步骤是前台员工行为。这一部分则紧紧围绕前台员工与客户的相互关系展开。那些发生在幕后，支持前台员工行为的员工行为称作后台员工行为，它围绕支持前台员工的活动展开。服务蓝图中的支持过程部分包括内部服务和支持服务人员履行的服务步骤和互动行为。这一部分覆盖了在传递服务过程中所发生的支持接触员工的各种内部服务、步骤和各种相互作用。

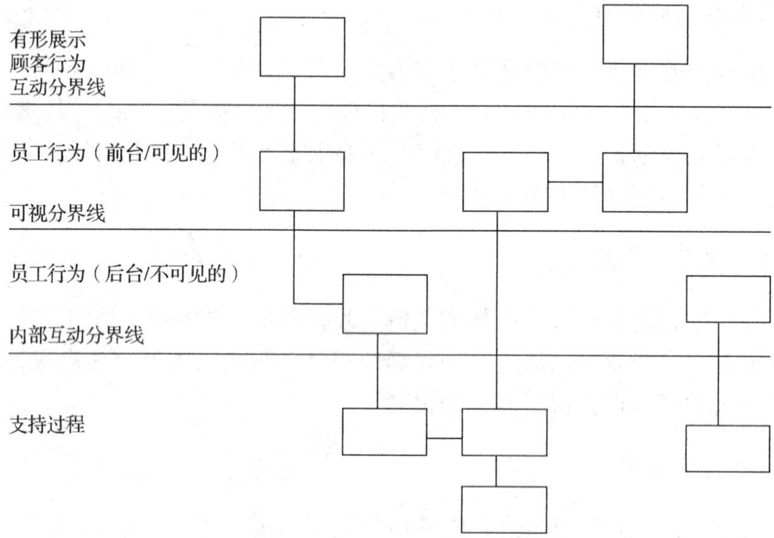

图 7.1 服务蓝图

2. 服务蓝图的作用

服务蓝图与其他流程图最为显著的区别是包括了客户及其看待服务过程的观点。

1）提供一个全局观点，让员工把服务视为不可分割的整体，并与“我要做什么”关联起来，从而在员工中加强以客户为导向的重点。

2）识别员工与客户之间的互动分界线阐明了客户的作用，并表示出客户在何处感受到服务质量的好坏，由此促进被感知服务的设计。

3）可视分界线促使有意识地确定出顾客该看到什么及谁与顾客接触，从而促进合理的服务设计。

4）内部互动分界线显示出具有互动关系的部门之间的界面可加强持续不断的质量改进。

（六）新服务的市场试销

新服务的市场试销往往很难测定效果，因为新服务常常是插入原有服务中进行的，原有服务的效果也不是一个固定不变的量，因此更难单独测量新服务的市场效果。有条件的可采用试验法，其相对结果更准确，即将企业两家服务品类相同、服务水平接近的网点进行对比试验，一家作为试验网点推出新服务，另一家维持原有服务，对比一定期限内两个网点的服务实绩和运营实绩，分析考查新服务的市场试销效果。

（七）新服务的市场导入

新服务的市场导入主要有两个任务：一是让服务人员接受，二是让客户接受。因为需要现有服务人员接受，才能让客户接受。为此，可以鼓励服务人员参与新服务的构想和设计，并通过激励政策鼓励服务人员营销和客户选用。在这个过程中，要全程监督，以及时改进出现的问题。

第二节　共享经济下的客户服务创新

共享经济是互联网时代最具革命力量的商业浪潮，围绕共享经济概念，涌现出了大量的创新企业。共享经济在为社会创造价值的同时，也创造了一个又一个奇迹。虽然当前共享单车和共享快车有了一些阶段性的去泡沫的过程，但这都不妨碍共享经济作为全球一项最具创新的颠覆性革命，改变着很多行业，也将客户服务创新推到了一个新的高度。

一、共享经济概述

1. 共享经济的概念

共享经济最早由美国得克萨斯州立大学社会学教授马科斯·费尔逊和伊利诺伊大学琼·斯潘思在 1978 年论文《社区结构与协同消费：一个常规方法》（Community Structure and Collaborative Consumption: A Routine Activity Approach）中首次提出，用协同消费（collaborative consumption）来描述一种生活方式，个体通过一个第三方市场平台，实现点对点的商品与服务交换。但这种提法并没有引起太多关注，几十年后有了一些改变，布赖恩·切斯基和乔·杰比亚在自己的公寓中铺上气垫床，为工业设计会议参会者提供住处，以此来挣些零花钱。为此，他们开发了一个名为 Airbnb 的网站来宣传，这家公司今天仍是共享经济的代表。

2010 年，雷切尔·博茨曼与路·罗杰斯出版《共享经济时代：互联网思维下的协同消费商业模式》（*What's Mine is Yours*: *The Rise of Collaborative Consumption*）中对共享经济进行了详细描述。之后在全球范围内，各种类型的共享经济模式快速发展，对传统模式提出了挑战。这种新的经济模式不仅限于商业，也成为政府关注的议题，涌现出多种称谓，包括协同消费、点对点经济、网格经济等。

2. 共享经济的特点

（1）强调使用权

共享经济弱化所有权观念。人们改变了对传统消费的认识，强调消费过程，不在于拥有过程。在某一时段使用和体验比长时间拥有却大部分闲置更有价值，消费者关注使用权的消费方式极大地节约了成本。

（2）轻资产去中介

供需双方直接对话，共享平台主要提供便利，而不是传统中介控制资源只能通过其达成交易。这样可以极大地提高各方面沟通效率，同时也可以消除垄断，使交易更加公平。

（3）互联网是核心载体

互联网技术是其共享经济产生的推动力也是持续发展依托的基础。只有通过互联网，以前认为不可能的跨地域的点对点的交流才成为可能。目前来看，成功的共享经济企业都是通过建立一定的信息技术平台来开展业务的。尤其是在移动互联时代，众多事务都通过各种 App 来实现。

（4）产消者出现

产消者（prosumer）是指那些参与生产活动的消费者，他们既是消费者（consumer）又是生产者（producer），是两个词合成的一个词。那些为了自己使用或者自我满足而不是为了销售或者交换而创造产品、服务或者经验的人被命名为产消者。传统的传播主体因为互联网的发展而发生着改变，原有的信息消费者正在成为信息生产者和传播者，“产消融合”时代正在到来。

二、共享经济下传统行业的客户服务创新

共享经济通过改变传统行业改变着我们的生活，它带来的客户服务创新让生活和工作有更多的选择和可能性。

（一）共享交通

目前交通出行领域有 4 类共享方式，即共享租车、共享驾乘、共享单车、共享停车位。这种客户服务创新是全球范围影响最广、争议最多的一个领域。世界上最早的出行共享平台是 2000 年创立的 Zipcar 公司，其采用会员制运营模式。

共享租车是指私人之间将汽车与他人分享。私家车主可以在网站上发布其车辆信息，确定出租价格。客户可以登录网站浏览车辆，然后选择使用。网站会提供一套严格的承租筛选机制，以确保安全。共享驾乘与共享租车的区别在于，共享驾乘分享的是一段行程服务，我国的滴滴就是共享驾乘的代表。共享单车是大家都很熟悉的模式，只是在共享领域 C2C（customer to customer，消费者对消费者的电子商务）要比 B2C（business to customer，企业对消费者的电子商务）资产运作更轻、更灵活。共享停车位是在拥有停车位的车主出去的时候，将闲置的车位与他人共享，共享平台会通过技术手段将合适的两者配对实现共享。在我国，这几年共享驾乘和共享单车极大地方便了我们的生活，也出现了一些问题，但这并不妨碍共享经济本身给人们带来的低成本的便利。

（二）共享空间

共享空间是指将自己的闲置空间与他人共享以换取收入，在该领域有 3 种方式，即共享住宿空间、共享宠物空间、共享办公空间。共享住宿空间最有名的是 2008 年成立的 Airbnb 公司，现在我们也不断兴起假日短租，也出现了很多有特色的民宿产品。共享宠物空间提供的是宠物短期寄养服务。共享办公空间指将大量利用率不高的办公室、会议室提供给需要短时间办公开会的企业使用。

（三）共享金融

共享金融在我国常被称作互联网金融，常见的形式包括 P2P（peer to peer，个人对个人）网贷和众筹，这是高效搜寻和撮合资金的供需双方，最大限度发挥资金使用价值的一种方式。由于金融产品的特殊性，以及诚信体系尚需完善，政府在互联网金融方面逐渐明确发展的方向和监管的边界。

（四）共享知识

慕课、知乎都是共享知识的代表，这种客户服务创新使信息和知识的分享变得更加容易，

那些有需要的人群可以通过分享平台获得专业人士提供的信息、建议和课程。

（五）共享美食

通过分享平台，饕客们可以按照约定的时间、地点、价格到美食达人家拼饭，也可以预约专业厨师来家里做一顿媲美星级餐厅的大餐。共享经济为人们提供了另一种享受美食的场景。

（六）共享医疗

对于一些不威胁生命的疾病，尤其是健康检查，很多人不愿意去医院排队，这样就可以通过在线预约医生提供上门服务。平台会从签约医生中挑选适合患者需求的医生与之联系，按实际情况提供相应的建议、指导、即时上门或另行邀约等。

此外，还有很多其他的共享方式，如共享昂贵的服装、皮包等物品，共享无线网络等公共资源，还有共享一些服务产品，如我们熟悉的人人快递和跑腿服务就属于服务产品共享。

三、共享经济平台的盈利模式

共享经济带来很多行业的客户服务创新，使供需双方都能各取所需，那么提供这种分享配对服务的平台企业，又是怎么获利呢？共享经济平台的获利模式有四大种，如表 7.1 所示。

表 7.1　共享经济的盈利模式

<table>
<tr><th>类型</th><th>占比</th><th>盈利模式</th><th>说明</th></tr>
<tr><td>按交易收费</td><td>63%</td><td>按交易收费</td><td>平台向用户的每一笔交易进行收费：①单边与双边收费；②按比例与按固定金额收费；③按固定比例与按浮动比例收费</td></tr>
<tr><td rowspan="3">会员制（订购制）</td><td rowspan="3">21%</td><td>普通会员制</td><td>用户在一次性按年、按月或按其他时间段支付会员费用或订购费用后，即不用再支付其他费用便可获得所有的商品或服务</td></tr>
<tr><td>会员制＋使用收费</td><td>在普通会员制模式的基础上，提供额外收费的增值服务，收费主要按使用进行</td></tr>
<tr><td>层级式会员制</td><td>不同等级的会员支付不同的费用，可以享受不同的服务或者得到不同的商品</td></tr>
<tr><td rowspan="3">免费</td><td rowspan="3">10%</td><td>免费＋升级</td><td>用户加入及普通使用免费，通过附加服务与增值服务收费</td></tr>
<tr><td>免费＋衍生品</td><td>不向用户的共享行为收费，但利用用户共享的信息、知识、经验等开发出衍生品，通过衍生品产生收入</td></tr>
<tr><td>免费＋广告/电子商务</td><td>不向用户的共享行为收费，但通过引入广告等形式，向广告主收费；或者直接开展电子商务业务，获取收入</td></tr>
<tr><td rowspan="4">其他</td><td rowspan="4">6%</td><td>转售</td><td>通过转售，获取供应方出价与需求方报价之间的差额</td></tr>
<tr><td>价差交换</td><td>将商品价值转换为平台内部积分，供应方资源与需求方资源之间的差价需要通过购买平台内部的积分获得</td></tr>
<tr><td>分成</td><td>当用户的创造获得成功后，平台参与获得利益的分成</td></tr>
<tr><td>管理费</td><td>向用户收取管理海量资源所需要的费用</td></tr>
</table>

（资料来源：倪云华，虞仲轶，2016．共享经济大趋势[M]．北京：机械工业出版社.）

由此可见，共享经济下的客户服务创新，不仅体现在服务的内容和手段上，获利方式也是多种多样的，这也与平台经济本身的网络效应和价格弹性效应有关。

小练习：

分组为不同的盈利模式找到对应的企业，并阐述其具体的操作方式（表 7.2）。

表 7.2 共享经济的盈利模式练习

类型	盈利模式	实行企业	具体的操作方式
按交易收费	按交易收费		
会员制（订购制）	普通会员制		
	会员制＋使用收费		
	层级式会员制		
免费	免费＋升级		
	免费＋衍生品		
	免费＋广告/电子商务		
其他	转售		
	价差交换		
	分成		
	管理费		

小　结

客户关系管理的变化总是伴随时代的发展而发展的，唯有客户服务的不断创新才能应对各种变化。全面的重大客户服务创新不是一蹴而就的，要重视客户服务中那些渐进的、微小的创新，这是企业不断成长的源泉。在当前这个共享经济的时代，客户服务创新的方式、盈利模式都在发生着巨大的变化，由此带来创新的客户管理，从而形成新的商业模式下的客户关系。

拓展学习

知识拓展：关键时刻

阅读资料：国航上海分公司国际远程航线的“海派特色风情下午茶”

思考与练习

一、单项选择题

1.（　　）是指在服务内容和服务方式上创造新的与原有服务完全不同的服务。

A．全新型服务创新　　B．替代型服务创新

C．延伸型服务创新　　D．拓展型服务创新

2.（　　）是指通过服务手段的替代而创造出的与原有服务不同的服务，如自动取款机替代银行传统的出纳服务。

A．全新型服务创新　　B．替代型服务创新

C．延伸型服务创新　　D．拓展型服务创新

3.（　　）是指在原有服务的延伸领域（或相关领域）开发不同于原有服务的新服务。

A．全新型服务创新　　B．替代型服务创新

C．延伸型服务创新　　D．拓展型服务创新

4.（　　）是指在原有的服务品类里开发新的服务品种。

A．全新型服务创新　　B．替代型服务创新

C．延伸型服务创新　　D．拓展型服务创新

5．客户服务创新经常是由（　　）驱动的，以营销部门为首的基层部门因为与客户直接接触并拥有丰富的市场知识，它会根据市场和客户需求的变化及时作出适当反应，并激发某种形式的服务创新。

A．管理　　B．市场　　C．一线员工　　D．制度环境

6．共享租车、共享驾乘、共享单车、共享停车位 4 种共享形式指的是（　　）。

A．共享交通　　B．共享空间　　C．共享金融　　D．共享知识

二、多项选择题

1．按照创新程度的高低，客户服务创新有（　　）类型。

A．全新型服务创新　　B．替代型服务创新

C．延伸型服务创新　　D．拓展型服务创新

E．改进型服务创新

2．客户服务创新主要是内部推动的，外部环境也会不同程度施加影响，影响因素主要有（　　）。

A．战略和管理　　B．一线员工　　C．专业规范

D．技术环境　　E．制度环境　　F．其他相关者

3．服务蓝图的结构区域包括（　　）。

A．顾客行为　　B．前台员工行为

C．后台员工行为　　D．支持过程

4．共享经济的特点主要有（　　）。

A．强调使用权　　B．轻资产去中介

C．互联网是核心载体　　D．产消者出现

5．共享空间是指将自己的闲置空间与他人共享以换取收入，在该领域有（　　）。

A．共享住宿空间　　B．共享宠物空间

C．共享办公空间　　D．共享车位

三、判断题

1．客户服务创新仅仅是企业内部进行的创新，不涉及多个创新主体参与。（　　）

2．客户服务创新既包括技术创新维度，也包括非技术创新维度。（　　）

3．客户服务创新因具体的行业的不同具有明显的一致性。（　　）

4．客户服务创新的目的是创造价值。（　　）

5．互联网技术是共享经济产生的推动力也是持续发展依托的基础。（　　）

6．在服务创新的步骤中，服务蓝图的设计是关键的一步。（　　）

7．新服务的构想来源主要是员工、客户、合作伙伴和竞争对手。（　　）

8．新服务的市场导入的任务是让服务人员和客户接受新服务。（　　）

9．共享金融在我国常被称作互联网金融，常见的形式包括 P2P 网贷和众筹。（　　）

四、思考题

1．客户服务创新的影响因素主要有哪些？

2．简述客户服务创新的步骤。

3．服务蓝图的作用主要有哪些？

4．共享经济的特点有哪些？

5．如何理解共享经济平台的获利模式。

第七章　思考与练习参考答案

创新创业能力训练

1．设计本组创业项目的创新形式，你可以想到哪些做法或设计来提升你的新创企业产品或服务的差异性？

2．下面是一家正在运行的服务企业2017年的真实运营场景，请阅读后按要求讨论思考问题。

西子足道的二次创业

西子足道位于长春市绿园区，是长春市最早的足道企业。2007年，西子足道的创建者看准了东北地区人们生活水平提高，日益追求健康的大需求方向，大胆从周边城市学习引进了足疗技术，开创了长春市足疗服务的先河，迎来了第一次的大发展。由于当时劳动力相对充裕，足疗师的培养相当迅速，足疗在长春市又属于新生事物，客户众多，基本不存在竞争者，西子足道捕捉到了最佳的机会窗口，迎来了发展的黄金时期。一度出现每天排队，客户天天爆满的火爆场面。

随着时间的推移，足疗行业在长春市已发展得极为成熟，足疗店随处可见，客户的选择空间越来越大。激烈的市场竞争使足疗行业的利润日益下滑，各家企业对足疗师的争抢使门店的分成比例日益下降，劳动力的日益短缺使人工成本不断攀升。为了争夺客源，各家企业经常使出浑身解数，不计成本地大规模促销，使本就不断摊薄的利润更加微薄。西子足道也在强大的竞争中由欣欣向荣走向日益衰落，引以为傲的独特足疗手法已随人员流动变成所有足疗门店的通用手法，毫无竞争优势可言。足疗师人数由原来的上百人缩减到十几人，客户数量也由每天200人以上下降到不足50人，各种设施设备陈旧老化，员工士气低迷。2017年，心力交瘁的创建者在一个机缘巧合的机会离开了企业，将企业交给了一个毫无行业经验却充满激情的创业者团队。面对西子足道当前的困境，要实现二次创业，这些创业者要如何艰难前行呢？

企业的当前优势如下。

1）经营时间较长。西子足道是该行业最老的门店，业内口碑较好，有一部分忠实客户。

2）企业管理规范。西子足道的创建者管理强势，对员工要求严格，惩罚机制较完善。

3）成本控制较好。由于企业员工绝大部分都源于内部培养，薪酬较低，员工伙食、水电等日常成本控制极为严格。

企业的当前劣势如下。

1）设施设备陈旧。西子足道的门店属于老式设计，每层楼都是公用卫生间，客房内没有洗手间，给客户带来很大不便。烧水锅炉及供电线路老化，经常出现断电断热水的情况；空调系统老化，没有窗户的房间空气流通不畅，这些都极大影响足疗服务的客户体验。

2）员工积极性不高。离开创建者的严密监控，员工工作状态涣散，消极怠工较多。

3）各岗位员工数量短缺。当前，我国人口红利时代已经结束，全国各地都出现不同程度的劳动力短缺。该企业由于工资待遇较低，员工流动更大，缺口更加严重。

4）员工与企业之间对立情绪明显。创建者是财务专业出身，成本控制严苛，因而员工伙食质量低下。由于商业用水费用较高，因此店里禁止员工在店内洗衣服、洗澡，此外还有很多其他规定和限制。这些对于80后、90后的员工来说，难以接受。

5）服务水平下降。由于员工流动较大，新员工培训不到位，服务经常出现失误和混乱。

同时，创建者由于更追求手工单据的可追溯性，使企业的整个服务流程都依赖于手工操作，这使服务效率和准确性都得不到保证，经常引起客户不满。客户档案堆积成山，每次客户会员卡丢失时，查找消费和充值记录都非常困难。

6）与内外部客户关系紧张。有经验的员工基本流失，经验不足的员工很难应对企业较低的服务水平与客户较高的服务要求之间的矛盾，与客户发生争执的情况时有发生。严重的时候会频繁报警，与相关管理部门的关系也不融洽。

7）新的创业者团队一穷二白，没有更多流动资金改善现状。

① 根据以上资料，你觉得该企业最先应该解决的是什么问题？怎样解决？

② 根据以上资料，你觉得新的创业团队应该怎样提高客户体验？

③ 根据以上资料，你觉得新的创业团队应该怎样进行客户数据管理？

④ 根据以上资料，你觉得新的创业团队是否可以借鉴共享经济的思路，进行客户服务创新？

3．为本组的创业项目制作路演海报、5 分钟 PPT 和 1 分钟视频，要力求新颖、有说服力。

第八章　客户关系管理系统概述

教学目标

在理解通用客户关系管理系统架构和业务流程的基础上，掌握客户关系管理系统的结构，了解客户关系管理系统中关于客户管理模块的基本内容，从而形成对客户关系管理系统的总体认识，理解客户基本信息管理和沟通在系统中的功能的实现。

教学要点

客户关系管理系统的架构；
客户关系管理系统的业务流程；
客户管理子系统的基本内容；
对客户信息的管理在系统中的功能实现。

关键词

系统架构　业务流程　客户管理　功能结构

导入案例

基金公司的客户关系管理系统

小张是一名普通白领，为了理财，他在一家基金公司购买了一份基金定投，此后他的邮箱每个月都会收到基金公司邮寄的对账单，每周手机里都会收到关于这只基金净值涨跌的数据，此外还会不定期地收到关于理财资讯、新基金认购等相关信息的 E-mail。在每一次信息沟通的末尾，公司都会提醒小张企业咨询的电话和登录的网址，如果有任何疑问他都可以很方便地进行查询。这让小张觉得基金公司的服务十分方便和周到，这是他在购买基金之初所没有想到的。更让他没有想到的是，在他生日那天，公司发来了生日祝贺短信，让他的心里暖暖的。但他的心里始终有个疑问，面对成千上万的客户，基金公司是如何实现如此准确细致的客户服务呢？实际上很简单，基金公司只是利用了它的客户关系管理系统，恰到好处地实现了对像小张这样的众多客户的客户管理和客户关怀。

第一节　客户关系管理系统的一般模型

一、客户关系管理系统的架构

通用的客户关系管理软件系统的组成一般包括市场管理、销售管理和服务管理 3 个部分。三者之间的相互关系是以客户为中心，把企业、市场、销售和服务等活动连接起来，形成一个网链，即先从市场寻找机会，然后从营销中找到商机，最后促成销售。在销售的过程中及销售完成之后都会有相应的服务，服务的信息又将反馈给市场，以达到留住老客户、吸

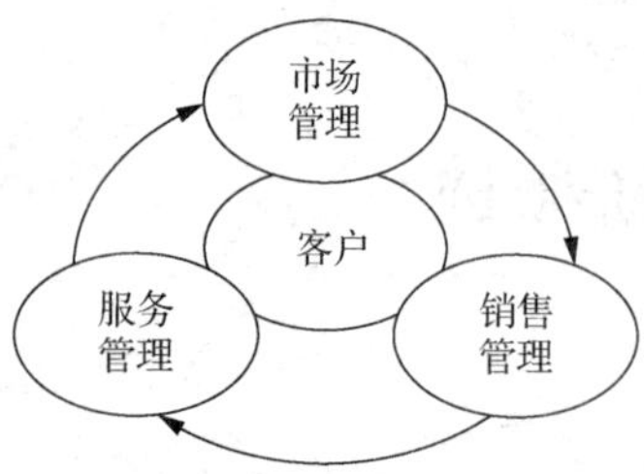

图 8.1 客户关系管理软件系统的组成

引新客户、提高客户利润贡献度的目的。客户关系管理软件系统的组成如图 8.1 所示。

1. 市场管理

市场管理能为市场人员识别和确定潜在顾客和目标顾客群。通过人口、地理区域、收入水平、以往的购买行为等信息的分析，更科学、更有效、更精确地制定出产品和市场策略，同时还可以提供企业业务为何出现盈亏的分析依据。

2. 销售管理

销售管理能为销售人员有效地跟踪所有销售过程。用自动化的处理过程代替原有的人工整理分析过程，将销售信息集成为数据库，使所有销售人员可以共享客户资料，这也最大限度地避免了因销售人员的离职而损失客户的现象的发生。同时，客户关系管理还集成了每个时段产品、定价、货量、出货等重要的信息，缩短了销售周期，也减少了销售过程中的错误和重复性的工作。

3. 服务管理

服务管理能通过强大的客户数据库把销售过程、营销宣传、客户关怀、售后服务等环节有机地结合起来，为企业提供更多的机会、向客户销售更多的产品。客户服务的主要内容包括客户关怀、纠纷处理、订单跟踪、现场服务、问题及解决办法的数据库、维修行为安排和调度、服务协议、服务请求管理等。

二、客户关系管理系统的业务流程

客户关系管理在实践应用过程中是按照一定的工作顺序进行管理的，这就是流程。一个设计科学的客户关系管理系统是会按照实际工作中的程序结合软件应用形成规范的、操作性强的系统流程。通用的客户关系管理软件的一般的系统业务流程是，首先通过开展各种营销活动，获取大量新客户的咨询信息，挖掘客户数据库信息，分析老客户信息，以便争取新客户，保留老客户，为销售提供线索。销售线索确定形成的是可以进一步追踪的具体客户，同时转化为商机，然后形成的是潜在客户。接下来是对商机进行销售跟踪推进，完成竞争分析、需求跟踪和机会分析等各阶段任务，直至商机成功关闭。然后进入销售报价阶段，经过商务谈判后确定商品价格，在检查库存的基础上，双方签订销售合同，确立购销关系，形成的是成交客户。接着根据销售合同的要求及时组织发货，并开出销售发票，产生应收账款。之后通过呼叫中心接受客户售后的服务请求，完成商品的各种维修服务。就这样在以客户为中心的体系中，对老客户、具体客户、潜在客户和成交客户进行全方位的管理，完成客户关怀、客户回访调查、客户投诉等各项工作。具体业务流程如图 8.2 所示。

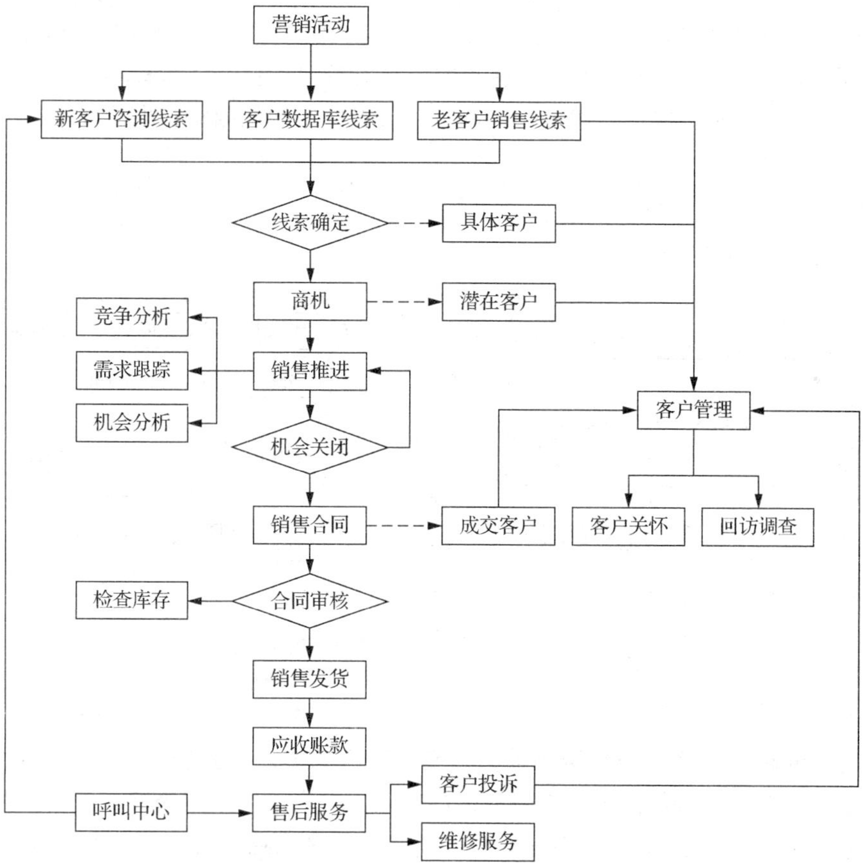

图 8.2 客户关系管理系统业务流程

三、客户关系管理系统的体系结构

第一章在说明客户关系管理分类的时候，提到过由 Meta Group 把客户关系管理分成操作型、分析型和协作型 3 类。这种功能分类方式，是依据通用客户关系管理软件的系统体系结构来划分的。在这种体系结构下，系统应能实现与客户的多渠道紧密联络；实现对市场营销、客户销售、客户支持与服务的全面管理；实现客户基本数据的记录、跟踪；实现客户订单的流程跟踪；实现客户市场的划分和趋势研究；实现在线数据联机分析以支持智能决策；实现与企业资源计划、供应链管理等系统的集成。客户关系管理系统的体系结构如图 8.3 所示。

1. 接触中心

讲述客户关系管理按功能分类时，曾把这部分归为协作型客户关系管理。接触中心主要是实现客户接触点的完整管理。客户信息的获取、传递、共享和利用及渠道的管理，支持呼叫中心、Web 服务、E-mail 服务、传真等多种联系渠道的紧密集成，支持客户与企业的充分互动。接触中心是客户关系管理系统同用户或客户进行交互、获取或输出信息的接口。

2. 操作层次的客户关系管理

操作层次的客户关系管理主要是实现基本业务活动的优化和自动化，主要涉及 3 个基本的业务流程：市场营销、销售实现、客户服务与支持。因此，操作层次的客户关系管理的主要内容包括营销自动化、销售自动化和客户服务与支持自动化。随着移动技术的快速发展，营销自动化可以进一步实现移动销售；客户服务与支持自动化则将实现对现场服务的支持。

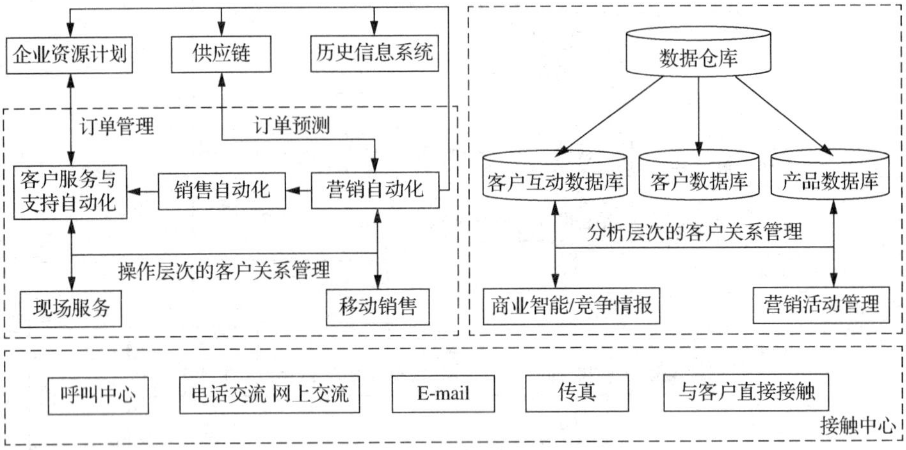

图 8.3 客户关系管理系统的体系结构

3. 分析层次的客户关系管理

分析层次的客户关系管理将接触中心和操作层次的客户关系管理产生的信息通过共享的客户数据仓库把销售、营销和客户服务连接起来，综合运用数据仓库、数据挖掘、OLAP（online analytical processing，联机分析处理）等技术识别企业现有的客户和潜在的客户，通过对客户和市场从不同角度的分类寻找企业运营中潜在的市场机会和隐含的风险，实现商业智能和决策分析。

四、客户关系管理系统的功能结构

客户关系管理系统由市场管理、销售管理、服务管理，以及基础数据的客户管理等子系统构成，如图 8.4 所示。

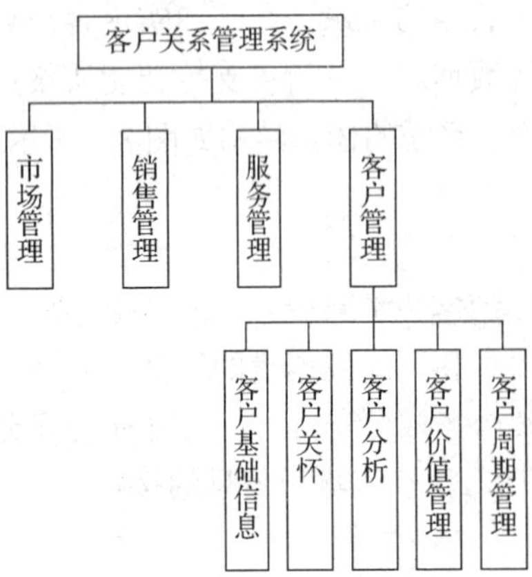

图 8.4 客户关系管理系统功能结构

1. 市场管理子系统

市场管理子系统能帮助市场专家对客户和市场信息进行全面的分析，从而对市场进行细分，产生高质量的市场策划活动，指导销售队伍更有效地工作。市场管理子系统可以对市场、客户、产品和地理区域等信息进行复杂的分析，帮助市场专家开发、实施、管理和优化相应的策略。市场管理子系统还可以为销售、服务和呼叫中心提供关键的信息，如产品信息、报价信息、企业宣传资料等都由市场管理子系统提供。市场管理子系统通过数据分析工具，帮助市场人员识别、选择和产生目标客户列表。市场管理子系统能和其他应用子系统相集成，确保新的市场活动资料自动地发布给合适的销售、服务人员，使活动得以快速执行。

2. 销售管理子系统

在客户关系管理系统中，销售管理子系统主要管理商业机会、客户账目及销售渠道等方面。该子系统把企业的所有销售环节有机地组合起来。这样在企业销售部门之间、异地销售部门之间，以及销售与市场之间建立了一条以客户为引导的、流畅的工作流程。销售管理子系统能确保企业的每一个销售代表（包括移动和固定销售代表）及时地获得企业当前的最新信息，包括企业的最新动态、客户信息、账号信息、产品和价格信息，以及同行业竞争对手的信息等。这样销售代表同客户面对面的交流将更有效，成功率也更高。

3. 服务管理子系统

服务管理子系统可以使客户服务代表能够有效地提高服务效率、增强服务能力，从而更加容易捕捉和跟踪服务中出现的问题，根据客户需求迅速准确地解决调研、销售扩展、销售提升等各个步骤中的问题，增长每一个客户在企业中的生命周期。服务专家通过分解客户服务的需求，通过向客户建议其他的产品和服务来增强和完善每一个专门的客户解决方案。

服务管理子系统提供了易于使用的工具和信息（包括服务需求管理、服务环境配置及多种问题解决方案）。员工可在巨大的科技文档库、常见问题解答数据库中和已有的客户服务解决方案中进行查找强有力的、基于客户、话务员、服务渠道和服务许可等范围内的广泛的信息，这些方案包括相关案例分析和问题的分析诊断（包括横向决策树）。当客户咨询时，服务管理子系统可以从空闲的话务员中选择最称职的话务员来解答，信息则通过合适的渠道被发送给话务员进行处理。服务管理子系统通过对服务许可管理的全面支持，采用自动的工作流程并增强对每一个咨询的路由的监控，以确保客户的要求能及时满意地得到解决。

4. 客户管理子系统

客户管理子系统将企业所有的客户资源进行集中、全面的管理，帮助企业建立客户全方位视图，从而能够延长客户关系生命周期，更深地挖掘客户潜力，提升客户价值。客户管理子系统包括客户基础信息、客户关怀、客户分析、客户价值管理、客户周期管理等功能。

第二节 客户管理子系统概述

关于市场管理、销售管理、服务管理三大子系统的内容会在后面详细介绍，下面仅以工业品制造企业的客户关系管理系统来说明客户管理子系统的主要内容。

一、客户基本管理

（一）客户基础信息

客户基础信息主要包括客户伙伴、客户联系人、客户自有产品等。

1. 客户伙伴

由于制造企业的客户基本上都是企业客户，客户伙伴主要记录了企业客户的一些基础信息，如客户名称、客户类型、办公地址及联系方式等。客户伙伴的内容如图 8.5 所示。

图 8.5　客户伙伴

1）客户类型：如潜在客户、最终客户、个人、老客户、代理商、其他。

2）客户状态：如活跃、合同未决、未来发展潜力、不活跃、其他。

3）信用等级：如高、中、低。

4）信用额度：企业可根据客户的具体情况为客户制定财务信用额度。

对于客户伙伴的管理应设置客户的新增、修改、删除、复制、合并、查询、导出等功能。

2. 客户联系人

客户联系人是指可以与该企业客户进行具体联系的联系人，联系人信息主要包括姓名、性别、年龄、与之对应的客户、所在部门、职务及联系方式等。客户联系人的内容如图 8.6 所示。

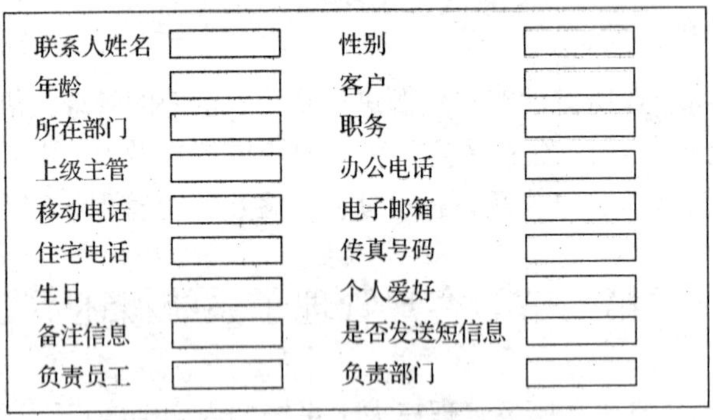

图 8.6　客户联系人

客户联系人管理应设置联系人资料的新增、修改、删除等功能。

3. 客户自有产品

由于客户伙伴本身多属生产企业，自然有自己生产的产品，这些产品可以在客户自有产品中进行管理，客户自有产品中会记录该客户产品的详细信息，如品牌、年产量、热销季节、类型、价格等，这样就便于本企业的销售员从客户的产品信息变化中分析客户对自身产品的需求，以便于潜在商机的挖掘和相应方案的准备。客户自有产品的内容如图 8.7 所示。

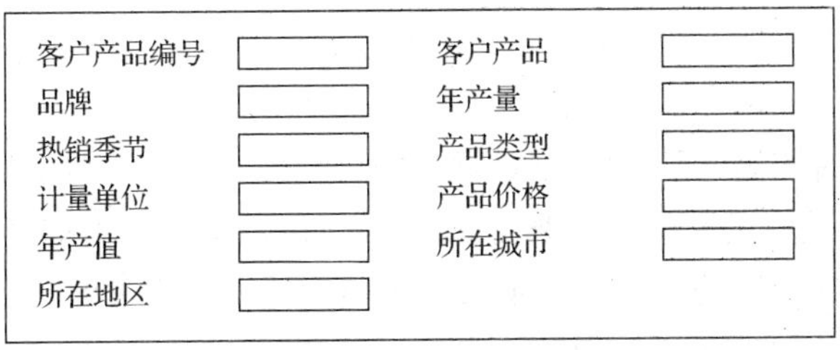

图 8.7　客户自有产品

客户自有产品管理应设置联系人资料的新增、修改、删除等功能。

（二）客户关怀

在客户关系管理系统中除了能对客户信息进行全面有效的管理外，系统还提供了一系列帮助实现客户关怀的强化工具，目的是拉近企业与客户之间的距离，让客户有更亲近的感觉，从而提高客户的忠诚度。

1. 邮件功能

在客户伙伴和联系人的信息中如果登记了 E-mail，就可以给其发送邮件，发邮件的方法与利用 Outlook 等工具发邮件的方法是一样的。邮件支持群发功能，一次可将相同内容的邮件发给不同的客户伙伴和联系人。

1）在客户伙伴或联系人列表界面内，选择要发送邮件的客户伙伴或联系人，单击“发送邮件”按钮，弹出邮件发送界面，录入邮件主题、邮件内容、邮件附件等，单击“确定”按钮即可。也可单击“本地发送”按钮，此时邮件发送自动调用 Outlook 或 Foxmail 的本地邮件发送系统，自动带入邮件发送界面的全部信息，同时发送地址缺省带入。

2）可以使用客户伙伴或联系人列表中的多选框一次选择多个联系人，实现邮件的群发功能。

3）邮件支持暗发功能，所谓暗发功能，是指邮件发送给许多联系人，但每个联系人都看不到其他收件人的名称和邮件地址。

发送邮件的内容及功能如图 8.8 所示。

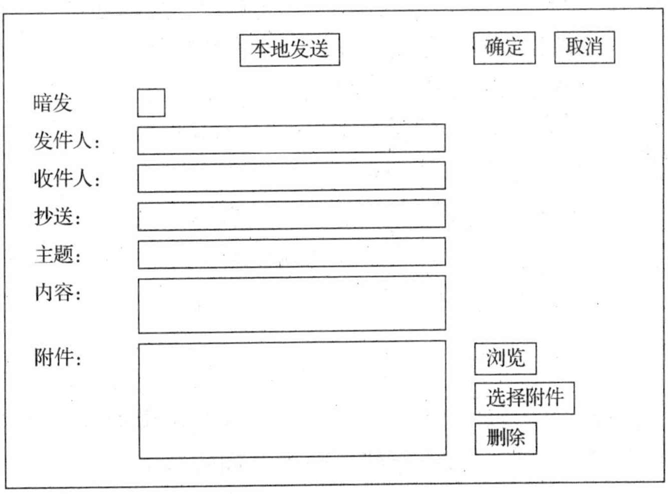

图 8.8　发送邮件

2. 短信功能

系统提供的另一种与客户联络的方式就是发送短信。在使用短信功能前，客户一般需要先向当地的短信服务供应商购买短信服务，然后获得发送短信的账号和密码才能够发送短信。发短信时只需选择相应的联系人，单击发短信，填写好相关的短信内容，单击“发送短信”按钮即可完成。和邮件一样，短信也可以实现群发。

发送短信的内容及功能如图 8.9 所示。

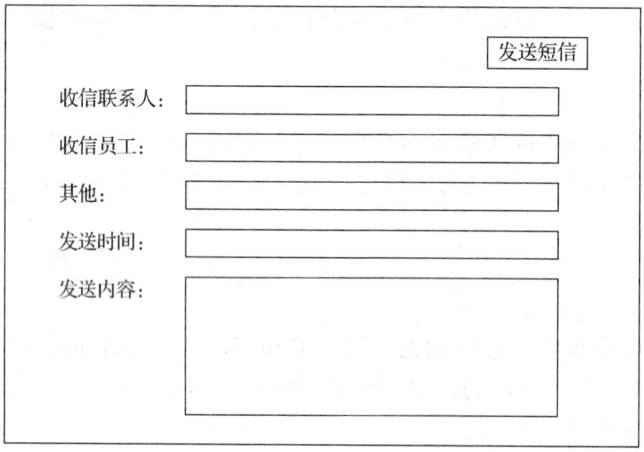

图 8.9 发送短信

3. 邮递标签

第三个工具就是邮递标签，系统对所有联系人记录当中的姓名、邮政编码和地址列示在一个表中，形成邮递标签清单，打印后便于一些商务信函的群发。

4. 生日提醒

系统会及时列出当前用户所负责的客户伙伴或者联系人最近几天过生日的信息以示提醒，列表中会列出联系人的姓名及联系人所属公司等信息。可以通过客户生日这个字段查询到该联系人的详细信息，特别要注意性别、年龄、个人爱好等信息，再考虑怎样给该联系人发送生日祝福，以便实现对客户的关怀。

从这些方面可以看出，客户关系管理系统在应用上正在逐渐实现客户关系管理的客户理念，但从目前的客户关系管理系统的客户关怀工具来看，客户关系管理系统在应用实践上仍然和理论上的客户关系有很大的差距，随着客户关系管理系统技术的不断提升和企业客户思维的日益拓展，客户关系管理系统中与客户情感沟通的功能必将不断增加和日益完善。

二、客户深层管理

作为提高客户管理水平、增加企业获利能力工具而出现的客户关系管理系统产品，在客户细分和客户价值分析方面的功能都很强大，同时也能对客户关系生命周期进行一定的管理。

（一）客户分析

1. 客户图表分析

根据不同的数据源，按照事先确定的分析方案和不同指标，形成不同图表类型的分析图。例如，按员工所拥有客户数量进行分析，可以对员工业绩进行排序和评比，如图 8.10 所示。

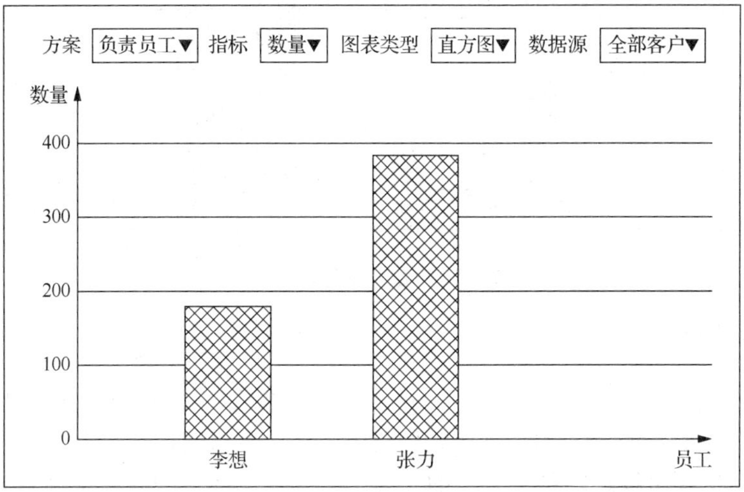

图 8.10　客户图表分析

2. 客户业务趋势分析

当前客户业务趋势分析可以分析按时间新增的客户数量，从而对企业的新客户开发进程和效率有所把握，如图 8.11 所示。

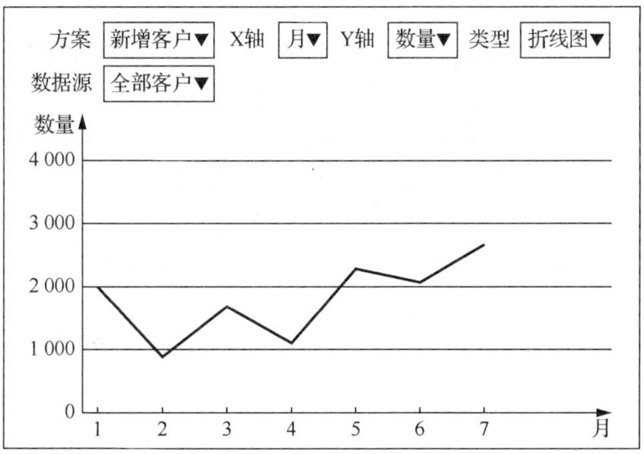

图 8.11　客户业务趋势分析

3. 客户同期对比分析

根据不同的数据源，按客户地区的分布，在同一时期进行比较分析。这样可以了解企业的市场占有情况和进行地域开拓的决策，如图 8.12 所示。

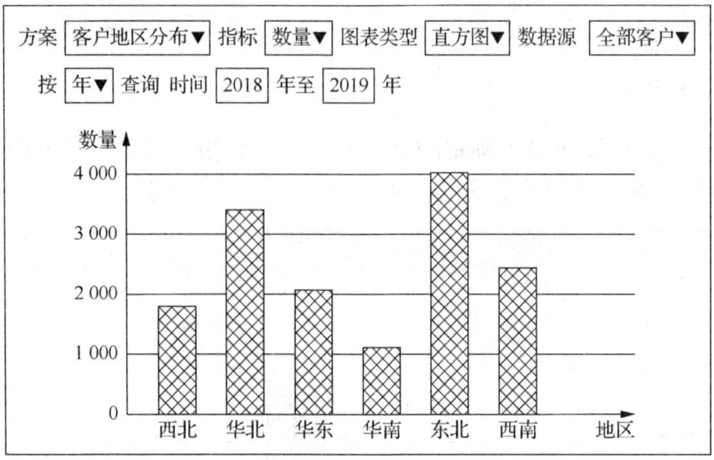

图 8.12　客户同期对比分析

4. 特定客户分析

特定客户分析可以分析某一特定客户在一定的时间段（可以按年、季、月、周、天间隔统计）的销售收入、应收款、实收款、销售费用、订单数量的详细情况，可用直方图、折线图、报表表示，这样可以追踪某一客户的交易历史和监控客户的异常变化。用直方图表示的特定客户分析如图 8.13 所示。

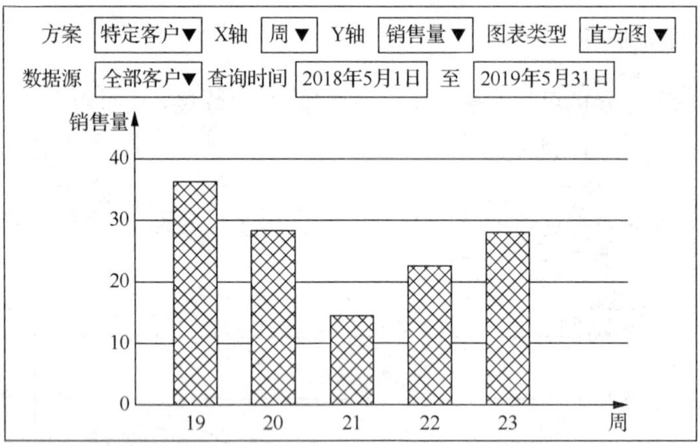

图 8.13　特定客户分析

5. 前十客户分析

前十客户分析可以让使用者对自己权限内的全部客户，根据全部客户、下级部门客户，以及所处的行业、地区、城市等不同角度的前十名客户进行分析。前十名客户可按具体客户、客户类型、客户级别分类，分析其在一定的时间段的销售收入、应收款、实收款、销售费用、订单数量的情况，可用直方图、报表表示，这样可以实现对核心客户的准确把握。用直方图表示的前十客户分析如图 8.14 所示。

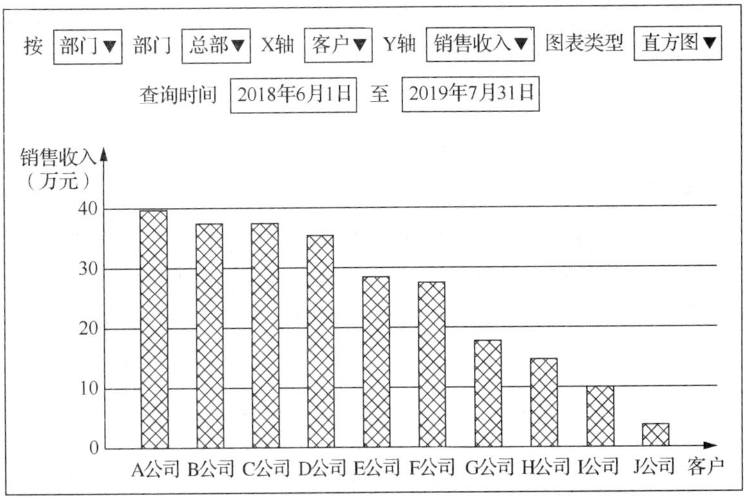

图 8.14　前十客户分析

（二）客户价值管理

客户价值管理是对客户按某些指标评估其价值，然后按预定的价值级别以金字塔的形式展现其价值，供分析人员分析。用户可以针对某一价值模型按某一价值级别划分方法进行金字塔的展现，针对金字塔的不同层，可以深入分析该层的客户构成。

1）客户价值分级分析：就是对当前的客户价值模型的参评项进行分析。

2）区域分布分析：按客户资料的所在地区字段进行统计分析。

3）行业分布分析：按客户资料的所属行业字段进行统计分析。

4）客户属性分布分析：执行相应的功能就可以完成按客户属性进行分析。

以客户价值金字塔分析为例，分析图如图 8.15 所示。

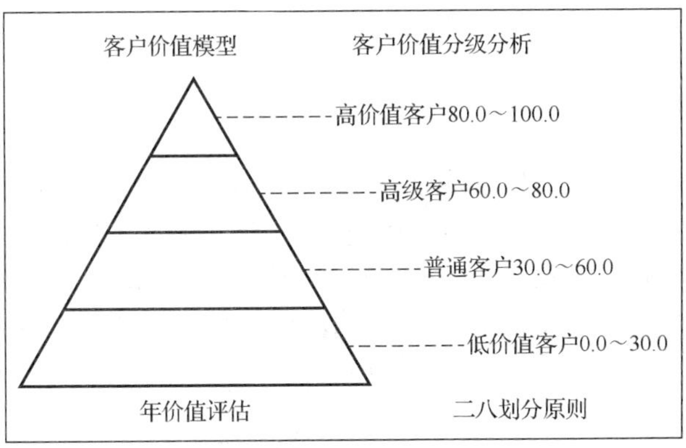

图 8.15　客户价值金字塔分析

进入客户价值金字塔的某一层，系统可以对该层进行更深层次的分析，如该层的客户构成情况，然后针对这些客户分析其价值分级、区域分布、行业分布等。

（三）客户周期管理

客户周期管理是系统根据细分客户的特点，对客户进行生命周期管理。通过建立针对细分客户的客户关系生命周期的模型，每一种生命周期模型可以划分为多个阶段，可以定义每个阶段提供客户关注的产品和服务的活动，以便于企业针对当前客户所处的阶段，推荐适当的产品和进行相应的活动。

潜在客户、成交客户、战略客户的划分是系统通用的客户周期模型之一，不同的客户关系生命周期模型会包括不同的阶段，如潜在客户包括发现、考核、确认阶段等。具体的客户对应哪一种生命周期模型是在新增客户时选择的，系统显示默认的客户关系生命周期模型。客户关系管理系统对客户关系生命周期的划分与前面客户关系管理的相关理论中的划分有些差别，不同的软件也会对客户关系生命周期模型有不同的设定，这是根据系统实践的需要和不同的侧重点来选择的。

1. 阶段

阶段功能可以把企业与客户的关系划进某个阶段，从而进行循序渐进的管理。

1）导入阶段：包括全部导入、导入当前阶段、导入当前及以后的阶段，即可以有选择地导入标准的阶段，从而形成当前客户所必需的阶段。

2）推进阶段：可以从当前阶段推进到下一个阶段（或将来的某个阶段），直接把下一个阶段（或某个阶段）作为当前阶段，同时结束该阶段以前的各个阶段。阶段的推进可以采用手工推进，还可以采用系统的自动调动实现。阶段的导入和推进处理如图 8.16 所示。

阶段过滤条件：全部 ▼　　导入阶段　推进阶段　修改　删除　关闭

阶段名称	开始日期	结束日期	持续天数	说明	阶段标识期
发现客户	2019-08-15	2019-08-24	10		1

图 8.16　阶段的导入和推进

2. 阶段产品或活动

执行“阶段产品或活动”命令可以直接进入当前客户的当前阶段所对应的产品或活动。执行“阶段产品”命令可对当前阶段进行维护，看到可能营销的产品，并就此形成线索。执行“阶段活动”命令可以看到当前阶段所要进行的活动，系统会自动显示标准的活动建议。用户可以新增、修改、删除等相应的活动。阶段产品或活动的处理如图 8.17 所示。

阶段产品　阶段活动　　新增　修改　删除　关闭

序号	产品名称	标准数量	说明	是否必须

图 8.17　阶段产品或活动

小　结

本章首先介绍了客户关系管理系统基本的架构和业务流程。客户关系管理系统是以客户为核心的由市场、销售、服务组成的有机系统，它的整个业务流程也是按照市场营销、企业销售、售后服务的顺序进行运作的。从体系上看，客户关系管理系统可以在接触层、操作层、分析层 3 个不同的层面上发挥不同的作用；从功能上看，客户关系管理系统可以在市场管理、销售管理、服务管理、客户管理 4 个子系统中执行不同的功能。客户管理子系统模块是系统的基础模块，包括客户基本管理和客户深层管理。客户基本管理只是对客户基本信息进行记载，同时和客户进行邮件、短信等方式的沟通，对客户进行一定的情感关怀。客户深层管理可以对客户从各方面进行分析和统计，从而实现客户细分和客户价值衡量，从而实现对客户不同程度的侧重管理和分层次管理。

拓展学习

知识拓展：以客户关系管理为核心的直复营销

阅读资料：海南红灯笼广告有限公司客户关系管理系统的成功实施

案例分析：义乌祥胜的销售管理之路

思考与练习

思考题

1. 客户关系管理系统的一般业务流程是怎样的？
2. 客户关系管理系统一般具有怎样的功能结构？
3. 客户关系管理系统怎样实现客户关怀？
4. 客户关系管理系统怎样实现客户细分和客户价值分析？
5. 客户关系管理系统还应该在哪些方面更好地进行客户管理？

第八章　思考与练习参考答案

创新创业能力训练

进行各组创业项目路演，由其他组按项目打分，最后按全部总分排序（表 8.1）。

表 8.1　各组路演评分表

组别	海报	PPT	视频	讲述	团队	总分
第一组						
第二组						
第三组						
第四组						
第五组						
第六组						

第九章　市场、销售、服务管理子系统

教学目标

在理解客户关系管理系统三大基本模块划分的基础上，了解市场管理、销售管理、服务管理子系统数据处理流程和相关数据文件，从而形成对通用客户关系管理系统中市场模块、销售模块、服务模块的清晰认识，并对市场、销售、服务管理子系统中的实践应用与相关客户关系管理理论之间的差距进行深入的思考。

教学要点

了解市场管理子系统的数据处理流程及相关数据文件；
了解销售管理子系统的数据处理流程及相关数据文件；
了解服务管理子系统的数据处理流程及相关数据文件。

关键词

营销战役　市场情报　客户线索　商机　佣金销售订单　服务请求　装箱单　产品缺陷

导入案例

华美居的销售管理

广州华美居装饰材料公司（以下简称华美居）在逐步扩大规模的过程中，传统的销售管理模式很难满足公司快速的发展。管理层最终决定应用在线客户关系管理来提高公司客户与销售的管理，提升业绩水平。在架设客户关系管理之前，华美居销售情况都是使用纸质的记录，一周结束后员工需要上交周报，部门经理通过周报来收集一些信息进行跟踪。售后没有专业的平台，只是打电话，每个阶段都会给客户打电话，询问进展情况和服务需求。这样，客户信息的“孤岛”现象便接踵而至。由于缺乏统一的客户信息管理方式，客户信息如名称、地址、电话等大部分信息都集中在每个业务员所掌握的名片、Excel 表格中。一方面，每个销售员掌握的客户信息无法进行有效的共享；另一方面，每个销售员各自查找客户信息时的效率非常低。这种传统的管理方式往往还会造就部分“超级业务员”。“超级业务员”掌控了企业大部分的销售量和销售额，他们的存在和相关管理的缺失不仅会引发企业出现“飞单”（订单被拿到别的公司）现象，还可能逐步演变成“飞人”（跳槽）现象，并带走所掌握的客户信息。企业需要“避免飞人、避免飞单”。实行了客户关系管理之后，解决了企业原来的诸多问题。其中最为重要的管理点就是销售单的跟进，包括售前跟进，售后跟踪，短信平台这三块需求。华美居内部有一个报备制度，开始公司有两个部门，后来又增加了业务部和零售部。各个部门业务经理包括自己在内都可以让员工把跟踪的客户报备到售前这个系统上面，企业就能很直观的掌握要跟踪的销售单进度的情况。通过客户关系管理售前的过程管理和客户管理很好结合起来，并且在销售交易成交后，也就是售后的管理，可以运用客户关系管理的短信平台业务模块，选择给客户在什么时候发信息及发信息的内容，在销售后分三个阶段发短信给客户，来做系统的管理并得到反馈信息。另外，使用在线客户关系管理软件还符合直销的代理商需求，由于旗下分公司的代理点并不是独立的，是彼此联系的，所以在线的软件能够更好地共享信息。

（资料来源：永辉，2011. SaaS 助力建材行业 体现 CRM 核心价值[EB/OL].（2011-02-17）[2019-10-10]. http://cio.it168.com/a2011/0217/1158/000001158090.shtml.）

第一节 市场管理子系统的数据分析

一、市场管理子系统概述

市场管理子系统的主要任务是通过获取大量市场信息，开展各种营销战役，争取新客户，保留老客户，为销售提供线索。在开拓新市场的过程中也要对竞争对手和客户伙伴的信息进行有效的管理，才能对市场情况做深入和广泛的了解，为占领市场争取主动权。市场管理子系统业务流程分析如图 9.1 所示。

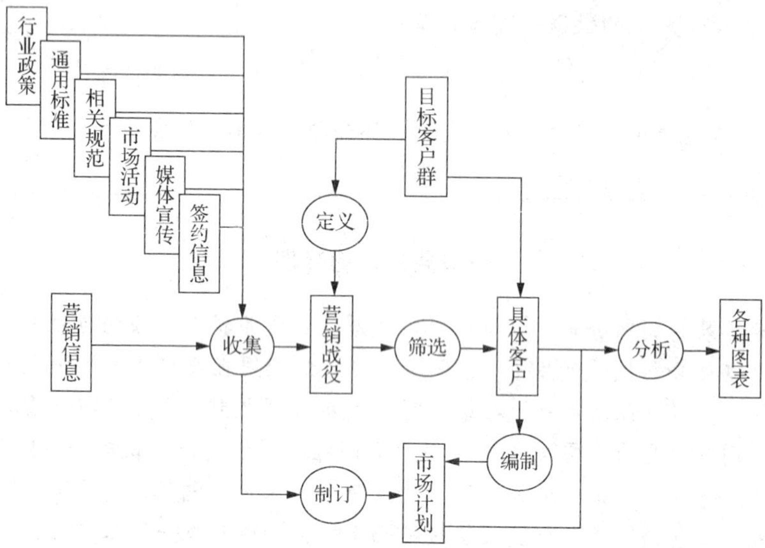

图 9.1 市场管理子系统业务流程

从图 9.1 中可以看出，在每一项营销活动的开展之前都要收集与本企业经营业务发展相关的一些行业政策、通用标准、相关规范等，收集本企业或者竞争对手及合作伙伴相关的市场活动、媒体宣传、签约信息等市场情报资料，这些市场资源是开展营销战役的前提条件。然后，根据企业实际情况和市场管理工作规划，有计划地开展营销战役。

在开展营销战役的过程中，如新产品发布演示会、客户伙伴联盟会、产品展销会等，根据营销战役的性质和地理区域确定本次活动所针对的对象（目标客户群），以便能进行市场细分，提高市场活动的目标性和有效性。对于确定了的目标客户群进行进一步的筛选，同时还要一一确认目前这些客户能否参加到此次营销战役中，可以通过发电子邮件或者电话联系的方式来确认。对于确认和筛选的具体客户要制订相应的市场计划，也就是进行市场计划的分工及任务的分派。市场计划执行后，最重要的就是能形成市场反馈，也就是为销售提供线索。作为企业，进行的一些日常的、小型的市场活动都可以直接通过市场计划的管理来实现。此外，还可根据营销战役的情况对目标的具体客户和市场计划进行图表分析。

二、市场管理子系统的数据处理流程

市场管理子系统的数据处理流程是先通过分类、汇总、整理市场情报信息数据，再根据企业的经营需要，有计划地开展市场活动，用营销战役文件将市场活动的情况进行存储。在市场营销活动计划的执行中，应从目标客户群文件中选取和定义参加此次营销战役的具体客户，对于不存在于系统中而从其他途径获得的能够参加此次营销战役的新客户资源，可以新增并将其锁定为目标客户，它们都应单独存储于具体客户文件之中。目标的具体客户确定好后，就应编制市场计划，对于小型简单的市场活动可以直接通过制订市场计划来实现，形成市场计划文件的数据。市场计划的执行，就是要对市场计划进行分工和任务的指派，用以确定市场计划的执行人员。市场计划完成后，最重要的是能形成市场反馈，也就是为销售提供线索。最后对营销活动、目标具体客户和市场计划进行图表分析，为决策者提供客户管理的有效信息。市场管理子系统的数据处理流程如图 9.2 所示。

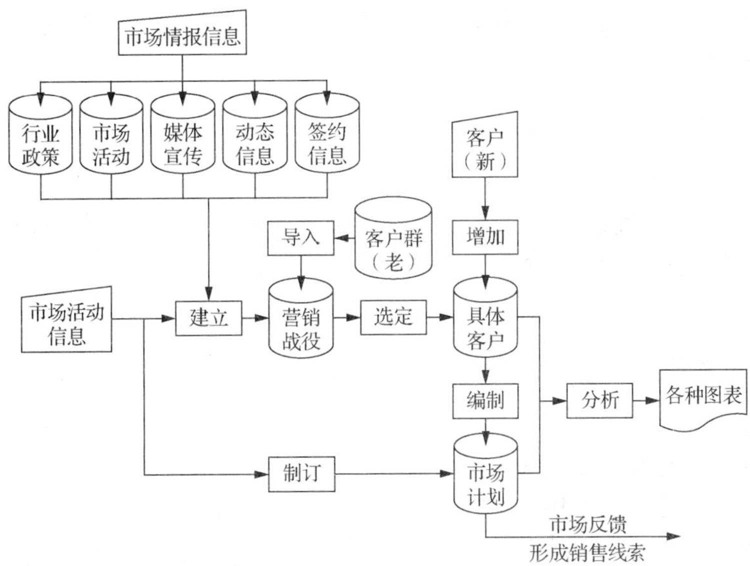

图 9.2　市场管理子系统数据处理流程

通过图 9.2 可知，系统数据来源于有关的市场情报信息和目标客户群文件，对这些数据进一步挖掘并根据企业营销的需要，构成营销战役文件的数据，它是市场管理系统的主文件，它的关闭代表营销战役的结束。营销战役产生的目标具体客户是下一步工作的对象，形成了存储、筛选和确认具体客户的文件。为了提供销售线索，要编制市场计划，对营销人员进行分工，建立市场计划文件，最终为销售管理系统提供销售线索数据，这也体现了系统间的接口。通过图示还可以看出，系统应提供营销战役的建立、老客户群文件的导入、选定目标具体客户、市场计划的编制与审批、营销人员任务的指派与分工、市场情报管理和图表分析等功能。

市场管理子系统对于大型市场营销战役的数据处理程序如图 9.3 所示。

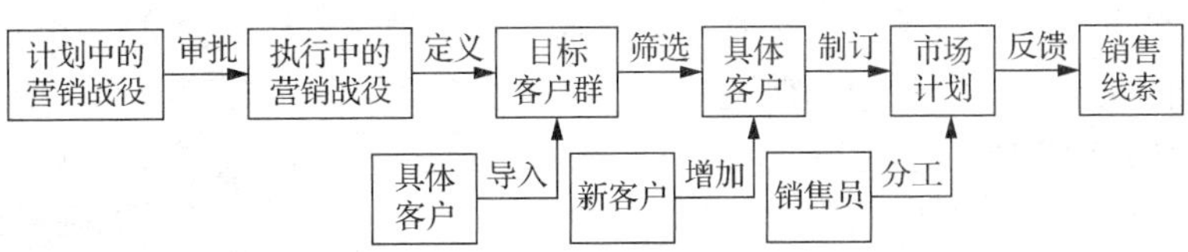

图 9.3　大型市场营销战役的数据处理程序

三、市场管理子系统的主要数据文件

市场管理子系统需建立的主要数据文件有营销战役、目标客户群、具体客户、市场计划等。此外，企业还可以建立行业政策、市场活动、媒体宣传、签约信息等辅助数据文件。

1. 营销战役文件

营销战役文件是市场管理子系统的主文件，按战役项目设置记录，按战役项目的编号和名称、战役的时间、战役的地理区域、战役的目标和费用、战役的类型和状态、战役的责任人等内容设置字段。

2. 目标客户群文件

目标客户群文件是以某一营销战役为对象，记录一组目标客户总括情况的文件。该文件按营销战役编号，按目标客户群名称、类型、数量，以及在数据处理时需要的、目标客户群选择的条件设置字段。

3. 具体客户文件

具体客户文件是以某一具体客户为对象存储客户初步的、基本信息的文件。该文件按客户的编号、名称、类型、联系方式、所在地理位置，与其他文件相关联的营销战役、目标客户群、联系人等情况，以及与具体客户相联系的时间、状态、结果，负责人，是否完成等内容设置字段。

4. 市场计划文件

市场计划文件是以市场计划项目为对象记录市场计划、开展情况的文件。该文件按市场计划的编号、名称，计划和实际的时间，市场计划的状态、描述、总结，市场计划的预计收入、费用预算、紧急程度，市场计划针对的产品，市场计划的合作媒介，责任人，以及关联营销战役文件和目标客户群文件的营销战役和目标客户群等内容设置字段。

上述文件的相互关系是以营销战役文件为核心文件，并由市场计划文件关联营销战役文件和目标客户群文件，通过目标客户群文件筛选出此次营销战役的具体客户，形成具体客户文件。

第二节　销售管理子系统数据分析

一、销售管理子系统概述

销售管理子系统主要完成从把市场管理子系统获取的客户线索信息形成商机到协商价格、签订合同、组织发货和收取货款等一系列的工作直至销售目标实现的全过程管理。销售管理子系统在客户关系管理系统中起着承前启后、实现最终目标的重要作用。销售管理子系统是根据市场管理子系统提供销售前期的客户线索数据，又为服务管理子系统提出客户服务需求和应尽责任。销售管理子系统各环节的工作，是企业销售的关键，可以实现企业的最终经营目标。销售管理子系统具有数据量大、数据关系复杂，并要求及时准确提供商品销售数据等特点。

在以客户为中心的客户关系管理系统中，企业对客户的管理和关怀十分重要。在掌握大量客户数据的基础上，将客户资源进行集中全面的管理，帮助企业建立客户的全方位视图，这对于延长客户关系生命周期、更深地挖掘客户潜力、提升客户价值有着重要的意义。通过市场管理子系统所提供的客户线索，随着营销人员分派任务的进一步完成，将一些有现实需求的客户转入商机进行管理，一系列跟踪服务后提出审批的报价单，最后实现销售合同的签订，达到预期的销售目标。销售管理子系统业务流程分析如图 9.4 所示。

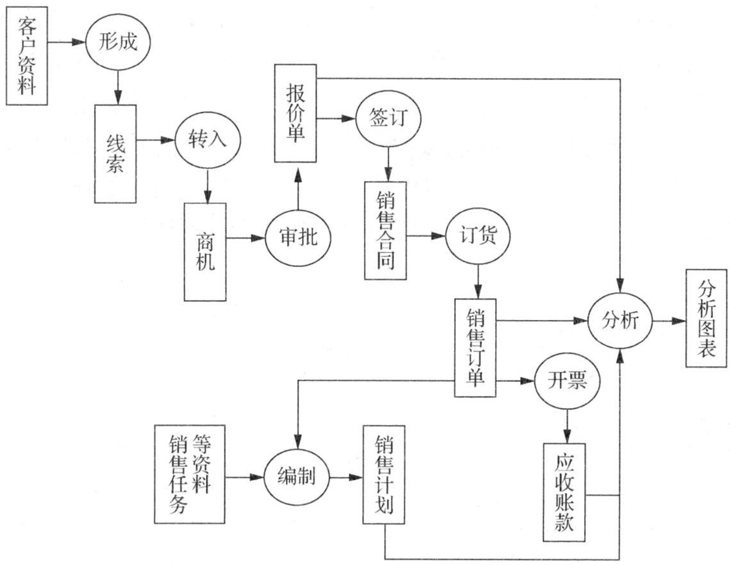

图 9.4 销售管理子系统业务流程

从图 9.4 中可以看出，按照销售管理各阶段对客户进行全过程跟踪服务，最终取得销售的实现。销售管理子系统的处理过程是线索→商机→报价→合同→订单→收款→分析。从市场管理子系统中将客户资料形成客户线索；对这些客户线索经过全方位细致的分析工作，可以进一步转入商机；把握住商机并根据客户需求提出经过审批的商品报价单；协商商品价格使客户满意，双方签订销售合同，确立购销关系；开始组织订货，按客户的要求签订销售订单；根据销售合同的要求按期提供保质保量的商品，及时组织发货并开出销售发票，产生应收账款；根据销售订单、销售任务等资料编制销售计划；利用各种分析方法，分析销售计划的完成情况。

二、销售管理子系统数据处理流程

从市场管理子系统获取的客户线索信息，是通过具体客户文件进行传递而形成的。客户线索信息是企业的重要资源，是销售管理子系统主要的数据来源，还有一部分客户线索信息是本系统新增的客户资源，可以通过直接录入取得，这些数据都存储于线索文件中。此外，还有编制销售计划所需要的销售任务等资料。这些数据就构成了销售管理子系统的全部数据来源。客户线索可分为个人线索和部门线索：个人线索是已分配的线索，部门线索是未分配的线索，通过撞单分析和分配将部门线索形成个人线索，从而生成个人线索文件。销售员个人对有效线索的跟踪服务使其转为商机，建立商机文件的数据。对商机进一步进行需求跟踪，将商机成功关闭，进入销售报价阶段。根据不同的报价策略，编制商品报价单，形成报价单文件，只有经过企业领导审批，对客户的商品报价才有效。报价单生效后，可以正式对客户进行报价并协商价格，经过商务谈判后，如果客户需求基本可以确定，就可以进行销售合同管理。销售合同文件的数据可以根据报价单文件生成，也可以直接新增销售合同。根据报价单生成销售合同时只能提供销售合同的一些基本信息及产品信息，至于销售合同中的付款信息、服务信息或者是违约信息还需要补充完整。对于新增的销售合同，其初始状态都为拟订中，与报价单一样，销售合同签订好后同样要经过审批，签订销售合同进行系统确认后，系统就将成功关闭销售合同所对应的商机。销售合同的执行将处理客户佣金、销售员佣金和销售订单，以及应收账款等业务。在销售合同的约定下处理销售佣金，形成客户佣金和销售员佣金文件。根据销售合同可以直接导出销售订单，生成销售订单文件的数据。销售订单反映的付款信息可作为形成应收账款文件的依据，同时用销售订单的数据和销售任务等资料编制销售计划，建立了销售计划文件。针对销售管理全过程存储的各个数据文件，根据销售计划文件统计分析销售计划的完成情况，输出各种统计分析表。销售管理子系统数据处理流程图如图 9.5 所示。

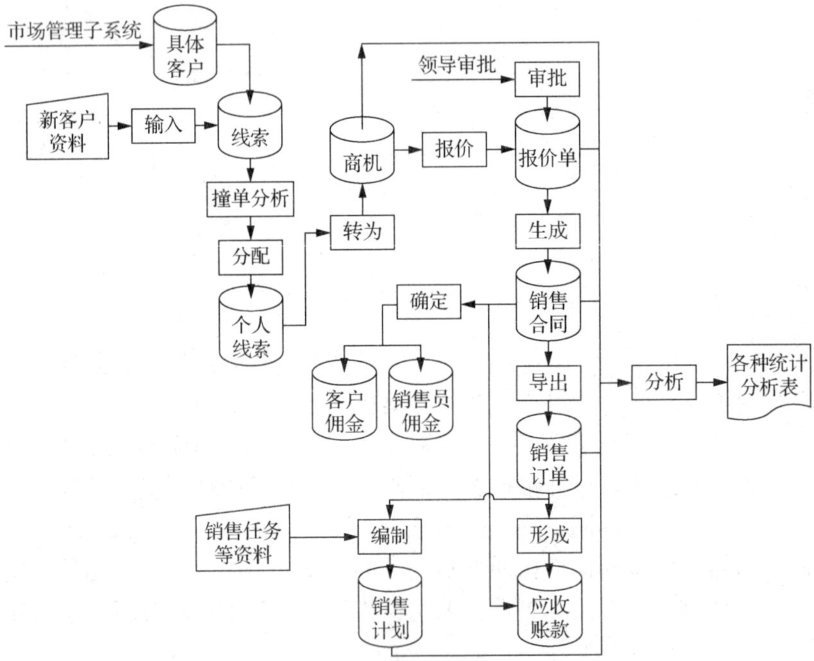

图 9.5 销售管理子系统数据处理流程

从图 9.5 中可以看出，从市场管理子系统转来的具体客户文件，是具有一定线索的客户文件，是可以转化为商机的客户文件，它形成了本系统的客户线索文件（包括部门线索和个人线索），是本系统的主要文件。系统中的销售合同文件关联了客户线索文件、商机文件和报价单文件，同时也为服务管理子系统提供了数据来源，它是本系统的核心文件，除此之外还有销售订单、客户佣金、销售员佣金、应收账款、销售计划等文件。

从图中还可以看出，销售管理子系统主要完成接收市场管理子系统传递的客户线索信息，进行客户线索撞单分析和分配，转入商机的处理，申报和审批销售报价单，签单和生成销售合同，确定客户佣金和销售员佣金，并导出销售订单，据以形成应收账款，并编制销售计划，进行销售分析等任务。

三、销售管理子系统的主要数据文件

销售管理子系统需要建立的数据文件有客户线索文件、商机文件、报价单文件、销售合同文件、销售员佣金文件、客户佣金文件、销售订单文件、应收账款文件及收款单文件。

1. 客户线索文件

客户线索文件是以客户为单位设置记录，反映客户的基本信息、联系人信息、自有产品信息及线索来源、状态、结果信息、线索责任人等方面的信息，并按其内容设置字段。

2. 商机文件

商业机会是关于求购产品、销售产品、寻求合作机会、提供服务等方面的商业信息，简称为商机。商机文件按每一项客户的商机设置记录，按商机的编号、名称、状态，客户伙伴，销售方法和所处的销售阶段、收入情况、线索情况、成功概率、各活动阶段日期、预购产品、责任人等内容设置字段。商机文件与客户线索文件相关联。

3. 报价单文件

报价单文件包括报价单主体文件和报价单明细文件。

报价单主体文件按每一项报价设置记录，按报价的编号、名称、版本，关联的商机和客户伙伴，采取的价格策略、产品价格，付款要求，责任人等内容设置字段。

报价单明细文件在报价单主体文件的基础上，对产品的品种规格、计量单位和价格情况进行明细反映。报价单主体文件的一条记录可以对应报价单明细文件中多条产品及其价格记录。

4. 销售合同文件

销售合同文件包括销售合同主体文件和销售合同明细文件。

销售合同主体文件按签订的每项销售合同设置记录，按销售合同号、类别、客户伙伴、价格策略、金额、佣金、责任人，以及报价单号和商机等内容设置字段。销售合同主体文件与报价单文件和商机文件相关联。

销售合同明细文件反映每项销售合同的各种产品数量、价格等方面的内容。一个销售合同主体文件可以对应多个销售合同明细文件的记录，即按不同产品开设记录，其结构与报价单明细文件的基本结构相同。

5. 销售员佣金文件

销售员佣金文件包括销售员佣金文件和销售员佣金支付文件。

销售员佣金文件是反映销售员对所签订的销售合同应获得佣金情况的文件，应按销售员佣金的编号、名称、类型，销售合同号、类型和金额，佣金的基准、提取、支付，以及佣金的日期和责任人等内容设置字段。

销售员佣金支付文件按签订的每项销售合同设置记录，按合同号、合同金额，收款时间、收款金额，支付的佣金，应付佣金的员工和部门，负责人和部门等内容设置字段。

6. 客户佣金文件

客户佣金文件按客户签订的每项销售合同设置记录，按客户佣金的名称、金额、状态、时间，签订的销售合同、销售金额及客户伙伴，客户付款和佣金支付情况，佣金提取的比例，联系人，责任人等内容设置字段。

7. 销售订单文件

销售订单文件包括销售订单文件和销售订单明细文件。

销售订单文件按销售的每一项订单设置记录，关联报价单、销售合同和商机 3 个文件，按销售订单的编号、日期、类别、来源、客户伙伴，销售方式、送货方式、结算方式、送货地址，货款的价格策略、币种、汇率、税额、金额，联系人，责任人，以及报价单文件的报价单号、销售合同文件的合同号、商机文件的商机等内容设置字段。

销售订单明细文件反映每一项销售订单的各种产品数量、价格等方面的内容。一个销售订单主体文件可以对应多个销售订单明细文件的记录，即按不同产品设置记录。

8. 应收账款文件

应收账款文件是在确认企业产品销售已实现并开出销售发票之后，所形成的客户销货往来业务应收未收和应收已收款项的文件。按每一项应收款设置记录，按应收款单据的编号、日期、说明，订单号、合同号、商机、客户伙伴，币别、汇率、结算方式，应收总金额、已收金额、未收金额，应收款状态，发票号、发票日期及责任人等内容设置字段。应收账款文件关联销售订单、销售合同、商机等文件。

9. 收款单文件

收款单文件是反映客户销售货款应收已收情况的文件。按取得的每一项收款设置记录，按收款单号、日期、类型，订单号、合同号货款的币别、汇率、应收金额、已收金额、未收金额、冲款、总金额，客户伙伴、合同号及责任人等内容设置字段。

第三节　服务管理子系统数据分析

一、服务管理子系统概述

服务管理子系统通过呼叫中心系统（包括电话、E-mail、Web 等）作为客户服务请求的入口。在接到客户服务请求后，先将相关信息录入系统中，然后将该任务进行分配。被分配人可以了解到由谁分配来的任务，工作任务的内容，服务的客户及联系人，以及其他一些具体要求。另外，在分配人的处理意见中也会说明为客户上门服务的时间。被分配人可以进入客户伙伴和联系人的列表，查看该客户的联系方式和地址等信息。在给客户服务的过程中，被分配人可以将相关的活动情况记录下来，作为自己的工作记录，以及自己对客户联系的活动记录。在客户服务中对需要维修的产品，首先要填写产品维修单，然后实施产品维修服务。产品维修单管理是售后维修业务管理的核心，在产品维修单中，通过产品信息、故障描述信息及故障诊断信息等，服务人员可以粗略地判断，然后进行下一步工作。如果维修产品涉及配件维修情况，可以将配件的维修情况和维修结果写在记录中。产品维修如果涉及费用问题，可以在维修收费里进行记录，填上产品及相关维修费用后，记录就完成了。维修工作完成后，应该将维修结果补充到维修单当中。服务管理子系统业务流程分析如图 9.6 所示。

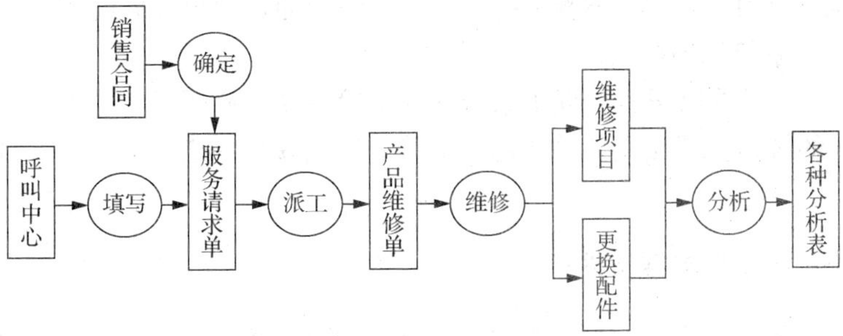

图 9.6 服务管理子系统业务流程

从图 9.6 中可以看出，服务管理子系统通过呼叫中心取得服务请求，按照销售合同的承诺，分派产品的售后维修服务任务，根据维修的需要领取配件实施维修，通过维修找出产品的缺陷，分析故障原因以便改进产品设计。

二、服务管理子系统数据处理流程

服务管理子系统的数据主要来源于呼叫中心。将呼叫中心获取的信息，通过系统的录入或交换，参照销售商品文件的销售商品代码和名称，形成服务请求文件的数据。再经过销售管理子系统提供的销售合同文件对客户的服务请求进行校验，符合要求后接受客户的服务请求。对客户的服务请求应及时进行分派，对需要维修的产品生成产品维修文件。通过产品维修找出产品缺陷，形成产品缺陷文件数据。根据服务请求的分派和产品的维修，生成装箱单文件。在维修过程中，对维修项目内容和更换配件情况生成维修项目文件和更换配件文件。从接受客户的服务请求到任务的分派、产品的维修都要进行系统分析，形成各种分析表。服务管理子系统数据处理流程图如图 9.7 所示。

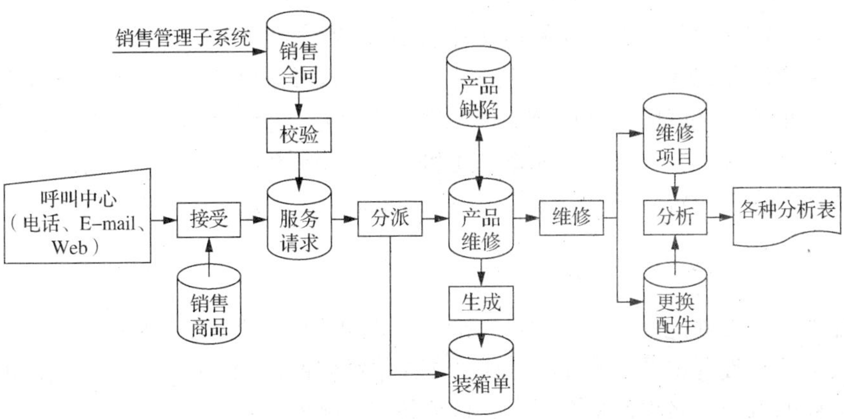

图 9.7 服务管理子系统数据处理流程

从图 9.7 中可以看出服务管理子系统数据文件之间关系是：服务请求文件是服务管理子系统的主文件，是数据的源头，是通过获取呼叫中心的服务请求信息，再根据销售商品文件对服务商品的确认和销售管理子系统提供的销售合同文件对销售合同的校验而建立的。通过产品维修任务的分派生成相应的产品维修文件和装箱单文件。产品维修文件是服务管理子系统的执行文件，用以更新产品缺陷文件，并与服务请求文件共同生成装箱单文件。在产品维修过程中生成维修项目文件和更换配件文件。服务请求通过销售合同的校验体现销售管理子系统和服务管理子系统间的接口。

从图 9.7 中还可以看出服务管理子系统的功能设置主要有服务请求的接受、服务任务的分派、客户产品的维修、商品配件的装箱与更换、产品缺陷的查找、维修项目的管理及系统分析等功能。

三、服务管理子系统主要数据文件

服务管理子系统需建立的主要数据文件有服务请求、产品维修、维修项目明细、更换配件明细、装箱单、商品、产品缺陷等。

1. 服务请求文件

服务请求文件是接受产品销售后的客户提出需要服务的有关信息的文件。该文件详细记载了客户的服务请求及为客户服务的时间和责任人情况。该文件按服务请求项目设置记录，按服务请求编号、内容、来源、范围、类型、等级、状态、时间、联系方式、责任部门和人员，以及服务请求所对应的销售合同等内容设置字段。

2. 产品维修文件

产品维修文件是反映客户服务请求需要产品维修情况的文件。该文件按每张产品维修单设置记录，按产品维修的时间、内容、故障诊断类型、产品缺陷、解决方案、产品维修部门和责任人，以及产品维修费用、与装箱单文件相关联反映装箱情况、与服务请求文件相关联的服务请求内容和相关商品等内容设置字段。

3. 维修项目明细文件

维修项目明细文件是根据产品维修文件的要求，对需要进行产品维修的项目设置维修项目明细文件，用以存储维修项目所需的商品、配件，以及维修情况的文件。该文件按维修项目设置记录，根据相关联的产品维修文件的维修单编号、所需商品组件和配件、维修级别、故障原因、维修项目内容和工种、维修车间和人员、是否更换、替代品、维修状态，以及需要结算的费用等内容设置字段。

4. 更换配件明细文件

更换配件明细文件是反映维修项目中确定需要更换配件明细情况的文件。该文件按维修项目所更换的配件设置记录。通过维修项目文件中维修商品的关联，按维修商品的编号和名称、更换配件的编号和名称、是否更换、是否替代、配件的数量、单价、折扣、费用，以及更换配件的确认状态、配件是否装箱等内容设置字段。

5. 装箱单文件

装箱单文件分为装箱单主体文件和装箱单明细文件。

装箱单主体文件是在产品维修文件和更换配件明细文件中反映需要装箱配件主要情况的文件。按每一装箱单设置记录，在装箱单主体文件中只反映装箱单各种配件的编号、状态、日期、发送、接收的部门和人员，以及责任人等。

装箱单明细文件是在产品维修文件和更换配件明细文件中反映应装箱配件情况的文件。该文件按每一装箱单设置记录。

6. 商品文件

商品文件是反映已销售完成的商品情况的文件。该文件按每种已售商品设置记录，按商品的编号、名称、规格、序列号，以及客户伙伴、联系人、合同号、订单号、数量、购买时间、保修和责任人等内容设置字段。

7. 产品缺陷文件

产品缺陷文件是记录和反映产品在维修过程中，发现已销售完成的产品存在某种缺陷的文件。该文件按产品缺陷的内容设置记录，按产品缺陷编号、内容描述、产品名称、缺陷等级、缺陷类型、缺陷来源、严重程度、缺陷记录和关闭时间及报告部门和报告人等内容设置字段。

小　　结

市场管理子系统是客户关系管理系统的基础模块，销售管理子系统是客户关系管理系统中最重要的模块，服务管理子系统是客户关系管理系统中最能反映客户理念的模块。本章首先对市场管理子系统进行了总体描述，介绍了该子系统的数据处理流程及营销战役、目标客户群、具体客户、市场计划等数据文件；接着对销售管理子系统进行了总体的描述分析，介绍了该子系统的数据处理流程及客户线索、商机、报价单、销售合同、销售订单、佣金等数据文件；最后以生产企业客户关系管理系统服务管理子系统为蓝本，对服务管理子系统进行了总体的描述分析，介绍了服务管理子系统的数据处理流程，及服务请求、产品维修、维修项目、装箱单、产品缺陷等数据文件。

拓展学习

知识拓展：客户关系管理应用的新模式——SaaS 和 PaaS

阅读资料：制造业的客户关系管理系统解决方案

案例分析：风云职业技术学校成功实施客户关系管理

思考与练习

思考题

1．市场管理子系统有哪些功能模块？

2．市场管理子系统涉及哪些数据文件？

3．试比较不同客户关系管理产品中市场管理子系统的差别。

4．销售管理子系统有哪些功能模块？

5．销售管理子系统涉及哪些数据文件？

6．比较不同客户关系管理系统中销售模块的差别。

7．服务管理子系统有哪些功能模块？

8．服务管理子系统涉及哪些数据文件？

9．产品维修服务的流程是怎样的？

10．比较不同客户关系管理系统中服务模块的差别。

第九章　思考与练习参考答案

创新创业能力训练

根据本组创业公司的业务设计一个具体客户的开发、交易、售后的业务过程并进行操作，包括从客户获取、跟踪、开发成功、达成交易、收款付货、售后服务的全部过程。需要涉及的模块包括：客户、联系人、产品分类、产品、价格表、商机各阶段、行动、报价单、订单、收款计划、收款记录、交付计划、服务。可以尝试更多未练习过的关联模块。

基本要求：所有过程由每个同学独立设计完成，没有统一模式，完全凭借个人对软件系统的掌控来实现。

1）每个环节（具体多少个环节、每个环节对应几个模块自己决定）都要有文字表述。

2）每个环节对应的模块都要有软件截图（每张截图都能看到自己的姓名和学号）。

3）形成完整的图文并茂的设计和操作过程报告。

4）通过 A4 纸打印和装订，并呈现自己的个性化审美。

第十章　客户关系管理系统的实施

教学目标

在了解客户关系管理系统实施条件的基础上，掌握客户关系管理系统实施的基本步骤，并对客户关系管理系统的实施风险有一定认识，从而明确实施客户关系管理系统是客户关系管理理论融入某一具体企业管理实践的关键。

教学要点

影响实施的条件；
影响实施的方法；
影响实施成败的因素。

关键词

客户关系管理系统实施　实施条件　实施方法　实施成败

导入案例

Perseus 公司的客户关系管理

Perseus 公司是一家帮助其他公司设计和运作客户调查服务的公司，它从出售价值 179 美元的调查软件起家，很快就拥有从大公司到家庭作坊的大批客户。公司的所有人都在忙于软件下一版本的设计和销售，以至于没有人将客户信息转移到一个基本的客户管理程序中。公司的首席营运官意识到需要通过客户关系管理系统对客户进行更好的追踪，因为他们的客户除了与公司的技术支持部门打交道外，和其他部门没有任何交流渠道，这使公司失去很多机会，如向那些打电话问不相干问题的客户销售软件的机会。于是，公司领导层决定购买 Epicor 公司的客户关系管理系统模块 Clientele。但是，在实施的过程中，公司不想再花费数万美元让 Epicor公司来解决客户关系管理系统和企业现有 IT 系统的集成问题。在他们看来，客户关系管理系统应该很简单，作为一家软件开发公司，自己集成应该不是什么难事。但是，实施过程却远非预料的那样容易，公司的销售人员在下电子订单时，难以协调现有表格和 Clientele 需要的新表格。几个月过去了，Perseus 公司的员工仍然和没安装 Clientele 之前一样，无法和客户进行交流。市场部的员工每周要人工把公司数据库里几千个用户数据导出，然后按照字母排序给客户发邮件，以提醒用户 30 天免费试用期要到期了等。当客户找到负责技术支持的员工时，这些员工手头甚至没有最基本的客户信息。员工经常要花费很长时间，来查找客户购买了几个软件许可证、订单的状态如何等这种简单的问题。与此同时，竞争对手因为成功地实施了客户关系管理项目而提高了市场占有率。

（资料来源：佚名，2019. 企业来自火星 客户来自金星[EB/OL].（2019-05-12）[2019-10-10]. https://www.docin.com/p-2210269543.html.）

第一节 客户关系管理系统的实施条件

企业要实施客户关系管理项目，需要投入巨大的人力、物力和财力，期望获取最大的实施效益，但事实上，并不是任何一个客户关系管理项目的实施都可以取得理想的效果。很多时候，如果企业并不具备实施的条件，即时机还未成熟，盲目实施客户关系管理系统，结果可能得不偿失。因此，企业需要具备以下条件，才能使客户关系管理系统的实施效益最大。

一、较高的企业员工的客户关系管理素质

企业员工的客户关系管理素质是企业保证客户关系管理系统实施效果的重要前提。在客户关系管理系统的实施过程中，人是最重要的因素，所有的设备和系统都要在人的基础上操作和完成。客户关系管理系统虽然包含了很多的技术内容，但同时更倾向于管理性的实施，所以对于这种技术和管理都要兼顾的客户关系管理项目，在项目实施前员工首先必须具备一定的素质条件。只有企业员工具有很强的客户理念，并对客户关系管理的概念、系统应用范围及可能的实施效果都充分了解之后，客户关系管理系统才能得以顺利地执行。

一般来说，企业员工的客户关系管理素质包括所有员工对客户关系管理的理解程度和一致性；营销部门的客户分析水平和对客户关系管理策略的设计技能的掌握程度；销售部门通过客户关系管理系统对销售线索的把握和分配及对销售人员销售能力的评估；服务部门服务态度的改善及和市场、销售部门的协同能力；财务部门根据本企业发展状况对客户价值的计算方法的选择；人力资源部门设计配合客户关系管理实践的员工激励措施等。企业根据自身能力、产品、竞争状况不同，可以找出不同的适合自身条件的客户关系管理素质因素，只有这些因素达到了一个较高的程度，企业员工的客户关系管理素质才能达到适合客户关系管理系统实施的人员条件。

由于客户关系管理涉及企业内多个不同的领域，实施客户关系管理系统需要企业各方面专业人才的参与，因此获得销售、营销、客户服务、财务、制造、货运等各个部门的支持十分重要。只有这些具有客户关系管理素质的相关部门的员工的参与，企业在正式实施客户关系管理系统之前才能获得必要的资源支持，并推动相关部门的合作，以最大限度地减少各方面的阻力，使客户关系管理系统获得成功。

二、客户关系管理业务流程的优化

无论企业从事何种经营，总是存在一套做生意的方式和步骤，这就是企业的业务流程。对这些步骤进行必要的整理和描述，并按照客户关系管理的要求对业务流程进行优化，这也是客户关系管理系统得以成功实施的重要条件。对于许多国内企业来说，业务流程呈现粗放型的、无协作的特点，这就需要在企业发展战略的基础上进行客户导向的优化和细化。符合客户关系管理系统实施要求的业务流程应该是以客户为中心的、高效的、标准的、可衡量的，这就要求建立真正体现以客户为导向的流程绩效指标体系，只有可衡量、可测算的流程才是可控制和可管理的。

从“以产品为中心”转移到“以客户为中心”，企业必须进行业务流程的变革。由于流程再造的激烈性、复杂性和风险性，流程优化往往成为企业愿意接受和容易实现的方式。对

企业内部的业务流程进行优化可以是先评估现有的工作做法，找出其中背离以客户为中心原则的和影响客户满意度的环节，然后对这些环节一一加以改进，并重新审视新的工作流程，直到新的流程完全适应新的工作目标的要求为止。

企业业务流程的优化需要考虑许多与客户有关的因素来检查自己的工作程序：向客户营销产品的方式、内容及所耗费的资源；如何让客户接收企业信息和客户如何方便地购买；如何开发新客户，并使之再次消费；如何确保客户被快速和低成本地服务；如何安抚和挽留不满的客户等。总之，流程优化要与客户连接到一起，并确保信息在各业务部门间有序共享，团队间能通力合作服务于客户。这样，一个以客户为导向的业务流程才会使客户关系管理系统的实施更加顺畅，对客户需求的反应更加迅速。

三、较高的企业信息化管理程度

企业信息化是在一定的深度和广度上利用计算机技术、网络技术和数据库技术，控制和集成化管理企业生产经营活动中的所有信息，实现企业内外部信息的共享和有效利用，以提高企业的经济效益和市场竞争能力。它是一个通过对信息技术的应用，开发和使用企业的信息资源，提高企业管理水平、开发能力、经营水平的过程。客户关系管理系统是建立在一定企业信息化水平的基础之上的。如果一个企业的信息化水平较低，则意味着硬件设施落后、软件使用水平低、人员操作能力差、管理数据不完整，在这种情况下盲目进行客户关系管理系统的实施，困难将是相当大的。企业可能需要重新投入大量的硬件设施，购买相应的软件系统，对人员进行长期大量的培训，所有的管理数据重新整合甚至采集。这样，客户关系管理系统的实施成本将是巨大的。这种成本不仅仅是购买软硬件的资金成本，更多的是提高信息化水平的管理成本。即使大量资金投入也无法保证其实施的结果，甚至可能会出现失败，因为其运作的难度和涉及的广度已超出了一个软件系统实施的范围。相反，在一个企业信息化水平较高的企业实施客户关系管理系统就相对容易得多，它的设备、技术、人员的水平都能满足客户关系管理系统的基本要求，在此基础之上的系统实施给企业造成的震荡和改变要小很多。

四、充足的资金供应

在客户关系管理系统实施前，必须充分考虑企业的资金状况和承受能力。实施客户关系管理系统所需费用一般包括软硬件的购置费、员工培训费、技术支持费、材料消耗费等。

首先要购置系统软件和硬件。在未实施客户关系管理系统之前，企业的计算机仅进行简单的文字、数据处理，硬件与软件方面投入较少，因此，为配合客户关系管理系统的实施，必须购买相应的系统及必要的硬件设施。即使是信息化程度相对较高的企业，仍然需要购买价格不菲的客户关系管理系统软件，所以企业实施客户关系管理系统将有一笔不小的开支。即使是成功的客户关系管理系统用户，为保证客户关系管理系统向更高水平运行，后期的系统维护费及评审费也是必不可少的。

在实施和管理客户关系管理系统的过程中，教育和培训工作是十分重要的。因为客户关系管理是一种全新的管理模式，所以必须通过培训管理人员及业务人员，让他们改变原有的工作习惯和思维方式。持续不断的系统教育需要投资，从实践来看，培训费用的支出比压缩培训而导致客户关系管理失败付出的代价小得多。这部分支出的多少取决于企业员工原有的信息系统使用水平和客户关系管理素质的高低。

客户关系管理系统的实施是一个较长的过程，在实施过程中能得到软件供应商的技术支持对于早日完成实施具有极大的帮助，企业为实施客户关系管理系统经常需要支出一定数额的项目支持费，这对于一个客户关系管理系统用户来说，支出很大，但成功的技术支持的花费要比一个失败的客户关系管理系统用户的损失小得多。

成功的客户关系管理系统用户，由于计算机已取代手工操作，所以相应的耗材必然是一笔不可忽视的费用，如打印机、色带、专用打印纸及零配件等。工作效率的提高，办公费用也会相应增加，但随着无纸化办公系统的逐步发展，如办公自动化的推行，网络运行成本会逐年降低，消耗性材料也会相应减少。

以上这些项目的支出都是必不可少的，这需要准备实施客户关系管理系统的企业有充足的资金准备，不能因为资金的缺口而压缩实施过程中任何一项必要的开支，只有实施客户关系管理系统的每一个环节都能不折不扣地执行，客户关系管理系统的成功实施才具有坚实的保证。

五、充实的基础数据

客户关系管理系统是以客户数据库为核心的计算机应用，要使这个系统真正发挥效用，就要有足够的数据来源和实施前充足的基础数据准备。基础数据可分为静态数据和动态数据，其中静态数据是指在开展经济业务活动中的基础数据，如企业组织机构和营销人员数据、客户资料数据、产品资料数据等，静态数据对动态数据起支撑作用。动态数据是业务活动过程中产生的数据（业务单据），大多数随业务活动发生而形成，如营销战役书、报价单、销售合同、销售订单、发货单、服务请求单、产品维修单等。与静态数据相比，企业中动态数据的准备相对简单，工作量也相对较小，只占基础数据准备的20%左右，它主要是由经济业务活动的运行而产生的数据资料。客户关系管理系统实施前的企业内部基础数据准备是一项十分细致的工作，它涉及整个企业的方方面面，数据属性当中的每一个字段都要求做到明确。实施客户关系管理系统的企业内部人员应充分重视基础管理工作与数据的规范化问题。“三分技术，七分管理，十二分数据”，真实可靠的数据将运行出科学的结果，对企业静态数据与动态数据的收集整理是否充分、规范化程度直接影响企业客户关系管理系统实施的成败。

第二节　客户关系管理系统实施的方法

在目前市场竞争激烈、客户资源尤显重要的环境下，企业要想在较短时间内，靠自己的力量从头分析研究、自主开发并高效实施客户关系管理系统，显然不是最佳选择。选择适合自身情况且功能强大的软件产品，并挑选合适的软件供应商或咨询公司帮助实施是一个不错的方案。如果企业不自行开发客户关系管理系统，而是根据自身业务需求的特点来选择客户关系管理商品软件，并且接受软件厂商或咨询公司的帮助，那么可以采用常用的五阶段或九阶段的实施方法。

一、五阶段实施方法

五阶段实施方法适用于企业本身没有信息系统人才储备、需要第三方进行客户关系管理系统的开发并由合适的供应商或咨询公司帮助实施的企业。五阶段实施方法的具体步骤

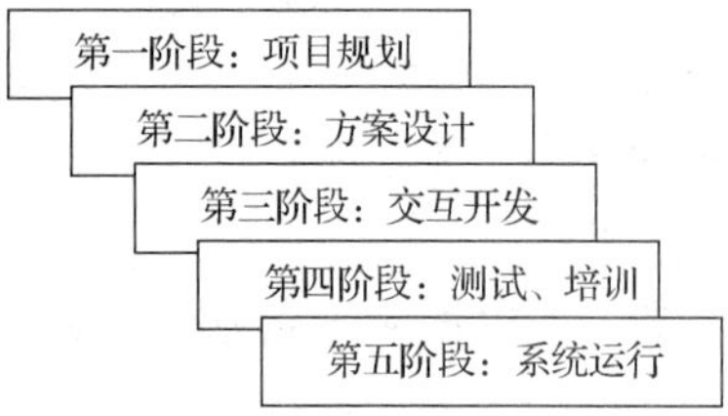

图 10.1 五阶段实施方法的步骤

如图 10.1 所示。

在项目规划阶段，要制定客户关系管理系统的整体项目计划、架构项目组织队伍和项目启动的各种工作。在方案设计阶段，要了解和定义企业的需求，实现企业业务流程的重组。在交互开发阶段，要根据企业的实际情况进行系统架构和功能设计。经过集成后的系统要进行运行环境和功能的测试，同时要对企业的相关人员进行系统培训，以提高使用客户关系管理系统的能力。系统测试通过之后就可以正式运行了，至此企业客户关系管理系统的实施过程宣告结束，由企业开始独立正式使用。

二、九阶段实施方法

相对于五阶段实施方法，九阶段实施方法更加细致复杂。客户关系管理产品包含着面向企业前台应用的管理信息系统，其本身蕴涵了客户关系管理的管理思想和先进的信息技术。九阶段实施方法与企业资源计划系统的实施类似，结合项目管理和管理信息系统实施的特点，实施过程遵循了项目管理的科学方法。下面将详细介绍九阶段实施方法的具体步骤，如图 10.2 所示。

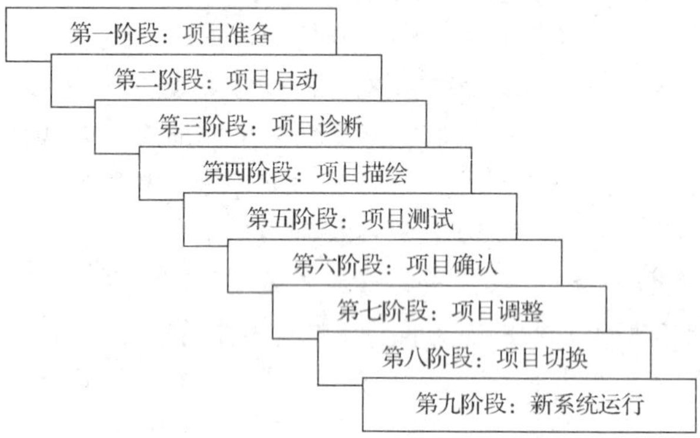

图 10.2 九阶段实施方法的步骤

1. 项目准备

项目准备主要是为客户关系管理项目立项做准备，目的是取得高层领导的支持和勾画出整个项目的实施范围。主要任务包括确定项目目标、界定项目范围、建立项目组织、制订阶段性的项目计划和培训计划，包括每个阶段的交付成果。从某种意义上说，全面实施客户关系管理系统其实是一种战略决策，意味着一场深刻的组织变革。虽然客户关系管理系统软件的应用面向企业的前台多一些，范围没有企业资源计划系统这类主要侧重于企业后台业务集成的管理信息系统广，但就客户关系管理系统中蕴涵的管理思想而言，却意味着企业从以产品为中心的管理模式向以客户为中心的管理模式的转变，意味着管理观念的转变，由活动构成的企业相关流程的转变、制度的转变、人的转变，客户关系管理系统的实施需要企业各方的支持。所以，拥有企业高层对客户关系管理的理解、指导和承诺，各级管理人员的有力支持，项目才有可能取得成功，企业高级管理层的坚持和参与是成功实施客户关系管理系统的首要条件。项目准备阶段主要由以下两项活动构成。

（1）确定项目实施目标和范围

确定项目实施目标是指希望通过实施客户关系管理系统达到怎样的目标，它决定最终衡量客户关系管理实施效果的依据。无论是竞争压力、客户满意度还是利润增长的要求，项目初始就确定实施目标是很有必要的。确定好项目实施目标后还要确定项目实施范围，这可以通过初步了解现行系统的业务及目前正在使用的软件系统来确定。客户关系管理系统的应用范围主要是企业的前台业务部门，即市场营销、销售及客户服务支持部门。

（2）中高层经理的相关培训

只有让企业的中高层管理人员真正理解客户关系管理的概念和原理，才可能对客户关系管理系统的实施给予充分的支持。这在以后具体实施的过程中是相当必要的，无论是克服实施中的管理问题还是部门间的矛盾，都需要中高层管理人员的支持与协调。

2. 项目启动

在取得了企业高层的支持和确定了项目实施范围之后，项目进入正式启动阶段。这个阶段的主要任务包括进一步确定项目目标、建立项目组织、制订阶段性的项目计划和培训计划，每个阶段的交付成果都要有相应的文档加以整理和记录。

（1）建立项目实施队伍并明确权责

这支队伍应该既有企业高级管理层组成的指导委员会和咨询公司（或供应商）人员，也有来自信息部门的技术人员和相应职能部门、熟悉企业流程的业务人员所组成的项目实施组和职能组。项目队伍组织结构如图 10.3 所示。

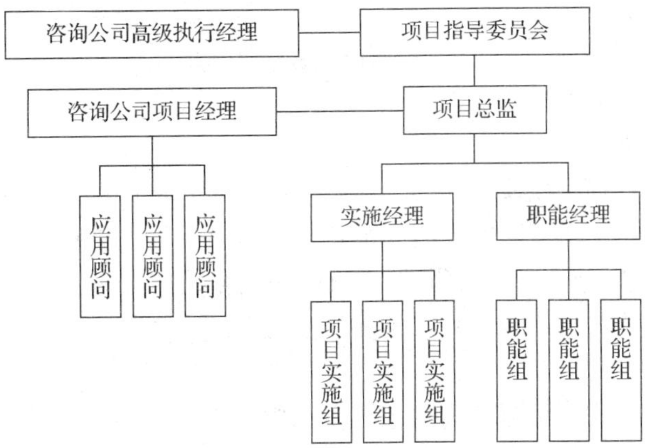

图 10.3 客户关系管理系统实施项目队伍组织结构

整个组织结构分 3 层，咨询公司可以在每一层都安排相应人员予以支持。

第一层为项目指导委员会，具有高度决策权。一般由总经理主持，企业的有关高层经理和项目总监作为成员，其主要任务：进一步确定项目目标、控制实施进程、组织培训、协调人力资源、解决关键难题、制定组织变革的措施。委员会对项目的成败负责。咨询公司可以为项目指导委员会配备项目高级执行经理，帮助作出正确的决策。

第二层为项目总监。项目总监是非常重要的职位，会直接关系到项目的成败，必须由企业内具备丰富管理经验、清晰的思路与大局观、良好的沟通能力、勇于创新的精神和具有一定威望的人来担任，如主管市场方面的高级经理来担任项目总监比较合适，而不应由 IT 部门的主管来担任，因为在这个位置管理经验比技术能力更重要。项目总监除了要领导项目实施组以外，还要指导职能组，并直接向项目指导委员会汇报。项目总监必须全身心地投入，其几个关键助手也要全力地投入。

第三层是项目实施组和职能组。项目实施组的主要成员应该是企业前台各部门和 IT 部门的主管或骨干，但企业后台有关部门的主管也应该是成员，以在合适的时候提供必要的支持。有些成员可以兼任有关职能组的组长。项目实施组成员除了要兼顾原来的工作以外，必须在项目上投入 80%以上的时间和精力。项目实施组的主要工作包括制订项目实施计划；指导和组织职能组的工作；数据准备，并保证数据的质量；现行系统的分析和绘制业务蓝图；负责原型测试和会议室导航测试；主持制定保证新系统运行的规则和规程；提交各阶段的交付成果报告。职能组由客户关系管理系统涉及的市场、销售、客户服务部门挑选一些关键用户，在部门经理的领导下，组成各个职能组。职能组的主要工作包括研究本部门实施客户关系管理系统的方法和步骤；培训本部门使用人员；参与新规则的制定；做好新旧系统的切换和保证新系统的运行。

企业的 IT 部门也可以作为一个特殊的职能部门，它主要从信息技术上来支持各业务部门的工作。咨询公司可安排应用顾问和技术顾问来辅助各职能组的工作。在整个组织结构中，项目总监和项目实施组是枢纽，起到承上启下的作用。咨询公司的项目经理可以指导和协助项目小组的工作。

（2）制订项目计划

客户关系管理系统是一个非常复杂的系统工程，它耗资大、涉及面广，不可能一蹴而就。为了保证项目顺利完成，必须制订贯穿于各阶段的项目计划，其中包括交付成果。由于客户关系管理系统实施的复杂性，通过分解工作任务，把整个项目分为不同的阶段，每个阶段都有自己的目标、任务和交付成果。

（3）制订培训计划

培训在客户关系管理系统实施中是非常重要的因素，它贯穿于项目的各个阶段。培训可以针对不同的对象，安排在不同的时间和地点，培训的成本也会有所差别。培训是成功的关键，培训应该从高级管理层开始。有些培训可能还要根据培训对象的不同，根据客户关系管理系统的特点，加一些实例练习，更快地实现知识转移。

（4）确定项目具体目标和评价方法

确定项目具体目标和评价方法有以下几个原则。

1）必须产生效益。一方面，通过客户关系管理系统的实施，能够提高企业的销售收入并且降低销售成本，从而增加利润，这是显性效益；另一方面，提高客户的满意度和忠诚度，同时提高内部员工的满意度和工作热情，加强部门之间的团结合作等，这是隐性效益。隐性效益从某种角度来说，也给企业带来了竞争优势。

2）目标必须可以衡量，应当以数字来表示，如提高 10%的销售收入、降低 15%的销售成本等。

3）目标必须是可以完成的。企业可以同时制定多个目标。制定的目标必须切合实际，不切实际的目标只不过是空想而已。在评价客户关系管理系统实施时，可以拿实际效果与制定的目标做对比，寻找差距和不足，以便进一步改进。当然，客户关系管理系统的实施是一个长期的不断提高的过程，不能太注重短期利益，在竞争日益残酷的今天，获取战略利益更有利于企业的长期发展。

3. 项目诊断

项目诊断主要是对企业现有政策和业务流程进行分析和诊断。诊断的目的是通过对企业全方位的了解，制订项目的完整实施计划。这一阶段的主要任务是了解企业现状以确定企业在客户关系管理上所处的位置，同时根据行业经验及业界的最佳实践，结合企业实际情况和目标，在理解各目标细分市场价值的基础上，制订出总体战略和不同的实施策略。通过建立团结统一的组织结构，设计符合这一战略的运作方案和顺畅连贯的业务流程，保证整个企业立场一致，并能适应快速转变。根据企业目标和项目的不同优先级，诊断阶段的最后，将为企业量身定制一套完整的客户关系管理系统实施框图，并设立时间段目标，为客户关系管理项目的成功实施打下坚实的基础。

由于客户关系管理倡导的是以客户为中心的管理模式，原有的以产品为中心的政策和流程必然面临着改变。不仅与企业前台业务相关的流程需要改变，企业后台的流程也要作出相应的调整。通过确定流程的需求和实现客户价值的程度，分析现有流程和政策中存在的问题，确定要改进的关键环节。

各企业对客户关系管理的认识不同，通过诊断，企业上下会对客户关系管理有一个统一完整的理解，对客户关系管理系统给企业带来的好处有明确的认识。打消员工对客户关系管理项目的疑虑和恐惧，增强员工信心。各企业实施客户关系管理项目的初衷不同，对客户关系管理的期望也不同。有的企业希望客户关系管理系统解决的问题其实并不是单纯依靠客户关系管理系统能做到的，有的企业可能希望通过客户关系管理系统解决某一方面的问题，但是通过诊断发现有比客户关系管理系统更好的途径可以帮助企业发展，这些情况在客户关系管理项目中时有发生。通过诊断，可以避免企业的盲目投资，帮助企业最大限度地从客户关系管理系统中受益，为客户关系管理项目的实施指明方向。另外，通过诊断，可以针对企业问题提出切实可行的实施方案，把系统最合理地模块化，以使企业更好地适应快速变化。诊断最后所提供的客户关系管理系统实施框图和目标可以使企业内各层次员工对客户关系管理系统的实施有一个清晰的概念，减少各部门间沟通障碍，也使企业实施客户关系管理系统有章可循，有的放矢。

4. 项目描绘

项目描绘是客户关系管理系统实施的关键环节，指通过分析和诊断结果描绘业务蓝图。所谓业务蓝图，即改进后的企业流程模型。

在挑选业务流程进行重新设计时，首先要挑选一些关键的流程。挑选的原则可以根据位置的重要性、绩效的低下性和落实的可能性来衡量。例如，客户投诉服务流程，如果运行的绩效低下（响应速度慢、信息不共享、无规范的文档记录、无解决方案的数据库等），会直接影响客户对售后服务的满意程度，导致客户流失。通过客户关系管理系统信息技术的支持，重新设计后的流程要有落实的可能性，所以对此流程的改进就非常必要了。

另外，在设计新的业务流程时，必须根据企业的实际情况和行业特点，结合客户关系管理系统的优势，既不应该盲目照搬其他企业的模式，也不应该完全按照客户关系管理系统本身包含的标准业务流程，要根据企业实际需要取舍和创新。在改进企业流程结构的同时，也要对与新流程运作相适应的人力资源和企业制度有所考虑。此外，在流程设计时还必须考虑信息技术的可支持程度，了解现有信息系统的技术特点，考虑重新设计后的流程是否有落实的可能性，这对流程的改进非常必要。同时，必须考虑到客户关系管理系统和活动、制度、人、信息技术和目标息息相关。信息技术只是客户关系管理系统的有机组成部分，它能够在一定程度上影响活动的实现方式，影响活动的规则，影响执行活动的人，从而影响客户关系管理系统的目标，但这种影响是局部的。要实现客户关系管理系统的目标，需要各个要素的协调一致，朝着同一个方向努力。如果只是引入客户关系管理的信息技术，而企业的活动、制度、人不做改变，那么实现客户关系管理系统的目标只是空谈而已。

5. 项目测试

项目测试有基础数据的准备、原型测试的准备和进行原型测试 3 个主要任务。

（1）基础数据的准备

基础数据的准备是客户关系管理系统成功实施的关键。客户关系管理系统的基础数据主要是一些市场、销售和客户服务的有关数据。在市场营销活动中，数据指体现在客户身上的各种属性。如果是消费者客户，则指消费者的性别、年龄、职业和消费偏好。如果是企业客户，则指企业的员工人数、总产值和主营业务等。实施客户关系管理系统需要从不同来源获取大量的数据，如企业内部保存的客户数据和从企业外部取得的人口统计数据、态度数据、生活方式数据、财务数据和调查数据等。

在客户关系管理系统的实施中，掌握大量的数据是十分必要的。数据可以帮助企业了解每个客户的有关属性，了解客户群的大体轮廓，了解并提高企业营销活动的效果，从而更好地进行客户组合分析和确定目标客户，及时满足客户需求，降低成本和提高效率，与客户建立紧密联系和提高客户的忠诚度。尽管企业的营销人员和客户服务人员以各种途径搜集了大量的原始数据，但管理人员并不能以它们为依据立即作出决策，数据还需要进一步处理和加工变成信息。客户关系管理系统中已经根据客户关系管理的管理思想设计了科学的数据库结构，能基本满足企业的需求，因此，数据的准备应当在理解客户关系管理的管理思想和软件应用培训的基础上进行，只有经过培训，理解客户关系管理的管理思想，了解客户关系管理系统对各项数据的定义、概念、作用和要求，才能有针对性地进行数据的收集、分析整理和录入工作，使数据转变为有用的信息。

（2）原型测试的准备

由于客户关系管理测试的复杂性，需要做一些准备工作，主要包括确定参与人员；定义将要测试的场景，即把新的业务蓝图置于客户关系管理系统中进行测试，尤其是一些经过改进后的关键的业务流程。另外，客户关系管理系统覆盖了市场、销售和服务等职能领域，因为需要对客户关系管理系统的所有功能模块进行测试，所以还需要确定对各业务领域进行测试的不同人员，这可以在项目组内进行分工。

（3）进行原型测试

测试的目的主要在于深入理解客户关系管理系统软件，分析与业务蓝图的差异；熟悉软件及其报表的用途，厘清数据之间的关系作为全面实施客户关系管理系统的依据。

测试可以在各功能模块同时进行，由项目实施组长亲自主持，同业务相关的关键部门都应参加。按在测试准备活动中定义的场景进行交互式的测试，在测试过程中比较和分析企业的业务蓝图与客户关系管理系统软件功能的差异，根据企业的实际情况和信息技术的特点来寻找适宜的解决方案，这也是测试的最终目的。

6. 项目确认

项目确认是项目进行二次开发和确认的过程。根据上一阶段系统测试的结果，视不同情况进行软件更改和其他更改。

（1）软件更改

如果在项目描绘中存在合理的新流程，但是标准化的软件功能不能支持，这时就可以通过二次开发增加软件的功能来加以满足。这一活动的目的在于通过修改软件程序和开发客户化报表来满足企业业务蓝图的需求。其中，软件程序的修改由软件供应商按照其特定软件质量标准进行，增强后的软件功能还要根据一定的标准进行测试，经审核后确认。对软件的更改要慎重，可以先尝试运用软件的现有功能，寻找非标准的方法来满足需求。

（2）其他更改

其他更改包括对业务流程、制度和组织结构等的更改。

业务流程的更改主要有两大原因：其一，运用信息技术的潜能进一步修订业务蓝图；其二，由于信息技术的限制，新流程太过理想化，实践中不能实现。对于第二种情况，如果设计的流程从业务的角度确实能达到比较好的绩效，即使有些活动信息技术不能提供有力支持，这些活动的实现方式也可由业务人员的知识和经验来取代。

流程是活动的有序集合，由于客户关系管理系统的介入，对业务蓝图中的流程有了进一步的修订，活动会发生变化，活动之间的联系规则也要发生变化，执行活动的人的角色或技能也发生变化，员工的报酬和激励制度也会随之发生变化。可以说，流程的变化会导致组织结构的变化。需要强调的是，随着业务流程的变化，制度一定要做相应调整，因为制度是新流程得以真正实现的保证。

7. 项目调整

项目调整的主要任务是进行会议室导航（conference room pilot，CRP）和最终用户培训。

（1）会议室导航

会议室导航用于帮助项目组建立业务流程模型。通过会议室导航还将发现软件与现实的差异，并进一步调整软件配置。会议室导航的焦点是理解软件、组织、制度需求。

在会议室导航过程中，项目实施组会按实现业务中可能出现的数据演示功能与流程，按步骤展示新系统是如何实现当前业务流程的。这一过程将反映软件与需求差异、对组织的影响、对制度与业务流程的影响及安全性和监控机制等问题。会议室导航将确保组织为将要使用新系统带来的变化做好准备。此外，会议室导航也会反映未来支持与培训中的一些需求。

会议室导航在客户关系管理系统实施中的主要目的是验证或测试二次开发的可执行性；测试所有修订后的业务流程和确认相关制度；调整和准备相关凭证和报表；使客户关系管理系统真正运行起来。所以，它仍然应是整个客户关系管理系统的测试和调整，涉及各相关部门。因此，除了项目实施组的人员参加外，各职能组和前台部门的实际应用人员都要参加，因为这是企业前台业务顺利向客户关系管理系统转变的必要条件，只有实际应用人员真正理解、接受并且主动去使用客户关系管理系统时，实施才有可能会有效果。

测试结果要经项目指导委员会审批，判断是否具备转入实际应用的条件。如果条件还不成熟，则须对过去阶段的工作做进一步完善，而不要匆忙转入切换。

（2）最终用户培训

根据已确认的系统及修正的业务流程、制度，编写用户手册。要对最终用户进行培训，最终用户不但包括具体操作人员，还包括中高层管理人员，他们需要相关信息做决策。

8. 项目切换

在完成项目调整阶段充分细致的测试以后，在项目切换阶段，要从原先的系统转换到客户关系管理系统，主要活动包括切换前的准备工作和正式切换工作。

切换前的准备工作必须非常细致。首先，核对流程、人员、数据和规则是否就绪。既可以采取一次性切换的方法，也可以根据不同行业客户关系管理实施的复杂程度，采取分阶段切换的方法。例如，保险公司客户关系管理系统的实施就会复杂一些，这是由保险业务过程的复杂性决定的。相比之下，银行的业务和技术特点要简单一些，所以大大降低了客户关系管理系统的实施难度。其次，要对系统切换的方法进行计划并达成一致。系统的切换包括交钥匙的方法、新旧系统并行的方法和试点的方法。这样，经过切换前的各种准备，输入各类数据之后，就可以正式切换到新系统了。

9. 新系统运行

在新系统转入正式运行之后，需要不断调整并监测和评估新系统的运行绩效，以确定它是否满足预定的目标。

（1）对系统进行调整

要不断根据实际需要调整新系统运行，确定更改控制流程并确认已取得的效益，同时要审核与批准项目结束备忘录。

（2）监控新系统运行结果

一方面要监测和评估系统运行状态，另一方面根据预先设定的项目目标来审核相应成果，并且审核和批准业绩评估备忘录。

第三节　影响客户关系管理系统实施成败的因素

客户关系管理作为目前企业越来越认同的日臻完善的管理思想和管理方法，在大多数企业实施过程中的效果却不那么令人满意，甚至与企业的期望值相去甚远。客户关系管理系统的失败率最初曾高达 70%，虽然在发展中逐渐降低，但依然是失败率最高的企业信息化项目之一。根据 Butler Group 的调查，2002 年全球客户关系管理项目失败率为 70%；据 Economist Intelligence Unit 的调查结果，2007 年这个数字是 56%；据 Forrester Research 的调查结果，2009 年这个数字是 47%。导致这种高失败率的原因林林总总，但可以归结到管理而不是技术上，正是这些因素导致客户关系管理项目实施过程中经常出现很多问题。

一、客户关系管理系统实施过程中的问题

1. 实施的目标过高

实施的目标过高往往是客户关系管理系统实施的最大问题，软件供应商经常误导企业：客户关系管理系统软件可以减少大客户流失，可以开拓新客户，可以创造超值利润。只要买

份软件，企业马上就能把问题解决得干干净净，就能轻轻松松赚到可观利润，一切看起来都非常简单，但事实却远非如此。应该说，客户关系管理系统的实施是一个浩大的工程，需要企业花费巨大的时间和精力，企业高成本的投入希望带来高额的回报无可厚非。但是，软件供应商在推销软件时的避重就轻和夸大其词，经常会使实施企业对客户关系管理系统的实施目标要求过高。期望通过系统实施可以解决营销和销售及服务管理中都未能解决的诸多问题，如营销手段、销售技能、服务理念，这些都不是通过简单地实施客户关系管理系统就可以全盘解决的。在很多发达国家，人们已经意识到了这个错误并开始懂得软件或技术只是整个客户关系管理系统实施过程中的一小部分。但在我国，软件供应商仍然是市场上指导什么是客户关系管理和如何实施客户关系管理系统的主导力量。软件供应商和企业双方都想达到速成的效果，因此在一开始的实施目标上就重复犯着急于求成的错误。

2. 实施中阻力过大

在企业实施客户关系管理系统过程中受到部分员工尤其是一线员工的抵制是很正常的，因为它改变了以往熟悉的工作习惯，员工还要学习新的技能，适应新的系统。原来由个人或部门掌握的客户信息需要由企业掌握并在更大范围内分享，这会给老员工和一些部门带来不小的心理冲击。如果在实施的过程中，高层领导不能加大实施的力度和参与各部门的协调，企业文化和激励手段没有很好地消除这些负面的因素，可能导致实施过程中阻力不断地增加，甚至从消极抵制到公开对抗。

在客户关系管理系统实施失败的案例中，最常见的导致失败的非技术因素就是没有让员工接受适当的新系统操作训练。客户关系管理系统需要针对客户对应用系统的需求提供有效的方法，但如果客户服务中心无法将这些优势转化成行动，那么最后的结果可能比不用客户关系管理系统还糟糕。例如，为减少负面的互动经验，企业常会采用自助服务机制，向客户提供“自治权”，让他们在线解决问题。虽然自助服务方案对客户和企业来说都有益，但它绝对不能取代实体的互动，客户经常会因在自助服务中遭遇困难却得不到及时帮助而产生抱怨。因此，必须花费时间，通过适当的训练来向员工灌输正确的客户服务观念，才能减少实施中的阻力，使企业从使用客户关系管理系统中获得竞争优势。

3. 数据无法满足要求

国内众多的客户关系管理系统实施效果不好，有很大一部分源于在具体执行的过程中，数据有效性和真实性存在一定问题，同时基层使用人员（如销售代表、市场人员和客户服务人员）的积极性不高，录入不严谨，从而造成客户数据输入的时效性差，久而久之，因最基础的客户数据的偏差造成整个客户关系管理系统所呈现出来的价值也就越来越弱。

客户关系管理系统对数据数量和质量的要求很高，这决定了未来客户关系管理系统的成效。营销活动的开展和销售的追踪及服务的反馈都需要依赖和产生大量的数据。由于隐私权保护受到客户越来越多的重视，数据采集的难度也越来越大，不同渠道采集的数据的真实性也受到很大影响。此外，企业原来数据存储格式的不统一性会带来客户关系管理系统实施中的巨大障碍，使客户关系管理系统与其他系统的集成和对接存在很大困难。

在整个客户关系管理系统中，客户服务模块是使用情况最好的一部分，主要原因是客户服务工作的重复性很强，可知识化程度高，有效利用客户关系管理系统可以明显提高客户服务人员的工作效率，减轻工作压力，提高客户满意度，从而提高员工的自我满意度。销售代表可能是最不愿意填写客户数据的人了，不仅仅因为大部分销售潜意识里面还将客户数据作为自己生存依赖的资源，而不想将其透明地纳入公司资源管理中；还有一个原因是销售人员时间很忙，没有时间去学习系统和每天定时输入客户数据，所以在客户关系管理系统实施中经常是敷衍了事。

4. 管理和IT冲突明显

在我国企业的经营实践中，不同程度地存在管理和 IT 的矛盾。从理论上及国外实施客户关系管理的实践经验上，客户关系管理应该以成熟的管理方式为基础，并随着管理机制的发展带来客户关系管理系统的创新。在我国管理手段相对落后的情况下，是企业管理迎合于 IT 技术，还是客户关系管理系统软件供应商在设计上屈从于当前的管理水平一直是争论的焦点。毋庸置疑的是，客户关系管理系统的设计一定要结合企业管理实践才能推行，客户关系管理系统的实施也一定会带来企业管理的变革，才能达到企业预期的实施效果，二者之间契合度的大小是决定客户关系管理系统实施成败的重要因素之一。

5. 系统持续性改进乏力

客户关系管理系统不是一成不变的，它的设计和实施必然依据当时的客户关系管理状况和管理水平。随着客户关系管理理论研究和实践的不断深入，客户关系管理的持续创新将成为必然的发展趋势。如果企业的客户关系管理系统不能随着时代的变化不断升级和革新，这个系统不但不能继续发挥曾经带给企业的巨大优势，反而会制约企业客户关系管理发展的进程，进而导致客户的不满和流失，使客户关系管理系统的作用衰减，甚至某些功能和流程会成为企业发展的障碍。

所以，客户关系管理系统实施的成败在很大程度上取决于企业管理，而不单纯是技术本身。

二、客户关系管理项目成功实施需要关注的因素

1. 客户关系管理发展战略的制定

企业对客户关系管理的态度决定了客户关系管理系统作用的发挥和发展方向。企业在实施客户关系管理项目的时候，应该把客户关系管理放在战略的高度进行制定和考量，这就涉及实施过程的长期性、预算的充足性、改革的必然性、短期成果的不确定性等诸多问题的思想准备。如果把客户关系管理作为企业的长期发展战略，就需要科学地制定每个阶段的发展任务，按部就班地完成阶段性目标。这样，企业就会更关注企业流程的改善、工作效率的提高、客户满意度的提升及客户理念的深入人心，而不会把目光过多集中于短期销售额的增加和苛求客户关系管理系统的投资回报率上。只有以战略的眼光和思维来进行客户关系管理系统的实施，循序渐进，才能最终达到令人满意的实施效果。

同时，在导入客户关系管理系统前也应该制定一套具有凝聚力的长期策略。如果客户关系管理系统无法打破部门间的界限，全面地对企业提供支持，那么快餐型的部署方式只会促使系统快速解体。客户关系管理系统的终极价值来自资料中的商务智能，将资料全部存储在一个部门或单位，会限制客户关系管理系统的实用性及其终极价值。客户关系管理系统需要通过一个单一化界面来检测所有的客户互动通路，以保障资料的全面性，并向企业和商务伙

件提供一个可作为依据的精确预测工具。

2. 客户关系管理系统软件的选择

适合的才是最好的，既不能过分追求软件功能的完备性，也不能单纯要求价格最低。企业在不同的发展阶段对客户关系管理系统软件的要求是不同的，供应商的行业经验也有针对性和差异化。当然，企业本身可能并不擅长客户关系管理系统的比较和选择，但是企业应该比任何供应商都了解自己的企业，知道自己需要哪方面的改进和提升，把企业的要求和供应商的产品进行全面的比较和衔接，即使供应商的通用产品模型和企业的具体需要有一定的出入，经验丰富、产品伸缩能力很强的供应商仍然会根据企业的实际情况作出切实可行的改进和匹配。但有一点是毋庸置疑的，企业的注意力应该放在自身的业务流程上，而不是过分关注于软件，客户关系管理系统只是企业需要利用的工具，本身并不是全部解决方案。花费更多时间去研究现有的市场、销售和服务策略，并找出改进方法比全盘推进技术应用要重要得多。企业要根据业务流程中存在的问题来选择合适的客户关系管理系统，而不是完全改变自身的流程来适应技术的要求。软件工具最终是要人来使用的，一套适合企业的软件系统应该能够提高业务人员使用客户关系管理系统的积极性，把客户关系管理系统的各项功能设置得更具人性化，这也是保证客户关系管理项目成功实施必不可少的因素。这需要弄清几个具体问题。

1）明确系统的受益者。如果企业在设计这个系统时，只想到如何用这个系统来管理业务人员，从而强迫他输入原来每天记在手机或笔记本上的内容，那么这个业务人员肯定不愿意配合。因此，需要思索这个系统对业务人员到底有哪些帮助。

2）数据输入不能过细。设计系统的人通常求好心切，总希望客户关系管理系统能从各个角度来观察分析客户。所以业务人员就需要全方位地输入资料，这样烦琐的工作量会让业务人员对数据录入望而却步。因此，思索到底哪些数据才是真正相关而应该输入的就非常必要。

3）输入渠道的便利性。如果输入一张名片可能要花 3 分钟，那么系统就应该想办法让业务人员避免输入已有的重要数据，或者使 E-mail 的通信簿能自动转入客户关系管理系统，此外也可以考虑使用名片扫描等。

4）系统间的紧密结合。客户关系管理系统要能与现有的工作流程或信息系统的资料紧密结合，否则的话业务人员就必须到不同的系统搜索，才能找到较完整的资料，或者必须多次重复输入，这自然会损害业务人员使用的积极性。总之，一个设计良好的客户关系管理系统，不一定是能存储最多、最精密的客户信息系统，但一定储存了最有用和最好用的信息，否则结果就会事与愿违了。

3. 最高管理层的参与程度

客户关系管理系统的实施是企业整体流程和管理的优化，涉及很多部门的协调，关乎各个部门的利益，因此最高管理层的参与程度直接决定着这种优化和协调的效果。所以，参与客户关系管理系统实施的高层领导一般是销售副总、营销副总或总经理，而不能是职位更低的部门领导。高层领导作为项目的支持者，作用主要体现在以下 3 个方面。

1）他为客户关系管理项目设定明确的总体目标，这是客户关系管理系统实施的导向及检验最后成败的标准。

2）他是一个推动者，向客户关系管理项目提供为达到设定目标所需的时间、财力和其他资源，这是只有最高管理层才能决定的部分。客户关系管理的实施过程可能需要对企业的组织结构进行适当的调整，让个人在新的岗位上发挥更大的创造力，使企业的组织结构能动态跟踪客户的需求和市场变化，并能更快地作出反应。此外，还会对企业内部和外部流程重新设计，去掉流程中没有增值的部分，同时制定企业标准化的服务规范和制度。这些环节都可能会遇到很多内部的阻力，只有最高管理层才能推动实施。

3）他要确保企业上下认识到这样一个项目对企业的重要性。在项目出现问题时，他会激励员工解决问题而不是打退堂鼓，这也是只有企业的高层领导才能做到的。

4. 企业文化的协调程度

企业文化是指企业在长期的发展过程中逐步形成的全体员工共同接受、认同与信守的较为稳定的经营理念、行为规范、企业形象、价值观念和社会责任等具有企业特色的精神财富的总和。企业文化对客户关系管理系统的实施有着重要的影响。世界经济已转化为消费者主导的经济，对企业而言，彼此之间的产品和价格已相差无几，也没有了地理区域的限制。质量和服务成了品牌、忠诚度和购买底线之后的驱动力。在这种形势下，客户关系管理系统需要以客户为中心、视客户满意为宗旨的文化。简单来说，客户关系管理系统可以理解为是建立在客户理念上的“聚焦客户”的工具，它的前提就是员工对客户理念的认同。“客户第一”的文化应该贯穿在整个组织中，对每一个员工进行严格要求。人员培训可以加速这种文化基础的形成。这样，所有推进客户关系管理系统的实施所需的规范和流程就容易被理解和配合，部门间的协作和信息共享也会减少很多阻力；反之，一个不接受客户的中心地位、不信守客户至上准则的企业文化是无法接受和适应客户关系管理实施中所带来的变革和冲击的。所以，企业文化的协调程度也是影响客户关系管理系统实施成败的重要因素之一。

5. 激励机制的匹配程度

管理者如果愿意实行新的激励机制或者改变员工薪酬制度来促进客户关系管理系统的采用和实施，这对员工积极地参与客户关系管理系统实施中来可以起到正向激励的作用。企业应该制定相应的配套制度和措施，按照客户关系管理的工作流程和要求来引导和规范员工的行为，以期与正在实施的客户关系管理系统相匹配。那些乐意采用客户关系管理技术及相应流程的企业员工和参与改进项目的企业员工都应该得到相应的回报；那些拒绝接受这些改进的员工则可作为怠工者看待，给予适当的惩罚。在这种激励机制的配合下，企业员工的客户关系管理素质会得到有效的提升，企业的客户关系管理氛围也会得到相应的强化，从而在最大限度上保证客户关系管理能够在企业无障碍地实施。

整个围绕客户关系管理的绩效考核，可以将客户数据记录的及时性、数据质量、客户增长率、客户满意度、客户投诉率、能力提升指标等作为员工过程考核的指标。一般而言，在客户服务方面，客户数据的质量、客户满意度和客户投诉率、客服人员日接待记录量等，可以作为该相关岗位的绩效考核指标。在销售方面，客户数据记录的及时性、数据质量、销售机会阶段成功率提升等作为该相关岗位的绩效考核指标。同时，可以要求客户数据必须由各自的销售代表输入系统，否则公司不能确保该客户的独享性；销售订单必须输入客户关系管理系统，否则销售佣金不能计算提取等，这些细节可以督促销售代表更好地使用客户关系管理系统。

6. 用户和客户的参与

客户关系管理系统主要支持的是企业的销售部门，但实施客户关系管理最大的障碍往往就来自这些地方。因此，尽早让这些用户加入实施过程中，才更有可能尽快地消除他们对变革的恐惧及对改变传统销售方式的抵触情绪。一般情况下，销售人员都不喜欢被管理或者与他人共享信息，但客户关系管理实施的成功很大程度上取决于这些销售人员的态度和做法。因此，对于入门者来说，客户关系管理系统的用户界面必须易于操作，一些标准必须容易掌控，诸如当接听电话时用户数据的录入等必须运行稳定，否则定会引起销售人员的不满，从而很可能导致项目实施失败。此外，相关主管人员也要尽量诱导员工使用该系统，展示如果使用得当，客户关系管理系统将如何提供实时客户数据及帮助销售人员浏览产品清单，从而使其工作更顺利；销售主管要认可能够帮助员工节约时间的应用，如快速归档销售报告等。

在快速实施客户关系管理解决方案时，很容易忽略那些处于企业外部的人。实际上客户关系管理项目如果没有客户参与，就无法了解系统的实施能否给客户带来良好的体验。因此，应该与客户进行广泛的交流，发现他们真正需要的服务及企业如何更好地满足他们的需求。在这个过程中，要努力思考企业如何与客户合作才能获得真正的成功及其他供应商的行为有没有可借鉴之处。要确认企业与客户接触的所有过程中，都要为客户提供富有知识性的和高质量的服务。

7. 以人为本的管理方式

单一依靠绩效考核的激励机制有一定局限性，一个企业能够持续发展，必然要能与员工建立融洽的关系，不能完全依赖于严苛的绩效考核来促进客户关系管理项目执行。因此，在客户关系管理项目管理中，不能单纯从上而下地贯彻执行，还需要认真了解基层使用人员的呼声。很多以销售为主的企业，尤其是外地销售机构众多的企业，长期出差在外的销售人员不适合完全用严苛的绩效考核制度来管理，以防影响客户关系管理的实施效果。一般推荐由常见的单打独斗转换成团队合作，即在一个销售团队中，由一个销售内勤支持一个或者多个销售代表，销售代表的精力全部放在开发客户和开发订单上面，销售事务、订单执行和部分客户关怀可以由销售内勤来完成。当然，不同企业的组织设置不同，有的也会由客户服务人员来完成这部分职能。这样一来，客户关系管理项目的客户数据输入，就可以由销售内勤来定时输入，考核销售代表的绩效指标就成为考核销售内勤的指标，同时将客户关系管理系统的输入工作量进行量化，作为销售内勤的工作定量的一部分，这样可以有效解决销售代表的客户关系管理系统使用疲软情况。当销售代表经常处于外出拜访客户的情况下，可以安排销售内勤进行每天一次的电话或者短信沟通来进行销售代表的状态管理和客户数据的及时更新，而这时销售代表的响应率和响应质量就成为他的考核指标。对于客户关系管理项目管理而言，没有固定的公式，涉及人和流程，就呈现出千变万化的姿态，但无论是哪种状况，以人为本的人性化管理都在现代企业管理中发挥越来越重要的作用，企业在客户关系管理项目管理过程中应该秉持最适合的角度，结合企业各种资源进行部署，以保证客户关系管理系统的实施效果。

小　　结

客户关系管理系统实施是客户关系管理理论通往企业实践的关键一环，实施应该具备的基本条件包括员工首先必须具备较高的客户关系管理素质、企业客户关系管理业务流程要进行优化、企业信息化管理程度要比较高、企业资金供应要充足、基础数据要充实等。实施客户关系管理系统需要遵循一定的步骤，通用的有五阶段实施方法和九阶段实施方法。在实施客户关系管理系统过程中经常会出现实施的目标过高、实施中阻力过大、数据无法满足要求、管理和 IT 冲突明显、系统持续性改进乏力等问题。要使客户关系管理项目实施获得成功，就关系到企业客户关系管理发展战略的制定、客户关系管理系统的选择、最高管理层的参与程度、企业文化的协调程度和激励机制的匹配程度等多方面因素，此外还要注重用户和客户的参与及以人为本的管理方式。所以，客户关系管理系统的建设是个时间较长的循序渐进的管理过程，只有经过各方的共同努力，客户理念及管理方式才能真正地融入企业，带动企业提升盈利能力及核心竞争力。

拓展学习

知识拓展：TES

阅读资料：上海艾亚布艺有限公司 T6ERP 与客户关系管理应用

案例分析：不尽如人意的客户关系管理系统实施

思考与练习

一、单项选择题

1. 九阶段实施方法中第 4 个步骤是（　　）。

A. 项目准备　　B. 项目启动　　C. 项目诊断　　D. 项目描绘

2. 客户关系管理系统主要支持的是企业的（　　），但实施客户关系管理最大的障碍往往就来自这些地方。

A. 销售部门　　B. 采购部门　　C. 生产部门　　D. 客户服务部门

二、多项选择题

1. 实施客户关系管理系统所需费用一般包括（　　）。

A. 软硬件的购置费　　B. 员工培训费

C. 技术支持费　　D. 材料消耗费

2. 企业文化是指企业在长期的发展过程中逐步形成的全体员工共同接受、认同与信守的较为稳定的（　　）等具有企业特色的精神财富的总和。

A. 经营理念　　B. 行为规范

C. 企业形象　　D. 价值观念和社会责任

三、判断题

1．业绩评价往往需要在项目完成几年以后才能进行。（　）

2．在客户关系管理系统的实施过程中，人是最重要的因素，所有的设备和系统都要在人的基础上操作和完成。（　）

3．实施的目标过高往往是客户关系管理系统实施的最大问题。（　）

4．在企业实施客户关系管理系统过程中受到部分员工尤其是一线员工的抵制是很不正常的。（　）

5．客户关系管理系统实施的成败在很大程度上取决于企业管理，而不单纯是技术本身。（　）

四、思考题

1．客户关系管理系统实施需要具备哪些条件？

2．客户关系管理系统的九阶段实施方法需要遵循怎样的步骤？

3．客户关系管理系统实施过程会遇到哪些问题？

4．实施客户关系管理系统需要关注哪些因素？

第十章　思考与练习参考答案

创新创业能力训练

1．撰写上机报告，要求有封面。以某客户关系管理软件为例，上机报告的基本内容可包括以下内容，如图 10.4 所示。

一、实习学时
××学时

二、实习地点
管理学院实验室

三、实习内容
本次实习主要熟悉客户关系管理软件，对××有初步的认识……（主要写实习的流程，至少包括以下功能模块运行后的截图）

1. 商机漏斗分析（经理看台）
2. 客户价值分析（经理看台）
3. 客户类型分析（分析决策/报表/销售分析）
4. 客户回款分析（分析决策/报表/行动分析）
5. 客户跟进分析（分析决策/报表/行动分析）
6. 员工行动分析（经理看台）
7. 商机行动量（经理看台）
8. 行动成本分析（经理看台）
9. 服务问题分析

四、实习心得
通过本次实习，我了解了客户关系管理软件的相关内容，对软件的各功能有了更深入的了解和认识……

图 10.4　上机报告基本内容

2．各组将这一学期的创新创业训练内容装订成《创新创业手册》，自行设计封面和装订风格，结课后两周内上交完毕。

参考文献

埃里希-诺贝特•德特雷，2002. 赢得新客户[M]. 李卫，等译. 北京：中信出版社.

安德鲁•格里菲思，2015. 创业成败：关于挑战、机遇和创新[M]. 胡赛，译. 长沙：湖南人民出版社.

安德鲁•格里菲斯，2003. 客户至上：101 种再提高服务水平的实用方法[M]. 高继明，曲沛，译. 2 版. 北京：经济日报出版社.

柏尔克哈德•G. 布什，2002. 客户联系[M]. 王草，张宏，译. 北京：中国劳动社会保障出版社.

宝利嘉顾问公司，2002. 客户关系管理解决方案：CRM 的理念•方法与软件资源[M]. 北京：中国经济出版社.

保罗•格林伯格，2002. 实时的客户关系管理[M]. 王敏，刘祥亚，译. 北京：机械工业出版社.

鲍勃•派克，2015. 重构学习体验：以学员为中心的创新性培训技术[M]. 孙波，庞涛，胡智丰，译. 南京：江苏人民出版社.

本•里森，拉夫朗斯•乐维亚，梅尔文•布兰德•弗吕，2017. 商业服务设计新生代[M]. 黄珏苹，译. 北京：中信出版集团.

彼得•查维顿，2003. 大客户识别、选择和管理[M]. 李丽，主译. 2 版. 北京：中国劳动社会保障出版社.

彼得•戴曼迪斯，史蒂芬•科特勒，2015. 创业无畏：指数级成长路线图[M]. 贾拥民，译. 杭州：浙江人民出版社.

彼得•德鲁克，2018. 创新与企业家精神[M]. 蔡文燕，译. 北京：机械工业出版社.

布赖恩•伯杰龙，2003. 什么是客户关系管理[M]. 裴鸣，译. 北京：电子工业出版社.

布鲁斯•R.巴林杰，2016. 创业计划书：从创意到方案[M]. 陈忠卫，等译. 北京：机械工业出版社.

蔡淑琴，喻友平，李大伟，2011. 信息视角的企业客户服务与支持技术[M]. 北京：科学出版社.

陈劲，郑刚，2013. 创新管理赢得持续竞争优势[M]. 2 版. 北京：北京大学出版社.

陈企华，2002. 成功留住老客户[M]. 北京：中国纺织出版社.

陈企华，2003. 成功开发和管理核心客户[M]. 北京：中国纺织出版社.

陈祝平，2011. 服务营销管理[M]. 3 版. 北京：电子工业出版社.

程越敏，2011. 客户关系管理[M]. 北京：高等教育出版社.

大前研一，2013. 创新者的思考：发现创业与创意的源头（珍藏版）[M]. 王伟，郑玉贵，译. 北京：机械工业出版社.

戴夫•埃文斯，乔•科瑟尔，2015. 社会化客户体验：用社交媒体吸引和留住客户[M]. 姚军，等译. 北京：机械工业出版社.

戴维•海姆，2017. 重新定义流程管理：打造客户至上的创新流程[M]. 楚进伟，译. 北京：中国人民大学出版社.

丹•塞诺，索尔•辛格，2010. 创业的国度：以色列经济奇迹的启示[M]. 王跃红，韩君宜，译. 北京：中信出版社.

邓汉慧，2016. 创业基础[M]. 北京：北京大学出版社.

丁建石，2006. 客户关系管理[M]. 北京：北京大学出版社.

丁兴良，2008. 大客户战略服务[M]. 北京：机械工业出版社.

丁兴良，2009. 大客户攻防策略[M]. 北京：经济管理出版社.

丁兴良，林俊. 2008. 大客户营销四大宝典[M]. 北京：中国轻工业出版社.

范云峰，2003. 管理营销渠道[M]. 北京：中国经济出版社.

范云峰，2003. 换个思维找客户：开拓客户的技巧[M]. 北京：京华出版社.

范云峰，2003. 客户不是上帝：管理客户的策略[M]. 北京：京华出版社.

范云峰，2003. 客户管理营销[M]. 北京：中国经济出版社.

冯长征，黄建江，2004. 抓住大象的鼻子：重点客户关系管理[M]. 北京：企业管理出版社.

宫承波，2014. 创新思维训练[M]. 北京：中国广播电视出版社.

谷再秋，2009. CRM 理论与实践[M]. 北京：经济科学出版社.

郭红丽，袁道唯，2010. 客户体验管理：体验经济时代客户管理的新规则[M]. 北京：清华大学出版社.

哈雷•曼宁，凯丽•博丁，2016. 体验为王：低成本高收益的用户策略[M]. 高洁，译. 2 版. 北京：中信出版集团.

海迪•M. 内克，帕特里夏•G. 格林，坎迪达•G. 布拉什，2015. 如何教创业：基于实践的百森教学法[M]. 薛红志，李华晶，张慧玉，等译. 北京：机械工业出版社.

何荣勤，2006. CRM 原理•设计•实践[M]. 2 版. 北京：电子工业出版社.

恒盛杰资讯，2016. 微信营销：数据化精准运营[M]. 北京：文化发展出版社.

胡理增，2007. 面向供应链的客户关系管理[M]. 北京：中国物资出版社.

黄亚生，张世伟，余典范，等，2015. MIT 创新课：麻省理工模式对中国创新创业的启迪[M]. 北京：中信出版社.

吉尔•戴奇，2004. 客户关系管理手册[M]. 杨阳，管政，译. 北京：中国人民大学出版社.

蒋旭峰，邓天颖，等，2009. 整合营销传播[M]. 杭州：浙江大学出版社.

杰夫•戴尔，赫尔•葛瑞格森，克莱顿•克里斯坦森，2013. 创新者的基因[M]. 曾佳宁，译. 北京：中信出版社.

杰夫•索罗，2016. 一本书读懂大数据客户分析[M]. 宫鑫，段晓茜，郑智超，译. 北京：中国工信出版集团，人民邮电出版社.

杰弗里•蒂蒙斯，小斯蒂芬•斯皮内利，2005. 创业学[M]. 周伟民，吕长春，译. 6 版. 北京：人民邮电出版社.

杰姆•G. 巴诺斯，2002. 客户关系管理成功奥秘：感知客户[M]. 刘祥亚，郭奔宇，王耿，译. 北京：机械工业出版社.

杰森·L.巴普蒂斯特，2015．没钱也能创业：互联网时代的创业指南[M]．王维丹，译．海口：南方出版社．
克莱顿·克里斯坦森，2014．创新者的窘境[M]．胡建桥，译．全新修订版．北京：中信出版社．
克里斯汀·格罗鲁斯，2008．服务管理与营销：服务竞争中的顾客管理[M]．韦福祥，等译．3版．北京：电子工业出版社．
肯·伯内特，2002．核心客户关系管理[M]．刘瑞红，等译．北京：电子工业出版社．
拉里·基利，瑞安·派克尔，布赖恩·奎因，等，2015．创新十型[M]．余锋，宋志慧，译．北京：机械工业出版社．
雷蒙德·叶，克瑞·皮尔逊，乔治·科兹梅特斯基，2002．零时：即时响应客户需求的创新策略[M]．唐德琴，唐文焕，邵浩萍，译．北京：电子工业出版社．
李·科克雷尔，2014．卖什么都是卖体验：互联网时代必学的39条客户体验法则[M]．靳婷婷，译．北京：中信出版社．
李家华，2015．创业基础[M]．2版．北京：清华大学出版社．
李军，2015．实战大数据：客户定位与精准营销[M]．北京：清华大学出版社．
李小圣，2004．如何进行客户关系管理[M]．北京：北京大学出版社．
李志宏，王学东，2005．客户关系管理[M]．广州：华南理工大学出版社．
辽宁省普通高等学校创新创业教育指导委员会．2013．创造性思维与创新方法[M]．北京：高等教育出版社．
罗纳德·S.史威福特，2002．客户关系管理：加速利润和优势提升[M]．杨东龙，姚成龙，黄燕，等译．北京：中国经济出版社．
罗斯·杰伊，2002．客户管理[M]．胡零，刘智勇，译．上海：上海远东出版社．
马刚，李洪心，杨兴凯，2008．客户关系管理[M]．大连：东北财经大学出版社．
麦克姆·麦克唐纳，贝思·罗杰斯，2002．大客户管理[M]．徐嘉勇，文武，鲁曙霞，译．北京：企业管理出版社．
南兆旭，滕宝红，2004．客户管理·售后服务[M]．广州：广东经济出版社．
倪云华，虞仲轶，2016．共享经济大趋势[M]．北京：机械工业出版社．
帕翠珊·B.希伯尔德，罗尼·T.马萨克，杰夫瑞·M.刘易斯，2002．客户关系管理理念与实例[M]．叶凯，赵世芳，等译．北京：机械工业出版社．
佩吉·卡劳，瓦苏达·凯瑟琳·戴明，2017．客户服务培训游戏[M]．周璟，高采平，译．修订本．北京：中国工信出版集团，电子工业出版社．
彭志忠，李蕴，2005．客户关系管理：理论、实务与系统应用[M]．济南：山东大学出版社．
皮骏，2011．客户关系管理教程[M]．上海：复旦大学出版社．
奇普·R.贝尔，2003．如何赢得死心塌地的客户[M]．蒋其宝，俞迪飞，译．北京：中信出版社．
乔·迪德，福兰克·M. 赫尔，2010．服务创新：对技术机会和市场需求的组织响应[M]．李靖华，等译．北京：知识产权出版社．
乔·蒂德，约翰·贝赞特，2012．创新管理[M]．陈劲，译．4版．北京：中国人民大学出版社．
乔纳森·伯格曼，亚伦·萨姆斯，2018．翻转课堂与混合式教学：互联网+时代，教育变革的最佳解决方案[M]．韩成财，译．北京：中国青年出版社．
乔治·S. 戴伊，2014．沃顿商学院创新课：凭借创新实力获得加速增长[M]．刘文琴，译．北京：中国青年出版社．
屈云波，高媛，1999．市场细分：找对您的顾客[M]．北京：企业管理出版社．
邵兵家，2010．客户关系管理[M]．北京：清华大学出版社．
邵兵家，于同奎，等，2004．客户关系管理理论与实践[M]．北京：清华大学出版社．
施志君，2009．电子客户关系管理与实训[M]．北京：化学工业出版社．
史蒂夫·布兰克，鲍勃·多夫，2013．创业者手册：教你如何构建伟大的创业[M]．新华都商学院，译．北京：机械工业出版社．
史雁军，2018．数字化客户管理：数据智能时代如何洞察、连接、转化和赢得价值客户[M]．北京：清华大学出版社．
斯科特·安索尼，2016．最初一英里[M]．王雪畅，译．北京：人民邮电出版社．
宋国良，2005．赢得顾客的52种技巧[M]．北京：现代出版社．
苏朝晖，2015．客户关系管理：理念、技术与策略[M]．2版．北京：机械工业出版社．
苏新宁，杨建林，江念南，等，2006．数据仓库和数据挖掘[M]．北京：清华大学出版社．
孙宗虎，李聪巍，2007．客户关系管理流程设计与工作标准[M]．北京：人民邮电出版社．
泰岳教育课程研发组，2017．大学生创业能力实训教案[M]．北京：中国工信出版集团，人民邮电出版社．
汤兵勇，2008．客户关系管理[M]．2版．北京：高等教育出版社．
汤兵勇，王素芬，2003．客户关系管理[M]．北京：高等教育出版社．
瓦拉瑞尔·A.泽丝曼尔，玛丽·乔·比特纳，2004．服务营销（原书第3版）[M]．张金成，白长虹，译．北京：机械工业出版社．
王波，2008．客户服务管理工作细化执行与模板[M]．北京：人民邮电出版社．
王成，2003．全面客户体验：持续盈利的增长引擎[M]．广州：广东经济出版社．
王晓梅，2011．客户关系管理实务[M]．北京：北京大学出版社．
王永贵，2007．客户关系管理[M]．北京：清华大学出版社，北京交通大学出版社．

威廉·G.齐克蒙德，小雷蒙德·迈克利奥德，法耶·W.吉尔伯特，2010．客户关系管理：营销战略与信息技术的整合[M]．胡左浩，贾崧，杨志林，译．北京：中国人民大学出版社．
韦影，盛亚，2016．创新管理：计划、组织、领导与控制[M]．杭州：浙江大学出版社．
乌尔瓦希·毛卡尔，哈林德尔·库马尔·毛卡尔，2014．客户关系管理[M]．马宝龙，姚卿，译．北京：中国人民大学出版社．
邬金涛，2008．客户关系管理[M]．武汉：武汉大学出版社．
吴清，刘嘉，2008．客户关系管理[M]．上海：复旦大学出版社．
夏永林，顾新，2011．客户关系管理理论与实践[M]．北京：电子工业出版社．
现代物流管理课题组，2002．物流客户管理[M]．广州：广东经济出版社．
谢德荪，2016．重新定义创新：转型期的中国企业智造之道[M]．北京：中信出版集团．
谢普·海肯，2014．打造超级粉丝圈：7 步创造令人惊奇的客户体验[M]．陈南，译．北京：立信会计出版社．
徐章一，2002．顾客服务：供应链一体化的营销管理[M]．北京：中国物资出版社．
许志玲，赵莉，2008．数据库营销：分众营销时代的营销利器[M]．北京：企业管理出版社．
亚历山大·奥斯特瓦德，伊夫·皮尼厄，2016．商业模式新生代[M]．黄涛，郁靖，译．北京：机械工业出版社．
杨路明，巫宁，2004．客户关系管理理论与实务[M]．北京：电子工业出版社．
杨永杰，2006．物流客户管理[M]．北京：中国劳动社会保障出版社．
叶开，2005．中国 CRM 最佳实务[M]．北京：电子工业出版社．
叶开，王剑锋，2007．圈住客户：中国房地产 CRM 最佳实践[M]．北京：清华大学出版社．
伊迪丝·彭罗斯，2007．企业成长理论[M]．赵晓，译．上海：上海三联书店，上海人民出版社．
易明，邓卫华，2008．客户关系管理[M]．武汉：华中师范大学出版社．
尤建新，等，2003．顾客抱怨管理[M]．北京：石油工业出版社，民主与建设出版社．
余锋，2015．精益创新：企业高效创新八步法[M]．北京：机械工业出版社．
原毅军，2014．服务创新与服务业的升级发展[M]．北京：科学出版社．
约翰·贝赞特，乔·蒂德，2013．创新与创业管理[M]．牛芳，池军，田新，等译．2 版．北京：机械工业出版社．
约翰·古德曼，2018．细节决定体验：客户体验全流程设计[M]．苑东明，张坚栋，译．北京：中国人民大学出版社．
约翰·马林斯，2016．零成本创业：大众创业时代如何向客户融资[M]．刘洋波，译．北京：中国工信出版集团，电子工业出版社．
约翰·沃瑞劳，2015．用户思维：众创时代下的用户获取、体验、转化与留存[M]．林南，译．北京：中国友谊出版公司．
约瑟夫·米歇利，2014．Zappos 模式：美捷步极致客户体验的五大核心法则[M]．陈汝曦，译．北京：龙门书局．
张国文，2015．LBS 客户定位与精准营销：大数据时代的 O2O 核心应用[M]．北京：中国工信出版集团，人民邮电出版社．
张翔，2008．客户关系管理[M]．北京：机械工业出版社．
张玉利，薛红志，陈寒松，等，2016．创业管理[M]．4 版．北京：机械工业出版社．
郑玉香，2006．客户资本价值管理：从 CRM 到 CVM 的飞跃[M]．北京：中国经济出版社．
周贺来，2011．客户关系管理实务[M]．北京：北京大学出版社．
周洁如，2011．客户关系管理经典案例及精解[M]．上海：上海交通大学出版社．
周洁如，庄晖，2008．现代客户关系管理[M]．上海：上海交通大学出版社．
朱爱群，2001．客户关系管理与数据挖掘[M]．北京：中国财政经济出版社．
朱云龙，南琳，王扶东，2004．CRM 理念、方法与整体解决方案[M]．北京：清华大学出版社．
ARC 远擎管理顾问公司，2002．客户关系管理企业典范[M]．北京：清华大学出版社．
HENNIG-THURAU T，HANSEN U．2003．关系营销：建立顾客满意和顾客忠诚赢得竞争优势[M]．罗磊，译．广州：广东经济出版社．
MAURYA A，2013．精益创业实战[M]．张玳，译．北京：人民邮电出版社．
M.戴维·梅里尔，2016．首要教学原理[M]．盛群力，钟丽佳，译．福州：海峡出版发行集团，福建教育出版社．
PETERSEN L B，PERSON R，NASH C，2016．连接营销：极致客户体验创造无价口碑[M]．漆晨曦，译．北京：中国工信出版集团，人民邮电出版社．
POLAINE A，L ϕ VLIE L，REASON B，2015．服务设计与创新实践[M]．王国胜，张盈盈，付美平，等译．北京：清华大学出版社．
TAN P N，STEINBACH M，KUMAR V，2011．数据挖掘导论（完整版）[M]．范明，范宏建，等译．2 版．北京：人民邮电出版社．